Savoir rêver,
Vivre lucide

Yves AUDO

Initiation à l'onironautique[1] et aux autres usages des rêves

Un livre pour construire et explorer sa propre voie du rêve

---

[1] Exploration du monde des rêves grâce à la lucidité onirique.
De l'anglais "oneironaut" utilisé par Stephen LaBerge dans son ouvrage *Lucid Dreaming* en 1985.

ISBN : 978-2-9554393-1-9

Consultez, exprimez-vous sur :

Savoirrever.com

Sur la page Facebook : savoirrever

Laissez un message:

Savoirrever@gmail.com

Savoir rêver, Vivre lucide

Initiation à l'onironautique et aux autres usages des rêves

Un rêveur devient lucide quand il prend conscience qu'il est en train de rêver. Dans l'univers illusoire créé par son propre

---

[2] Le pionnier français, le plus complet et le plus fiable est évidemment l'incontournable site de l'association *Oniros* constamment animé et mis à jour par Roger Ripert depuis bien des années. Tout y est.
Chez les Anglosaxons, pour des débutants, j'aime bien la simplicité pertinente des conseils de Rebecca Turner (http://www.world-of-lucid-dreaming.com)

[3] Parce qu'aujourd'hui, les moyens numériques mettent à disposition toutes les informations et les contacts disponibles sur le rêve lucide, il ne m'a pas paru utile de reprendre systématiquement les explications détaillées de toutes les pratiques, ni de donner les adresses des blogs et sites sur le sujet, qu'une simple recherche fournit.

Je n'ai pas non plus fait état des avancées des neurosciences sur le sommeil, le rêve et la lucidité. Leur apport concret pour le rêveur lucide est encore très limité. On y trouve une description des mécanismes neurologiques des faits déjà connus et décrits. Elles confirment globalement la validité des connaissances obtenues par les travaux de psychophysiologie et l'expérience des rêveurs présentés dans ce livre.

esprit/cerveau, il peut alors, le plus souvent, choisir ce qu'il fait, qui il rencontre, où il se trouve, ce qu'il se passe.

Un univers d'une intensité et d'une richesse subjective supérieures à la réalité ordinaire, un univers de rêve, s'ouvre aux "onironautes". Potentiellement, ses seules limites sont celles que le rêveur lui fixe.

La connaissance de ce phénomène commence à se répandre, quelques livres paraissent chaque année, des sites internet lui sont consacrés[2]. Des courants de pensées et de croyances variés noient parfois les données acquises et les faits avérés dans des discours contradictoires. Il m'a donc paru utile de revenir aux recherches scientifiques de référence et aux auteurs fondamentaux[3].

J'ai rassemblé de manière synthétique l'essentiel des connaissances de base sur le sujet à partir des recherches et des témoignages des rêveurs à l'origine des découvertes et des connaissances sur la lucidité onirique.

J'ai fait une grande place à la description des techniques dont l'efficacité est avérée et que j'ai personnellement testées.

Ce petit livre apporte donc à la fois les connaissances nécessaires et les moyens de passer à l'action.

Journal de rêve, lucidité, interprétation, développement personnel et spirituel, groupe de rêveurs, technologies, j'ai abordé tous les aspects de l'utilisation des rêves, lucides ou non, et les différents moyens mis en œuvre et éprouvés, y compris des pratiques plus confidentielles, souvent absentes des ouvrages d'initiation destinés au grand public.

J'espère aider ainsi chacun à s'orienter, se former et à chercher par soi-même le sens de sa vie, de ses rêves.

Ce que vous ferez de vos rêves ensuite ne regarde que vous. Vous découvrirez les vertigineuses potentialités du rêve lucide, bien au-delà des utilisations les plus connues pour jouer, jouir, apprendre, soigner les phobies, développer vos ressources personnelles, obtenir des conseils d'un guide intérieur, progresser vers la sagesse ou explorer vos univers intérieurs.

Surtout, vous serez en mesure de savoir quelles questions poser, vers qui vous tourner pour les obtenir, comment élaborer par vous-mêmes vos propres réponses. Vous découvrirez les expériences des rêveurs lucides qui vous ont précédés. Vous aurez les connaissances pour poursuivre votre aventure dans la direction que vous choisirez.

Table des matières

Table des matières

Table des matières

5

Table des matières

Table des matières

« *Voici l'Evangile antiévangélique :*

Ne plus croire :

- aux vérités absolues et transcendantes ;

- à Dieu ;

- à la science-vérité ;

- à la raison déifiée ;

- au salut hors terre et au salut sur terre.

Mais croire :

- à l'au-delà et au mystère ;

- aux certitudes inscrites dans le temps et l'espace;

- à la science qui cherche la vérité et lutte contre l'erreur ;

- à la raison ouverte sur l'irrationnel et luttant contre son pire ennemi : la rationalisation ;

- aux vérités mortelles, périssables, fragiles, vivantes ;

- à la conquête de vérités complexes comportant incertitude ;

- à l'amour et à la tendresse ; aux moments de joie fulgurants, individuels et collectifs (toujours liés à l'amour ou fraternité).

Table des matières

- croire sans croire à l'humanité. »

Edgar Morin [4]

---

[4] MORIN Edgar, *Pour sortir du vingtième siècle*, Paris, Fernand Nathan (1981).

Savoir rêver, vivre lucide

Rêver pour vivre et vivre pour rêver :

la boucle magique

Rêver pour vivre et vivre pour rêver : la boucle magique

Phénomène subjectif et intrapsychique, le rêve se construit de mécanismes d'interactions en boucle, où chaque élément détermine et est déterminé par tous les autres.

Le contenu des rêves dépend du cours de la pensée du rêveur, elle-même largement déterminée par son degré de conscience de soi[5]. L'accroissement de cette dernière détermine souvent d'abord la reconnaissance des incongruités du contenu onirique, ce que les Américains appellent "*dreamsigns*" : les indices de rêves. Reconnaître la bizarrerie du contenu du rêve peut déclencher la lucidité -le fait de savoir qu'on est en train de rêver-, qui, elle-même, en change le contenu.

Ce que vous vous attendez à vivre en rêve, ce que vous savez et croyez sur les rêves, la façon dont vous voyez le monde déterminent la nature de vos rêves. Réciproquement, vos expériences

---

[5] Il existe des échelles pour l'évaluer ; la plus utilisable, celle de Sheila Purcell est présentée en annexe.

au cours des rêves changent votre vision du monde et de vos rêves. Pour devenir lucide en rêve, il faut donc l'être aussi un peu dans sa vie.

Un pan complémentaire du travail consiste donc à faire éclore la magie dans sa vie réelle aussi.

Le développement de la confiance en soi, la maîtrise de la communication, des techniques relationnelles, de la réussite familiale, professionnelle, amoureuse, la conquête de l'épanouissement, de la santé physique, de la joie et du plaisir, tout cela est incontournable. On trouve des conseils de toutes nature sur ces questions sur Internet, y compris sur mon blog.

Faites des exercices physiques, mangez sainement, passez à l'action, osez réaliser vos rêves. Partager vos expériences. Et rêvez pour nourrir votre vie, vivez pour nourrir vos rêves !

Journal de rêve : Sylvie. Lille, Janvier 1990.

Mon dieu crétois :

Je me promène dans les ruines du palais de Minos en Crète. Les pierres sont blanches sous le soleil et je vois à l'horizon l'azur flamboyant de la méditerranée. Il ne fait pas trop chaud.

Comme je monte un vieil escalier où pousse un olivier, je me dis que c'est un rêve parce qu'il y a si longtemps que j'ai quitté la Crète.

Aussitôt, la lumière change et devient plus dense et palpable, étrangement lumineuse.

Je me sens monter sans effort doucement au-dessus du sol en flottant. Je me sens merveilleusement bien et pleine d'énergie. Je pense qu'il serait bien agréable de rencontrer des personnages de rêve.

Je fais apparaître un beau garçon bronzé au milieu de la place. Je sais que c'est un Crétois du temps du Minotaure, ou Thésée lui-même peut-être. Il a l'air d'un dieu et tout son corps semble rayonner de chaleur. Je suis subjuguée par sa beauté et je me demande comment mon esprit a pu créer un homme aussi merveilleusement et parfaitement beau.

Je lui dis que c'est moi qui l'ai imaginé et que je suis très fière de l'avoir si bien réussi. Le garçon me répond gentiment en riant :

"J'étais ici bien avant que tu viennes et c'est moi qui vais te donner la vie."

En même temps, il pose son regard dans mes yeux, je ne sais pas comment le dire autrement, et je me sens fondre d'amour pour lui. Puis, il met la main sur mon front et une chaleur douce et vibrante se répand dans mon corps comme un souffle intérieur. C'est si bon que j'ai la certitude que je vais m'évanouir ou devenir folle. Je le serre contre moi et son corps semble se mêler au mien. La sensation dure quelques instants encore et je me réveille avec un sentiment de bonheur et de joie qui s'est prolongé plusieurs jours.

Depuis, il suffit que je me remémore ce rêve pour me sentir heureuse, optimiste et détendue.

I : Sommeil et rêve : généralités

Sommeil et rêve : généralités
L'origine phylogénétique[6]

Au cours de l'évolution, le sommeil serait apparu avec l'établissement du maintien d'une température corporelle constante chez les animaux à sang chaud : l'homéothermie.

En fait, l'homéothermie a sans doute obligé les animaux à se mettre en repos une partie de la journée, quand il leur était impossible de chercher de la nourriture. Le sommeil a permis de diminuer leurs besoins, plus grands que ceux des animaux à température variable (poïkilothermes).

Avoir une température corporelle constante a favorisé le développement d'un cerveau plus complexe. Le rêve, activité cérébrale libérée des contraintes immédiates de l'environnement, semble lui-même lié à ce développement cérébral.

Le rêve dans le règne animal et dans l'espèce humaine

Edgar Morin explique que « *la période de rêve (au sens de sommeil paradoxal) est d'autant plus longue que le cerveau est plus complexe. Le rêve existe chez les mammifères, s'accroît chez les primates et surtout chez l'homme, 15% du temps*

---

[6] La phylogénie étudie les liens entre espèces apparentées et retrace les principales étapes de l'évolution des organismes à partir d'un ancêtre commun. L'arbre phylogénétique permet de classer les espèces à l'aide de leurs relations de parenté.

de sommeil chez le chimpanzé, 24% chez l'homme, ce à quoi il faut ajouter que chez l'homme, le rêve déferle hors du sommeil sous forme de fantasmes ou de "rêve éveillé" »[7]

L'apparition de l'intelligence, comme aptitude à construire mentalement un comportement sans l'agir, est une des conséquences de cette contamination de la vie de veille par le rêve.

Selon Michel Jouvet[8], le rêve *"jouerait un rôle de reprogrammation génétique qui rendrait à chaque animal sa personnalité spécifique (en tant que membre d'une espèce). Le rêve aurait donc une responsabilité génétique organisationnelle au moment où le système nerveux s'agence. Le nouveau-né sapiens rêve durant 40% à 70% de son sommeil, contre 14% à 15% pour le nouveau-né chimpanzé"* (Morin, 1973).

Dans l'espèce humaine, il semble exister des types de rêve innés et communs à tous : rêves de vol, rêves sexuels, rêves archétypaux (ces derniers sont peut-être des artefacts induits par la croyance en leur existence).

Selon certains auteurs, les fœtus, seraient presque constamment en état de sommeil

---

[7] MORIN, Edgar, *Le paradigme perdu*, Paris, Seuil. 1973.

[8] JOUVET, Michel, *Neurophysiologie du sommeil* CNRS (1965).

Le Sommeil et le Rêve, Odile Jacob, Paris (1992).

paradoxal (Jouvet, 1965), bien que l'empreinte culturelle soit encore assez limitée chez eux.

Chez l'humain comme chez les autres mammifères, on peut donc penser que l'activité onirique joue un rôle essentiel dans la maturation et l'organisation du système nerveux central, car :

- Elle assure la pré-programmation, la mise en place et le rodage héréditaire de comportements instinctifs (succion, mimiques, gestes moteurs, postures...).
- Les rêves permettent de préparer sans risque la confrontation à des situations réelles. Comme le jeu, ils servent chez l'animal à ajuster, affiner et préparer le système nerveux aux exigences de la vie.
- Les rêves permettent également un apprentissage des émotions et de leur utilisation.

On voit le double intérêt d'un tel dispositif pour les animaux, proies ou prédateurs.

Le rêve joue donc un rôle complémentaire de l'émotion submergeante apparue avec la complexité des cerveaux de mammifères en assurant en partie son contrôle et son pré-ajustement. Elle permet aux centres supérieurs plus récents (cortex et néocortex) de se préparer aux débordements émotionnels des niveaux archaïques.

Chez les animaux, le rêve complète l'apprentissage réel.

Dans l'espèce humaine, le rêve continue sans doute d'une certaine manière à jouer ce rôle de préparation à l'action, peut-être par la mise en œuvre de comportements héréditaires. Mais surtout, intégré au cerveau humain, le rêve voit ses caractéristiques détournées de leurs fonctions premières et réutilisées dans la nouvelle organisation cérébrale, avec une intelligence, une capacité d'innovation et une forme de conscience inédites.

Le rêve envahit aussi notre activité mentale éveillée sous forme de fantasmes, de créations imaginaires, d'élaboration d'hypothèses ; il féconde notre pensée et nous rend capables d'invention et d'apprentissage à tout âge.

Depuis le dix-neuvième siècle, la redécouverte par les Occidentaux des rêves lucides marque le retour vers une nouvelle utilisation des rêves totalement nouvelle au sein d'une culture plus libérée des croyances et des superstitions. Notre civilisation est sans doute en train d'inventer sa propre voie de développement « spirituel », ce qui rend nécessaire de trouver de nouveaux termes débarrassés des références à des théories réfutées (la dualité esprit/corps, par exemple).

Si le rêve est présent dans la pensée éveillée, avec la lucidité onirique, la pensée consciente peut devenir présente dans le rêve (en Ying/Yang) et marquer une étape nouvelle de la recherche en sciences humaines et en coaching.

Les différentes phases du sommeil

Les états de vigilance

L'enregistrement des activités physiologiques à l'aide d'un appareil nommé « polygraphe »[9] et d'électrodes appliquées sur la peau du crâne, autour des yeux et des muscles du menton a permis de mettre en évidence trois états de vigilance : l'éveil, le sommeil lent et le sommeil paradoxal.

L'éveil se caractérise par un rythme des oscillations des potentiels électro-encéphalographiques de 8 à 12 cycles par seconde, un tonus musculaire élevé, des mouvements des paupières et des globes oculaires.

Le sommeil lent comprend plusieurs stades de profondeurs croissantes : les sommeils léger, moyen et profond. L'activité électro-encéphalographique décroît et ralentit ; les globes oculaires ont des mouvements lents lors de l'endormissement qui disparaissent ensuite. Le tonus musculaire de veille demeure. Le rythme cardiaque est régulier et plus lent qu'à l'état de veille. La pression artérielle, la fréquence et

---

[9] Le polygraphe est un dispositif qui enregistre (« graphe ») plusieurs (« poly ») manifestations de l'activité physiologique, potentiels électriques de la peau sur divers endroits du corps, rythmes cardiaque et respiratoire, tonus musculaire… Certains sont utilisés comme détecteurs de mensonges, par exemple.

l'amplitude des mouvements respiratoires diminuent.

Le sommeil paradoxal[10], comme l'a nommé Michel Jouvet, s'accompagne d'une activité électro-encéphalographique intense, presque égale à celle de l'état de veille, et de mouvements oculaires rapides et désordonnés. Par contre, le tonus musculaire de la plupart des muscles volontaires (ceux qui sont sous le contrôle de la conscience) est au plus bas du fait d'une inhibition des centres moteurs du cerveau : seuls les muscles qui ne mettent pas le dormeur en danger par leur action restent sous la dépendance des centres nerveux supérieurs (le cerveau): muscles du visage, des yeux, des doigts. Quoique plus faible qu'à l'état de veille, le rythme cardiaque est irrégulier et peut s'accélérer brusquement, tandis que la pression artérielle varie rapidement. Les mouvements respiratoires sont également très irréguliers. Le débit sanguin augmente. Le pénis est en érection, le clitoris gonflé, sans lien particulier avec un contenu sexuel.

Ce sont les rêves faits au cours du sommeil paradoxal dont le souvenir est le plus intense. Les rêves y ont un caractère plus original, plus étrange et plus passionné, alors que ceux qui surviennent pendant le sommeil lent ont un contenu plus terne,

---

[10] On le nomme aussi sommeil à mouvements oculaires rapides (M.O.R.) ou sommeil REM (Rapid Eyes Movements).

et évoquent des situations banales de la vie quotidienne.

Comme les activités mentales ne cessent jamais, on a, en effet, pu recueillir des images ou des souvenirs de rêves en éveillant des sujets à partir de tous les stades du sommeil.

Les cycles du sommeil

Le sommeil se décompose en cycles, qui durent entre 60 et 100 minutes. Ces cycles commencent par le sommeil lent (léger, moyen, puis profond, dits souvent « de stade 1 », « de stade 2 », et « de stade 3 ») et s'achèvent par le sommeil paradoxal.

Chaque cycle est suivi d'un éveil plus ou moins long qui reste généralement ignoré du dormeur. En effet, il faut une dizaine de minutes d'éveil consécutif pour que les événements vécus au cours de l'éveil soient mémorisés. Au cours de la nuit, le dormeur enchaîne donc de quatre à six cycles séparés par des micro-éveils.[11]

Au cours de la nuit, le temps de sommeil paradoxal s'accroît de cycle en cycle : le rêve précédent l'éveil naturel matinal est donc le plus long. Chez les adultes, le sommeil lent représente environ 80% du temps de sommeil et le sommeil

---

11 Comme on le verra par la suite, il est assez facile de s'habituer à prendre conscience des éveils qui succèdent immédiatement à un rêve intense fait pendant le sommeil paradoxal. On peut ainsi de le remémorer et le noter lorsqu'on choisit de tenir un journal de rêves.

paradoxal 20%, avec des différences individuelles très grandes.

Les deux types de rêves remémorés

Le souvenir des rêves semble se limiter en général au sommeil paradoxal et à quelques rêves faits en stade 2 (sommeil moyen).

Les rêves faits pendant le sommeil de stade 2 sont plus simples. Ils présentent des situations banales de la vie quotidienne et s'accompagnent de réflexion d'une grande platitude et de peu d'émotion[12].

Les rêves étranges, émotionnellement chargés, emplis de créations remarquables et au caractère délirant, vraiment onirique, vraiment éloigné des situations ordinaires de la vie quotidienne, sont faits au cours du sommeil paradoxal.

Rythme circadien et rêve lucide

L'accroissement de la fréquence des rêves lucides, spontanés ou chez les sujets entraînés, au cours des dernières heures de sommeil ne dépend pas directement du nombre d'heures de sommeil.

La survenue du sommeil paradoxal, comme les autres fonctions biologiques, suit un cycle d'environ 24 heures, dit rythme circadien[13]. Ce

---

[12] « *Je me promenais dans une rue calme. Je me demandais ce que j'allais manger à midi.* » raconte, par exemple, le sujet d'une de ces observations.
[13] « Qui fait le tour (circa) du jour (diem) ».

cycle est réglé par divers facteurs, comme l'heure habituelle du coucher ou le temps d'exposition à la lumière solaire. On dort moins en été qu'en hiver, par exemple.

En général, nous passons beaucoup plus de temps en sommeil paradoxal à la fin de la nuit qu'au début. Au fur et à mesure de la nuit, le temps séparant les phases de sommeil paradoxal décroît. Le niveau d'activité physiologique au cours des périodes de sommeil paradoxal s'élève progressivement.

Ce cycle semble se poursuivre même après notre réveil : la rapidité d'entrée en sommeil paradoxal et l'intensité de l'activité physiologique croissent jusqu'à un maximum à partir duquel ils se mettent à décroître et tout recommence comme le flux et le reflux des marées, sur 24 heures. Par exemple, à 10 heures du matin, l'entrée en sommeil paradoxal en cas de sieste est bien plus rapide qu'à 10 heures du soir, et le sommeil paradoxal a toutes les chances d'être très actif.

La tendance à faire des rêves lucides dépend de ces deux facteurs : la propension au sommeil paradoxal et son intensité.

Quand la propension au sommeil paradoxal est élevée, on y entre plus vite après l'endormissement que lorsqu'elle est basse. Quand l'entrée en sommeil paradoxal est suffisamment rapide pour qu'un rêve animé aisé à remémorer commence presque directement à partir de l'état de veille, il est possible de conserver sa conscience au cours de la phase de transition et de faire un rêve lucide à partir de l'état de veille.

Si vingt minutes seulement séparent la veille et le rêve de sommeil paradoxal, on est évidemment plus à même de se souvenir de son intention de prendre conscience que l'on rêve qu'après les quatre-vingt-dix minutes de sommeil profond qui précèdent ordinairement le premier rêve intense de la nuit. C'est pourquoi les rêves lucides sont les plus fréquents et les plus faciles à obtenir en fin de nuit, surtout en cas de rendormissement au cours d'une grasse matinée, ou lors d'une sieste dans la journée.

Les rêves lucides se produisent le plus souvent au cours des moments les plus actifs du sommeil. Pendant les périodes d'intense activation, les mouvements oculaires rapides sont fréquents, la respiration est irrégulière, le rythme cardiaque est élevé et la transpiration due à l'émotion est courante. Les chercheurs ont observé que l'activité physiologique au cours du sommeil paradoxal après environ 9 heures et demie de sommeil est deux fois plus grande qu'au cours de la première période de la nuit. C'est peut-être une des raisons pour lesquelles les rêves lucides sont plus fréquents tard le matin.

Cependant, des rêves lucides ont aussi été enregistrés en laboratoire au cours des autres phases du sommeil, quoique beaucoup plus rarement.

La sieste [14]

Toutes ces données sur le sommeil paradoxal et les rêves lucides ont amené Stephen LaBerge et son équipe du Lucidity Institute, à l'Université de Stanford en Californie, à penser qu'il pourrait y avoir un moyen de profiter des caractéristiques du sommeil paradoxal des heures tardives du matin sans pour autant se lever plus tard. Ils ont émis l'hypothèse que si les gens se levaient tôt et faisaient la sieste, interrompant ainsi leurs périodes de sommeil et les complétant plus tard dans la journée, ils pourraient faire plus de rêves lucides.

Pour tester cette hypothèse, ils mirent au point un protocole expérimental. Les participants se levèrent deux heures plus tôt que d'habitude le matin et firent une sieste de deux heures. La sieste avait lieu soit deux heures après leur lever, soit quatre heures après. Les deux options de sieste avaient pour but de déterminer le moment le plus propice du cycle diurne du sommeil paradoxal pour le rêve lucide[15].

---

[14] Le mot "sieste" vient de l'espagnol "sexta" qui désigne la sixième heure de la journée. Faute de terme plus approprié, on entend ici par "sieste" tout moment de sommeil qui se situe pendant la journée, à distance de la période habituelle de sommeil nocturne.

[15] L'expérience ne put porter que sur dix sujets, ce qui en rend les résultats d'une validité toute relative d'un point de vue statistique.

Les chercheurs constatèrent un nombre de rêves par heure de sommeil quatre fois plus élevé pendant les siestes que pendant la nuit. Ils observèrent que près des trois quarts de tous les rêves lucides avaient lieu au cours de la sieste. La comparaison entre le nombre de rêves lucides par heure de sommeil montre que les rêves lucides sont dix fois plus probables pendant la sieste que pendant la nuit: quatre rêves lucides pour dix rêves pour la sieste, un rêve lucide pour dix rêves pendant la nuit.

Le meilleur moment pour les siestes à rêve lucide

Chez les sujets de cette étude, la comparaison de la fréquence des rêves lucides pendant les deux périodes de sieste a montré que les rêves lucides étaient deux fois plus nombreux pendant la période de sieste la moins éloignée du lever.

<u>Les rêves et les moyens de les diriger</u> (deuxième partie, chapitre III), Hervey de Saint-Denys.

Le mystère du rêve de Bruxelles

« Un fait extraordinaire devait me frapper quelques mois plus tard... Je fis un songe très clair, très suivi, très précis, pendant lequel je me figurais être à Bruxelles (où je n'étais jamais allé). Je me promenais tranquillement, parcourant une rue des plus vivantes, bordée de nombreuses boutiques dont les enseignes bigarrées allongeaient leurs grands bras au-dessus des passants. "Voici qui est bien singulier, me disais-je, il n'est vraiment pas présumable que mon imagination invente absolument tant de détails. Supposer comme les orientaux que l'esprit voyage tout seul, tandis que le corps sommeille, ne me semble pas davantage une hypothèse à laquelle on puisse s'arrêter. Et cependant je n'ai jamais visité Bruxelles, et cependant voilà bien en perspective l'église Sainte Gudule que je connais pour en avoir vu des gravures... Si ma mémoire peut garder, à l'insu même de mon esprit, des impressions si minutieuses, le fait mérite d'être constaté ; il y aura là très certainement le fait d'une vérification curieuse. L'essentiel est d'opérer sur des données bien positives, et par conséquent de bien observer."

Aussitôt je me mis à examiner l'une des boutiques avec une attention extrême, de telle sorte que, si je venais un jour à la reconnaître, le moindre doute ne pût me rester. Ce fut celle d'un bonnetier, devant laquelle je me figurais être, qui devint le point de mire des yeux de mon esprit ouverts sur ce monde imaginaire. J'y remarquai d'abord deux bras croisés, l'un rouge, l'autre blanc, faisant saillie sur la rue, et surmontés en guise de couronne d'un énorme bonnet de coton rayé. Je lus plusieurs fois le nom du marchand afin de bien le retenir ; je remarquai le numéro de la maison, ainsi que la forme ogivale d'une petite porte, ornée à son sommet d'un chiffre enlacé." Immédiatement après, ... je secouai... le sommeil par un violent effort de volonté qu'on peut toujours faire quand on a le sentiment d'être endormi, et, sans laisser le temps de s'effacer à ces impressions si vives, je me hâtai d'en consigner et d'en dessiner tous les détails avec grand soin.

Quelques mois plus tard, je devais avoir l'occasion de visiter Bruxelles, et je n'épargnais aucune peine pour éclaircir un fait qui, de prime abord, sans que je m'en pusse défendre, m'inspirait les plus fantastiques suppositions. J'attendis l'époque où ma famille devait se rendre en Belgique avec une indicible impatience. Elle arriva. Je courus à l'église Sainte-Gudule, qui me parut une vieille connaissance ; mais, je cherchai la rue des enseignes multicolores et de la boutique rêvée, je ne vis rien, absolument rien qui s'en rapprochât...

Plusieurs années s'écoulèrent. J'avais presque oublié cet épisode de mes préoccupations d'adolescent, lorsque je fus appelé à parcourir diverses parties de l'Allemagne, où j'étais allé déjà durant mes plus jeunes ans. Je me trouvais donc à Francfort, fumant tranquillement une cigarette après mon déjeuner, marchant devant moi sans m'être tracé aucun itinéraire. J'entrai dans la Judenstrasse, et tout un ensemble d'indéfinissable réminiscence commença vaguement à s'emparer de mon esprit. Je m'efforçais de découvrir la cause de cette impression singulière ; tout à coup, je me rappelais le but de mes inutiles promenades à Bruxelles. Sainte-Gudule, assurément, ne se montrait plus en perspectives ; mais c'était bien la rue dessinée dans le journal de mes rêves ; c'étaient bien les mêmes enseignes capricieuses, le même public, le même mouvement qui m'avait jadis si vivement frappé dans mon sommeil. Une maison, je l'ai dit, avait été surtout de ma part l'objet d'un examen minutieux. Son aspect et son numéro s'était fortement gravés dans ma mémoire. Je courus donc à sa recherche, non sans une émotion véritable. Allais-je rencontrer une déception nouvelle ou bien au contraire le dernier mot de l'un des problèmes les plus intéressants que je me fusse posé ? Qu'on juge de mon étonnement, et tout à la fois de ma joie, quand je vis en face d'une maison si exactement pareille à celle de mon ancien rêve, qu'il me semblait presqu'avoir fait un retour de six ans en arrière et ne m'être encore réveillé. A Paris, j'aurais eu bien des chances de ne plus retrouver ni cette porte caractéristique, ni son vieux couronnement, ni l'enseigne traditionnelle avec l'immuable nom du commerçant. Mais à Francfort, *où la fièvre des démolitions était loin, fort heureusement, d'avoir exercé les même ravages [16], j'avais la satisfaction de voir confirmée l'opinion que depuis si longtemps je m'étais faite, et de la formation des clichés-souvenirs, à l'insu même de celui qui les recueille, et de la netteté des images que ces clichés peuvent reproduire, en songe, devant les yeux de notre esprit.*

Evidemment, j'avais parcouru déjà cette rue la première fois que j'étais allé à Francfort, c'est-à-dire trois ou quatre ans avant l'époque de mon rêve, et, sans que je m'en doutasse, sans que je puisse expliquer de quelles dispositions particulières cela dépendît, tous les objets exposés à ma vue se photographièrent instantanément dans ma mémoire avec une admirable précision. Mon attention cependant, suivant l'acception qu'on donne habituellement à ce mot[17], devait rester

---

[16] Hervey de Saint-Denys fait ici allusion aux travaux réalisés sous le second Empire par le baron Haussmann, qui ouvrit de larges avenues en rasant des quartiers entiers de la capitale, afin notamment de rendre le maintien de l'ordre plus aisé, les barricades plus difficiles à élever et de chasser le peuple qui vivaient dans ces îlots vétustes.

[17] Au XIXème siècle, comme encore aujourd'hui, l'attention est une forme de *"concentration de l'activité mentale sur un objet déterminé"* (Dictionnaire philosophique d'Armand Cuvelier). Dans la phrase qui nous intéresse, le mot

34

"attention" n'est pas employé dans ce sens, mais dans celui, courant, de "prise de conscience". C'est ce que cette proposition incise indique.

étrangère au travail mystérieux qui s'opérait spontanément, puisque je n'en avais pas même gardé le moindre souvenir sensible.

Savoir rêver, vivre lucide

II : Banal et extraordinaire
Rêve lucide

1) Rêve lucide : des expériences variées
Pourquoi « lucide » ?

L'expression "rêve lucide", qui sert à désigner des rêves au cours desquels le rêveur se rend compte qu'il rêve, a été utilisée comme locution figée par un psychiatre danois, Frederick van Eeden pour la première fois dans un rapport présenté à la Société Anglaise de Recherche Psychique en 1913.

Gardons-nous des mythes ! Ni « rêve lucide », ni « rêveur lucide » ne sont des expressions satisfaisantes. Elles pourraient laisser croire qu'un rêve lucide est entièrement lucide, qu'un rêveur lucide est quelqu'un d'exceptionnel pratiquant des activités oniriques radicalement différentes de celles des autres humains. Rien de tout cela n'est exact ; même si on entend parfois présenter les personnes qui font des rêves lucides comme une élite au développement spirituel supérieur, rien n'indique que cela soit le cas. Au contraire, il semble que le rêve lucide, quoique rare, soit accessible à tout le monde et fasse partie du fonctionnement ordinaire du cerveau humain[18].

Les pratiquants des techniques de la lucidité ne présentent pas de caractères particuliers, si ce n'est ceux qui peuvent déterminer leur intérêt pour les rêves et la lucidité.

Les moments de lucidité au cours des rêves offrent des occasions d'utiliser les rêves d'une manière

---

[18] Le compte-rendu succinct au chapitre III des travaux de Jayne Gackenbach sur les caractéristiques des rêveurs lucides doit être lu avec cette restriction.

exceptionnellement efficace, quel que soit le but que l'on poursuit et les techniques que l'on utilise. Rien de plus.

Comment savoir qu'on connaît des moments de lucidité ? Rares sont les personnes qui tiennent régulièrement un journal de rêve, se souviennent de leurs rêves et y accordent de l'attention. Encore plus rares sont celles qui connaissent l'existence de cette capacité[19]. Ainsi, vous faites peut-être des rêves lucides sans le savoir !

Au moins au cours des cauchemars, il semble que tout le monde prenne brièvement conscience d'être en train de rêver et utilise la liberté d'action que cela donne soit pour fuir dans l'éveil, soit pour transformer ou subir calmement les mauvais rêves.

La recherche et l'apprentissage méthodique de la lucidité favorise tout simplement son apparition, sa prolongation et permet d'en exploiter toutes les potentialités.

2) Définitions, vocabulaire et notions

Les rêves peuvent être catégorisés selon le moment du cycle de sommeil où ils apparaissent, le degré de prise de conscience de soi qu'y manifeste le rêveur ou encore la nature de l'expérience qu'il y vit. Quelques précisions s'imposent.

---

[19] Pour ma part, j'ai cru jusqu'à l'âge de trente-trois ans que tout le monde rêvait comme moi et prenait conscience d'être en train de rêver. C'est par un article de revue (Revue Actuel, 1988) que j'ai découvert l'intérêt et l'existence de la lucidité onirique que je pratiquais sans le savoir. (Note de l'auteur).

Rêves : définitions

Dans le langage courant, on désigne par "rêve" des événements qui donnent l'impression d'avoir été vécus au cours du sommeil. Ils semblent en général former une histoire complète et être distincts d'autres aventures nocturnes, d'autres "rêves". On peut penser que chacun de ces rêves correspond à une des quatre ou cinq périodes de sommeil paradoxal que nous vivons chaque nuit. Dans ce sens, nous faisons plusieurs rêves par nuit de sommeil.

Cependant, une même période de sommeil paradoxal peut être vécue comme une succession de plusieurs rêves du fait de coq-à-l'âne dans le récit. D'un autre côté, un travail d'interprétation approfondi montre au contraire une grande continuité du contenu des rêves au cours d'une même nuit, et même d'une nuit sur l'autre, comme si l'esprit poursuivait la même réflexion autour du même sujet avec des images différentes.

De ce fait, il est convenu de nommer "rêve" tout ce qui est vécu subjectivement entre deux périodes d'éveil complet.

Du point de vue du fonctionnement du cerveau, comme expliqué précédemment, on distingue toutefois deux types de rêves :

- Les rêves de la période de sommeil paradoxal : leur contenu événementiel est plus riche, varié et étrange ; on s'en souvient plus facilement (les rêves lucides sont à peu près tous de ce type).

- Les rêves en sommeil « normal » : ils expriment de manière souvent très banale des réflexions terre à terre et laissent peu de souvenirs spontanés ; quelques secondes de lucidité n'y ont été que très exceptionnellement observées.

Classement des rêves selon le degré de conscience de soi

Avant d'entrer dans l'examen précis des rêves, il faut en proposer une sorte de recensement. Il ne s'agit pas de classer selon une série de critères rigoureux, mais de répertorier des types d'expériences oniriques variées que chacun de nous a pu rencontrer et qui seront abordés au cours de l'ouvrage.

Le degré de conscience de soi, la façon dont le rêveur sait ou non que ce qu'il vit est un rêve, permet de les classer.

Les rêves ordinaires sont les plus courants : le rêveur les vit comme s'ils étaient des expériences de veille avec une conscience et une mémoire limitées, sans se poser de question à propos de son expérience. Il agit d'une manière automatique.

Les rêves pré-lucides

Le rêveur s'y demande s'il rêve sans parvenir à se faire une opinion claire. Il se livre souvent à des observations et des expériences de vérification.

Le rêve semi-lucide

Le rêveur y a conscience de diriger en partie les événements du rêve sans avoir pleinement conscience de rêver lui-même.

Rêve de faux éveil de type 1

Le rêveur y a la fausse impression d'être éveillé alors qu'il rêve encore. Il peut alors soumettre son environnement à des vérifications multiples. Il peut même se rendre compte qu'il dort encore et faire un effort pour s'éveiller. Il peut alors parfois avoir l'impression de le faire et passer dans un autre rêve de faux éveil. Il est courant de rêver qu'on est en train de raconter ses rêves ou de les noter.

Rêve de faux éveil de type 2

Le rêveur se sent paralysé et croit percevoir son environnement de veille, sa chambre... L'atmosphère est mystérieuse et angoissante avec une impression pénible de suspense. Si l'état se prolonge, apparaissent des hallucinations. Habituellement le rêveur fait un effort et parvient à s'éveiller vraiment, souvent après un retour consenti à un épisode vraiment onirique (il se dit: «je me rendors un peu pour pouvoir m'éveiller parfaitement ensuite. »). Les expériences de torture par des extraterrestres ou de sévices exercés par des succubes, des démons... surviennent au cours de ces périodes désagréables.

Rêve lucide

Le rêveur y a conscience d'être en train de rêver. Il sait qu'il est physiquement endormi et que son expérience subjective est de nature onirique et hallucinatoire.

Pour compléter ce classement, l'échelle de réflexion sur soi de Sheila Purcell qui propose un classement des différents "niveaux de conscience" en rêve est disponible en annexe.

Expériences oniriques associées aux rêves lucides

Des rêves particuliers se manifestent souvent dans les périodes où surviennent les rêves lucides. Ils peuvent être identifiés comme des signes annonciateurs de la lucidité.

Rêve de vol

Le rêveur y vole ou flotte dans l'espace avec un sentiment de liberté remarquable.

Ils peuvent prendre des formes variées, telles que le dévalement d'escaliers, de pentes neigeuses, de nage dans l'air ou dans l'eau, de chutes...

Les rêves réflexifs

Le rêveur y adopte une sorte de distance par rapport à certains éléments du rêve, par exemple, dans les rêves dits « de miroir » où le rêveur regarde sa propre image. Il peut aussi penser à noter ses rêves, à devenir conscient qu'il rêve sans pour autant devenir lucide. Souvent, surtout au début de l'entraînement, il peut croire s'éveiller alors qu'il passe dans un autre rêve. La lucidité peut ne concerner qu'un élément du rêve qui est perçu comme clairement onirique, souvent à propos de personnes absentes ou disparues. Le souvenir de rêves antérieurs reconnus comme tels dénote aussi un travail de l'esprit autour de la lucidité.

Rêve d'expérience hors corps (on dit aussi "O.B.E.", de l'anglais "Out of Body Experience")

Le rêveur y a l'impression d'être en dehors de son corps, soit dans un univers réaliste qu'il prend pour la réalité, soit dans un univers plus onirique. Les supposés "voyages astraux" sont sans doute des rêves de ce type.

Revenons plus en détail sur ces types de rêves si marquants.

Les rêves sexuels.

Le rêveur y assiste et le plus souvent prend part à des actes sexuels explicites avec le plaisir qui accompagne cette activité à l'état de veille.

Selon Freud, tous les rêves exprimeraient des actes sexuels de manière symbolique, mais il est des rêves très ouvertement sexuels qui se concluent souvent par un orgasme. Ils sont peut-être dus aux perceptions de la turgescence des organes sexuels érectiles au cours du sommeil.

Les rêves de vol

Variantes : glissements, natation dans l'air, flottement sur le dos, vol avec instruments divers (ailes...), sauts enchaînés...

"Bien que les rêves sexuels soient d'habitude hautement agréables, ils sont surpassés en fréquence, sinon en plaisir, par une autre activité, les rêves de vol." (Celia Green, *Lucid dream*, 1968).

Les rêves d'activités sexuelles et de vol seraient peut-être liés aux interférences sensorielles créées par les hallucinations oniriques avec les informations réelles sur la position et l'équilibre du corps: d'après Havelock Ellis[20], psychologue anglais du XIXème siècle qui fut une autorité internationale à son époque, l'absence de pression sous les pieds pendant le sommeil amènerait le système vestibulaire (organe de la perception du déplacement dans l'espace situé dans l'oreille interne) à rationaliser cette information inhabituelle en proposant le vol comme interprétation. Au XXème siècle, plusieurs auteurs y voyaient un souvenir d'une étape aquatique de l'évolution qui a mené à l'homme[21].

---

[20] Havelock Ellis, *Le Monde des Rêves*, Mercure de France (1912).
[21] Hardy A. C., *"Was man more aquatic in the past?"* *New Scientist*, 7, 642-645 (1960).

Les rêves de vol et la lucidité.

Rêves sexuels, rêves de vol et rêves lucides semblent étroitement liés : tous les auteurs rapportent une concomitance entre eux, soit que les rêves sexuels ou de vol précèdent le rêve lucide au cours de la nuit ou la nuit précédente, soit que le rêveur lucide mette à profit sa lucidité pour avoir des relations sexuelles ou voler.
"Il semble que voler soit la manière naturelle de se déplacer en rêve," note Mme Arnold-Forster (P. 64-5), par exemple.

Au fur et à mesure des expériences de vol, la faculté de voler en rêve se développe. *"Le vol résulte d'un apprentissage et donne un sentiment de liberté qui permet d'échapper à des situations difficiles."* écrit Celia Green[22], *" La chute sans recours se transforme alors en vol délicieux".*

Tous les rêveurs lucides habituels disent faire des vols en rêve.
Les activités de veille en rapport avec le vol ou la plongée sous-marine sont inductrices : observation des oiseaux, vol à voile, trapèze volant, jeu avec un drone, ..., autant d'activités à

Morgan Elaine, *The Aquatic Ape*, 1982, Stein & Day Pub (traduction française : *Des origines aquatiques de l'homme*, Sand, (1988).
[22] Celia Green, *Lucid Dreams*, Hamish Hamilton, reissued by Institute of Psychophysical Research (1968).

pratiquer qui peuvent favoriser l'apparition de ce type de rêve dans les nuits suivantes.

Symboliquement, orgasme et vol indiquent une libération ; la victoire sur des peurs ou des préjugés par un travail psychothérapeutique peut donc avoir un effet d'induction qui peut s'exprimer soit par une explosion de plaisir sexuel (surtout si ce sont des angoisses liées à la sexualité qui ont été vaincues) soit par un envol.

En fait, l'orgasme et le vol en rêve sont des métaphores générales pour les expériences d'exaltation, de la découverte de la solution d'un problème à une expérience d'ordre mystique. Le rêve peut nous permettre d'entrer en contact avec le flot d'énergie qui baigne toutes nos actions et est l'essence de la vie.

Les adeptes des doctrines orientales de la circulation énergétique voient dans ce type de rêve une expression symbolique de cette circulation : le vol correspondrait à la montée de l'énergie spirituelle localisée dans le bas du dos le long de la colonne vertébrale (souvent nommée montée de Kundalini). La descente en rêve correspondrait à la redescente dans la "voie descendante antérieure" le long des chakras. Une fois le circuit effectué, l'énergie pourrait soit se libérer sous forme d'énergie sexuelle dans un orgasme onirique, soit repartir pour un tour et sortir par le haut de la tête, menant ainsi à une "sortie hors du corps". C'est la thèse de P. Garfield dans son autobiographie onirique *Pathway to ecstasy*[23]; l'idée est reprise par J. Gackenbach dans *Control your dreams*[24] qui s'en attribue la découverte. Ann Faraday tient à peu près le même discours (*The Dream Game*)[25].

Les rêves à perceptions extra-sensorielles

Les rêveurs lucides rencontrent de temps en temps, et plus souvent que les gens qui ne s'intéressent pas à leurs rêves de cette façon, ces phénomènes troublants. Il semble que ce soit une conséquence de cet intérêt et de la pratique des techniques d'induction, à moins que la seule amélioration du rappel des rêves fasse qu'on se souvient de plus de rêves, parmi lesquels certains peuvent paraître étranges.

Ces différents types de rêves sont difficiles à distinguer car télépathie, prémonition, rencontre onirique peuvent être expliqués les uns par les autres (et aussi sans recours à des théories surnaturelles) : les rêveurs qui se rencontrent

---

[23] http://creativedreaming.org/books-about-dreams-and-dreaming
Patricia Garfield, *Pathway to Ecstasy, the Way of the Human Mandala,* Holt, Rinehart and Winston, 1st edition (1979).
[24] Jayne Gagkenbach & Jane Bosveld, *Control your Dreams*, HarperPerennial, 1rst edition (Octobre 1990).
[25] Ann Faraday, *The Dream Game*, HarperPaperbacks ; Edition reprint (31 mai 1990).

sont-ils en même temps dans un même lieu objectif d'un mystérieux univers onirique, ou bien en relation télépathique, ou encore ont-ils une prémonition de ce que les autres raconteront avoir rêvé, par exemple ?

Il vaut mieux parler de rêves interprétés comme peut-être mutuels, peut-être télépathiques ou peut-être prémonitoires.

Ces rêves sont les serpents de mer de la lucidité onirique ; de multiples histoires circulent à leur sujet et des témoignages, souvent dignes de foi, semblent en montrer l'existence mais, dès qu'une recherche un peu rigoureuse essaie de les mettre en évidence et les étudier, ils s'évanouissent.

Le plus vraisemblable est que ces merveilles oniriques sont le résultat d'un faisceau de mécanismes et d'illusions convergents et n'ont pas (ou peu ?) de caractéristiques surnaturelles et extra-sensorielles. Comme dans les spectacles d'illusionnisme, tout concourt à créer l'illusion, mais il y a peut-être des trucages.

Au fond, la question de la réalité objective du phénomène n'est pas (ne devrait pas être) pertinente pour celui qui a vécu l'expérience. L'important est que l'expérience elle-même ait vraiment été vécue et qu'elle vaille par elle-même. La tentation d'en tirer des certitudes et donc de se déposséder de cette merveille individuelle pour en faire une vérité universelle, une croyance, voilà le vrai risque.

Pourquoi ne pas accepter de ne pas savoir expliquer un phénomène ? Pourquoi ne pas accepter et suspendre l'interprétation rationnelle quand on n'est pas en capacité de le faire ? Je reviens plus précisément avec des exemples sur ce type de phénomènes à la fin de ce chapitre.

Rêves mutuels

La littérature sur la lucidité onirique comporte quelques récits de rêves où des dormeurs ont eu l'impression d'en rencontrer d'autres en rêve, de partager le même univers onirique.

Carlos Castaneda semble évoquer de tels rêves à plusieurs reprises dans son œuvre. Le récit traditionnel sur le maître soufi Houdaï Effendi met bien en scène un tel phénomène (rêve présenté page 42).

L'histoire la plus courante [26] est celle d'Oliver Fox, adepte de la théosophie, racontée dans son livre *Astral Projection*[27]: un soir, deux de ses amis et lui avaient décidé d'essayer de se retrouver en rêve en un lieu donné. Au cours de la nuit, Fox devient lucide et se rend à l'endroit du rendez-vous ; il y trouve un de ses amis et commente avec lui l'absence du troisième. Le lendemain, les trois rêveurs se rencontrent ; celui qui avait été absent

---

[26] Plus d'un demi-siècle avant van Eeden, Hervey de Saint-Denys, le premier auteur à avoir publié sur le sujet, utilise quelquefois l'expression "rêve lucide" dans son livre *Les rêves et les moyens de les diriger* (Amyot, Paris, 1867).

[27] Oliver Fox, Astral Projection, Citadel; Edition Reissues (1 janvier 1976).

en rêve déclare n'avoir pas de souvenir de son rêve et avoir échoué à devenir lucide. Malgré de nouvelles tentatives, aucune nouvelle "rencontre" ne put avoir lieu.

James Donahoe cite aussi quelques expériences du même type dans son livre *Dream reality*[28].

Au laboratoire de Stanford, des onironautes ont aussi tenté d'établir un contact en rêve pour voir ce qu'il en retourne de ces théories extraordinaires. Daryl Hewitt et une autre rêveuse de l'équipe de S. LaBerge ont décidé de tenter de se rencontrer en rêve lucide et, pour vérifier la réalité de leur relation, de faire en même temps le signal oculaire habituel. Daryl Hewitt devenu lucide parvint à retrouver l'autre collaboratrice dans son rêve et à réaliser le test. Au réveil, il apprit que, malgré ses efforts, la vraie rêveuse (et non le personnage de son rêve) ne l'avait pas trouvé dans le sien et n'avait envoyé aucun signal. Bref, il n'y avait eu qu'une illusion de rencontre du point de vue d'un seul rêveur[29].

Rêves télépathiques et prémonitoires

Il s'agirait de rêve au cours desquels les rêveurs parviendraient à obtenir des informations qu'il leur

---

[28] James Donahue, *Dream Reality: The Conscious Creation of Dream and Paranormal Experience*, Bench Press; 1st edition (1974).

[29]

http://library.macewan.ca/lucidity/Issue7_2/LL7_2_ LaBerge.htm serait impossible de connaître par des moyens ordinaires. La télépathie mettrait en jeu une relation (de type "téléphonie sans fil") entre deux sujets. La prémonition porterait sur des événements se déroulant dans l'avenir. Des cas sont aussi rapportés de découvertes d'informations inaccessibles au rêveur concernant le passé.

Quand bien même on voudrait y croire, il serait évidemment très difficile d'établir une certitude positive sur ces phénomènes pour deux raisons : la mémoire consciente est très limitée par rapport à tout ce qui a été effectivement perçu et reste disponible inconsciemment, particulièrement au cours des rêves. Si, par exemple, vous rêvez que votre voiture tombe en panne et que cet événement se produit réellement le lendemain, il est vraisemblable que ce sont des informations auxquelles vous n'avez pas prêté attention quand vous vous en êtes servi qui ont induit le rêve, et vous ont permis de prévoir la panne. Le « Rêve de Bruxelles » d'Hervey de Saint-Denys en est un exemple.

Le cas des maladies annoncées en rêve est encore moins magique puisqu'on sait que les sensations très fines concernant nos organes internes sont bien plus sensibles au cours de l'isolement onirique qu'à l'état de veille. En outre, les maladies peuvent avoir des causes psychosomatiques ; deux raisons pour que les rêves soient les premiers à nous avertir que quelque chose ne va pas en nous.

L'autre obstacle est que les rêves traduisent en images nos propres pensées ; ils ignorent donc la différence entre prédiction et supposition. Il suffit dès lors qu'une des suppositions faites par l'esprit endormi se vérifie pour qu'on ait l'illusion d'une prémonition. Pour prendre un exemple simple, on se dit : "S'il continue à pleuvoir ainsi, il va y avoir des glissements de terrain." Ce qui se traduit en rêve par la vision d'un glissement de terrain. Il suffit ensuite qu'en effet un glissement de terrain se produise quelque part pour que la prédiction passe pour une prémonition.

Comme l'explique Hervey de Saint-Denys, qui s'attache à dénoncer le surnaturel dans tous ses aspects, "*en agitant les questions contradictoires que nous nous posons à nous-mêmes, nous parcourons le champ des éventualités, nous mettons en action les hypothèses que nous avons formées, et, pourvu que notre esprit ait prévu juste, nous avons précisément rêvé l'avenir*".

Comme nous faisons quatre ou cinq rêves par nuit, non seulement il n'y a rien de surnaturel à ce que de temps en temps nous fassions des rêves qui semblent reliés à des événements réels à venir, mais ce qui serait étonnant, ce serait le contraire, que nous ne fassions que des rêves sans relation avec la réalité alors que nous ne cessons de rêver d'elle et d'essayer de la prévoir. La même explication vaut pour la télépathie. Ces arguments n'ont rien de neuf ; on les trouve déjà chez Aristote[30].

---

[30] Aristote, *Psychologie, opuscules, parva*

Il est possible que le rêve permette d'exploiter des informations inaccessibles à la conscience de veille ou de mieux construire des conjectures. Il est même probable que la croyance à la prémonition ou à la télépathie favorise l'expression de l'intuition (faculté mettant en jeu des mécanismes plus globaux et inconscients mais parfaitement naturels) et l'attention qu'on lui porte.

Cependant, des rêves apparemment surnaturels semblent bien utiliser cette caractéristique, le fait d'être inexplicable naturellement, comme élément significatif. De nombreux exemples assez similaires font que de tels rêves répondent à des questions ou des dilemmes conscients du rêveur pour le mettre en garde contre son attitude. Ces rêves donnent un moyen de résoudre le problème du rêveur, non grâce à l'information supposée inaccessible, mais grâce au caractère surnaturel de sa présence dans le rêve.

Il m'est arrivé (Août 1990) une expérience troublante de ce genre.
Je préparais une conférence dont le sujet était la différence entre rêve et réalité et m'apprêtais, devant un public que je savais gagné aux thèses les plus irrationnelles, à tenir des propos

---

naturalia, Dumont
Voir le site :
http://remacle.org/bloodwolf/philosophes/Aristote/r eves.htm

<u>étroitement rationalistes,</u> contraires à ses attentes

[31]   John, le mari d'Ann Faraday, avait rêvé d'une histoire d'espion dont il était à la fois l'auteur caché sous le pseudonyme d'Artie Shaw et le héros. Il était aidé par un membre de la chambre des Lords, Lord Snow. Ann Faraday devait passer dans un grand show télévisé américain, le Mike Douglas Show à Philadelphie, dont la vedette principale devait être Peter Ustinov. Au dernier moment celui-ci ne put venir et fut remplacé par le musicien Artie Shaw.

La surprise de trouver Artie Shaw fit qu'avant l'émission, John lui raconta son rêve. L'étonnement fut encore accru quand Artie Shaw leur apprit qu'il avait jadis publié un roman, dont il n'avait parlé à personne, sous le pseudonyme d'Adam Snow, si bien que l'animateur demanda à Ann Faraday de raconter le rêve de John, qu'elle le fit et "*que ce dernier confisqua tout le spectacle. Les autres invités, y compris Artie Shaw, se joignirent à la discussion -et John fut le héros du moment.*"

L'hypothèse d'Ann Faraday est que "l'underdog" (sa théorie de l'underdog et du topdog est présentée en annexe, page 140), proche des besoins profonds de l'organisme, utiliserait une sorte de "radar psychique" pour capter dans l'environnement des informations qui lui permettraient de se satisfaire, comme ce fut finalement le cas de John qui réussit à attirer l'attention sur lui, alors qu'il souffrait d'être éclipsé par la gloire de sa femme.

sur le rêve lucide. Je me disais que le comble serait pour moi de faire un rêve prémonitoire comme ceux qu'Ann Faraday rapporte dans *The Dream Game* où son mari, jaloux de son succès médiatique, avait réussi à attirer l'attention sur lui grâce à un rêve prémonitoire remarquable[31].

Or, un samedi, je rêvai que j'étais dans une prison de la côte Ouest des USA. Je portais des vêtements de l'armée et je disais aux autres détenus : *"Le rêve lucide est le seul moyen que nous ayons de sortir d'ici."* Et je leur expliquai en détail les techniques d'induction des rêves lucides. Je notai ce rêve au réveil, notamment parce qu'il avait eu l'ironie de ne pas être lui-même lucide bien que j'y parlasse sans cesse de lucidité.

Le lundi suivant, je reçus la lettre d'un Cubain emprisonné en Californie. J'ignore comment il avait eu mon adresse[32] et je n'avais jamais entendu parler de lui. C'est même la seule personne qui ait pris contact avec moi spontanément à propos des rêves de cette façon ; or, il y écrivait mot pour mot la phrase que j'avais prononcée dans le rêve.

La coïncidence me troubla, bien qu'elle n'eût pas de valeur statistique. J'adoptai donc une attitude moins tranchante lors de ma conférence. Le rêve avait un autre intérêt que je ne perçus pas totalement sur le moment : il préfigurait mon

----

[32] J'étais alors membre actif de l'association Oniros et rédacteur en chef de la revue du même nom. Il s'y était abonné par intérêt pour le rêve et pour perfectionner son français.

attitude au cours de ma prestation et aurait pu me servir d'avertissement : j'y traitai du rêve lucide mais ne fus pas moi-même suffisamment lucide (j'écourtai un peu mon exposé et ne trouvai pas de réponse immédiate à des questions posées ensuite)[33].

Au contraire du rêve de la prison californienne, extrêmement troublant, cet aspect-là n'a en fait rien de mystérieux ; mon appréhension venait précisément de ma crainte diffuse de manquer de contrôle émotionnel dans une situation aussi tendue que celle qui s'annonçait. Je savais devoir être le seul francophone à tenir un discours rationaliste.

En rédigeant ce passage aujourd'hui, je prends conscience qu'à plus long terme, ma conception du monde en fut changée. Il m'apparut que le rêve par son caractère incontestablement surnaturel avait attiré mon attention sur mon refus obstiné du surnaturel à un moment où les choix que j'allais faire détermineraient toute ma vie à venir. Derrière la couche superficielle des événements en cours où ce type d'événement intervient pour nous aider (dans mon cas, la conférence à venir), il y a aussi une réorientation fondamentale dans une période de crise. Comme si la mise en œuvre du « radar psychique » intervenait quand nous abordons un

[33] Dans *Dream Power*, Ann Faraday rapporte un rêve du même ordre en réponse à une conférence qu'elle appréhendait devant un public spiritualiste.

de ces carrefours du destin où un seul choix va déterminer toute la suite de notre vie de manière radicale. Il vient nous montrer la direction à suivre et nous donner un avertissement sur les risques de choisir la facilité de la reproduction des erreurs passées. D'une certaine façon, le surgissement d'un rêve psi nous invite à changer radicalement en optant pour ce qui est le moins évidemment attirant, le plus difficile, l'apparemment impossible, mais qui va nous permettre d'atteindre un niveau supérieur d'épanouissement, au-delà de ce que nous connaissons et pouvons imaginer. Le symbolisme de l'impossibilité de ce qui se produit dans ces rêves est de nous encourager à changer de réalité, de faire ce qui nous a toujours paru inconcevable, inaccessible et incompréhensible, de faire, au moment propice, une sorte de saut dans le vide pour faire « tourner la roue du destin », pour reprendre l'expression de Florinda Donner[34].

Ces sujets restent la part de rêve de l'étude des rêves et sont aptes à nourrir l'imaginaire ; acceptons-les ainsi mais restons prudents quand il s'agit d'en tirer des extrapolations sur la réalité physique. Leur rareté et leur imprévisibilité les rendent peu utilisables. Accueillons-les comme des cadeaux mystérieux qui mettent de la magie dans nos vies, qui attirent notre attention sur des choix à faire au moment où nos destins peuvent

---

[34] DONNER-GRAU, Florinda, *Le Rêve de la Sorcière*, Editions du Rocher (1985).

basculer, mais gardons-nous de toute extrapolation théorique invérifiable qui les réduirait et nous enfermerait dans des croyances.

Croire à la magie et à la bienveillance du destin donne la confiance, l'énergie et la persévérance utiles au succès, mais gardons à l'esprit que tout cela reste du domaine du rêve, de l'imaginaire et du désir.

Savoir rêver, vivre lucide

3) Le rêve lucide à travers le temps

Le rêve lucide à travers le temps.

Les rêves lucides sont sans doute aussi anciens que la distinction entre veille et rêve.

Les premiers textes qui font explicitement allusion à la lucidité onirique dans notre civilisation sont grecs. Aristote, notamment, au IVème siècle avant Jésus Christ, avait remarqué que "souvent, quand nous sommes endormis, il y a quelque chose dans notre conscience qui nous dit que ce qui se présente à nous est seulement un rêve."

Le premier récit de rêve lucide de l'histoire occidentale est conservé dans une lettre écrite en 415 après J.C. par Saint Augustin[35] qui raconte le rêve du savant carthaginois Gennadius.

Le rêve de Gennadius.

Gennadius était préoccupé par la possibilité de survie après la mort. Une nuit, il rêva qu'un jeune homme aux allures angéliques l'emmenait dans une cité merveilleuse où il entendit un chant d'une douceur exquise. La nuit suivante, le jeune homme reparut dans ses rêves et lui demanda où ils avaient fait connaissance. Gennadius raconta le rêve précédent. Alors, lui fit remarquer l'ange : "Tu te souviens bien... que tu vis ces choses en rêve, mais je voudrais que tu saches que, même maintenant, tu es en train de voir pendant ton sommeil."

Gennadius devint donc conscient d'être en train de rêver ! Le rêve répondait en fait aux questions que le Carthaginois se

---

[35] SAINT AUGUSTIN, Œuvres complètes, Edition de La Pléiade.

posait sur la possibilité de vivre des expériences après la mort quand le corps ne fonctionne plus.

Le jeune homme expliqua finalement : "Tandis que tu es endormi et allongé sur ton lit, les yeux de ton corps sont sans emploi et ne font rien et pourtant tu as des yeux avec lesquels tu me perçois ; ainsi, après ta mort, pendant que les yeux de ton corps seront complètement inactifs, il y aura en toi une vie par laquelle tu vivras encore, et une faculté de perception par laquelle tu percevras encore."

Ce rêve illustre l'interprétation soumise aux illusions perceptive : ce qui apparaît en rêve est considéré comme une réalité extérieure au rêveur, les aventures oniriques comme des événements réels ; pourtant, dès l'Antiquité, Aristote avait déjà clairement montré que le rêve est une simulation construite par l'esprit, que l'intégralité de l'expérience onirique est une illusion créée par le rêveur lui-même.

Dans d'autres civilisations, se sont développées des connaissances et des techniques onirologiques.

Les plus remarquablement abouties sont sans doute celles des bouddhistes tibétains qui s'entraînent à conserver la conscience en rêve par des techniques de yoga (voir page 145 et sq.).

Cette voie est aujourd'hui exploitée par les techniques d'induction de la lucidité à l'état de veille (WILD de S. Laberge, par exemple).

De manière plus approfondie, Christian Bouchet propose une description très précise des niveaux de conscience et de rêve (*Du rêve éveillé au rêve lucide*, Le Mercure Dauphinois, 2013). Un chapitre entier est consacré à ces travaux.

Les rêveurs bouddhistes tibétains.

Dès le VIIIème siècle de notre ère, les bouddhistes tibétains pratiquaient une forme de yoga destiné à maintenir toute la conscience éveillée pendant l'état de rêve. Ces yogis rêveurs sont les premiers à avoir compris clairement à partir d'observations et d'expériences que les rêves sont uniquement la création mentale du rêveur. Pour eux, le rêve lucide est une occasion de comprendre par l'expérience vécue, la nature subjective de l'état de rêve et, par extension, de l'expérience de veille.

Cet apprentissage se fait en plusieurs étapes.

Le yogi apprend à changer ou transformer d'abord les personnages et les objets oniriques par la volonté, puis tout le contenu des rêves. Cette expérience lui permet de comprendre que tout ce qu'il perçoit en rêve est la création de son esprit, de simples mirages. Il transpose ensuite cette découverte à l'état éveillé où tout serait aussi irréel que les illusions oniriques[36].

Des pratiques similaires avaient cours en Inde. Un texte tantrique du Xème siècle fait allusion à des méthodes pour rester conscient au moment de s'endormir (In DeBecker, *La compréhension des rêves)*[37].

Quelques siècles plus tard, au douzième siècle, le Soufi espagnol, Ibn El-Arabi, connu dans le monde arabe comme "le Grand Maître", aurait dit : "*En rêve on doit contrôler ses pensées. Cet entraînement est très bénéfique. Chacun devrait s'appliquer à atteindre cette capacité si précieuse.*"

---

[36] EVANS-WENTZ, W.Y., "*Tibetan yoga and secret doctrines*", Oxford universitary press, London, (1935)
[37] DE BECKER, Raymond, *La compréhension des rêves*, 1965.

Au siècle suivant, Saint Thomas d'Aquin, citant Aristote, mentionne brièvement le rêve lucide. Le Dominicain affirmait que cela arrive spécialement *"vers la fin du sommeil, chez les hommes sobres et ceux qui sont dotés d'une forte imagination."* Il expliquait que dans ce cas, *"parfois, en étant endormi, un homme peut juger que ce qu'il voit est un rêve et distinguer entre les choses et leurs images"* (*Summa theologica*)[38].

Dans notre civilisation, certains alchimistes, dès le Moyen-âge, semblent avoir exploré la voie de la conscience en rêve, mais les traités spécialisés sont rédigés dans un langage ésotérique si obscur qu'il est difficile d'en être certain. On trouve ensuite quelques remarques chez Descartes qui semble indiquer qu'il lui arrivait de faire des rêves lucides, mais, il faut attendre le XIXème siècle, pour que les progrès de la connaissance permettent de libérer le rêveur des croyances qui attribuaient le rêve à un monde surnaturel objectif et en faire une création du cerveau. La lucidité onirique est indissociable de cette découverte, assez tardive en Occident.

Les rêveurs lucides de la modernité

Le premier rêveur lucide occidental qui ait mené une exploration de ses rêves avec une véritable curiosité scientifique expérimentale est le marquis d'Hervey de Saint-Denys. Rêveur lucide régulier et fécond, esprit cultivé et méthodique, il a consigné ses recherches dans un livre

---

[38] THOMAS D'AQUIN, *Somme théologique*, Edition du Cerf, Paris, (1984-1986).
[39] Réédité chez Tchou en 1964, Paris. Puis chez Oniros plus récemment grâce à Roger Ripert.

remarquable, *Les rêves et les moyens de les diriger*, paru en 1867 chez Amyot[39] et réédité de nombreuses fois depuis. Malheureusement, l'essentiel des travaux sur la question au XIXème siècle, a consisté en un vain affrontement entre les partisans de la lucidité et ceux pour qui la notion d'éveil dans les rêves était une impossible chimère.

Parmi les sceptiques, deux des plus éminents furent des psychologues : le français Alfred Maury[40] et l'anglais Havelock Ellis. Bien que pionnier dans l'investigation scientifique des rêves, Maury ne faisait pas de rêve lucide et disait que "ces rêves ne pouvaient être des rêves". Ellis, pour sa part, déclara : "*Je ne crois pas qu'une chose pareille soit réellement possible, bien qu'elle ait été rapportée par de nombreux philosophes depuis Aristote.*"

Par contre, Ernst Mach, de l'Université de Vienne, dans l'annotation d'un travail sur l'inertie caractéristique de l'attention en rêve écrit : "Souvent, ...nous réfléchissons à l'état de rêve, à propos des rêves, nous les reconnaissons en tant que tels du fait de leurs excentricités."[41]

Enfin, il existe une mention très brève du rêve lucide chez l'un des plus célèbres philosophes du dix-neuvième siècle : Frédéric Nietzsche[42]. Tandis qu'il discute du fait que nous utilisons les rêves pour nous entraîner à vivre, Nietzsche note: "*Peut-être certains pourront, comme moi-même se souvenir de s'être écrié joyeusement... parmi les dangers et les terreurs de la vie de rêve : 'C'est un rêve ! Je veux rêver encore !'*"

---

[40] MAURY, Alfred, *Le sommeil et les rêves*, eBox éditeur.
[41] MACH, Ernst, *The Analysis of the Sensation*, Jena: Fisher (1900).
[42] http://dumas.ccsd.cnrs.fr/dumas-00611512

Freud, dans *l'Interprétation des rêves*[43], fit des allusions, en notes, à la lucidité onirique, qui laissent penser qu'il fit quelques rêves lucides, mais, trop préoccupé par d'autres considérations, il ne sut pas en tirer parti.

Van Eeden tint le journal de ses rêves de nombreuses années; il nota avec un soin particulier ces cas où, profondément endormi, il avait pourtant "*le souvenir complet de sa vie quotidienne, et pouvait agir volontairement*". Il présenta d'abord ses observations sous une forme romanesque dans *La Mariée des Rêves*[44], parce que la fiction lui permettait "*de traiter librement de sujets délicats*", d'ordre sexuel.

En 1913, Van Eeden présenta un rapport à la Society for Psychical Research. Il y fait état de 352 rêves lucides, rassemblés entre 1898 et 1912. "*Dans ces rêves lucides*", écrit-il, "*la réintégration des fonctions psychiques est tellement complète que le rêveur atteint un état de conscience parfait et est capable de diriger son attention, et de tenter différentes actions de son propre chef. Et pourtant, le sommeil, comme je puis vous l'assurer, n'est pas perturbé ; il est profond et régénérant.*" ("*A study of dreams*", *Proceedings of the society for psychical research*, 26, 1913; 431--61).

A la même époque, le docteur Yves Delage[45] distinguait le "*rêve conscient au cours duquel le rêveur a conscience*

---

[43] FREUD, Sigmund, *De l'interprétation des rêves*, PUF, 2ème édition (3 novembre 2012).

[44] http://librelivre365.fr/author/nvay4x/Eeden-Frederik-Van-18601932#.VppZJJrhAZ9

[45] DELAGE, Yves, *Le Rêve* Presse universitaire de France, PUF,

d'être en train de rêver ou du moins le soupçonne" et *"'le rêve dirigé' qu'il dirige à sa volonté. A un premier degré, le dormeur l'exerce sur ses propres actes, à un degré plus accentué, il fait mouvoir à son gré ses personnages et dispose les tableaux et les scènes. C'est presque la rêverie, avec cette seule différence que les tableaux et les scènes ont, par leur caractère hallucinatoire, l'objectivité (apparente) de choses réelles, et non, comme dans la rêverie, l'aspect plus terne d'images mentales ou de simples pensées."*

Yves Delage adopta une attitude rationnelle et expérimentale, comme Hervey de Saint-Denys, qu'il cite et commente abondamment.

Un peu plus tard, en Angleterre, Mary Arnold-Forster[46] rencontra de temps en temps la lucidité dans ses rêves qu'elle explora et nota avec finesse. Elle apprit par elle-même à reconnaître que *"ses rêves effrayants n'étaient que des rêves"*. Elle élabora une méthode d'enseignement du rêve pour les enfants.

A peu près à la même époque, Hugh Calloway, britannique lui-aussi, entreprit une expérimentation bien plus étendue à propos des rêves lucides et des états qui leurs sont liés (expériences dites de "sorties hors du corps", surtout). Il publia ses œuvres sur l'occultisme sous le nom d'Oliver Fox. Fox nommait ses rêves lucides *"Rêves de Connaissance (dream of knowledge)"*, *"car on a en (eux) la connaissance qu'on est réellement en train de rêver"*. Il se décrit ainsi dans ses "Rêves de Connaissance » : *"libre comme l'air, rassuré*

Paris (1920).
[46] FOSTER, Marie-Arnold & PRINCE, Morton, *Studies in Dreams*, Kessinger publishing, LLC (April 1, 2005)

par la conscience de ma situation réelle, et, sachant que le réveil serait possible si le danger menaçait, je flottais tel un petit dieu à travers la scène glorieuse du Monde du Rêve."

Un philosophe russe, Piotr D. Oupensky[47], disciple de Gurdjief, découvrit la lucidité onirique lorsqu'il était adolescent. Il se demanda : *"N'est-il pas possible de conserver sa conscience en rêve, c'est-à-dire, de savoir pendant le rêve qu'on est endormi et de penser consciemment, comme à l'état de veille ?"* Pendant ses rêves lucides, les "états de demi-rêve" comme il les appelle, il se contenta le plus souvent d'observer la formation et la transformation des rêves ordinaires sans intervenir sur leurs cours. Il écrit : *"dans les 'états de demi-rêves', je faisais tous mes rêves habituels. Mais j'y étais pleinement conscient, je voyais et comprenais comment ces rêves étaient créés, à partir de quoi ils étaient fabriqués, quelles étaient leurs origines, et, en général, l'enchaînement des causes et des effets. Et plus encore, je vis que, dans les « états de demi-rêves », j'avais un contrôle sur mes rêves. Je pouvais les créer et voir ce que je désirais, bien que ce ne fût pas toujours avec succès. Habituellement, je donnais seulement la première impulsion, et après cela, les rêves se déroulaient d'eux-mêmes."*

Dans un article de 1936, *"Les rêves dans lesquels le rêveur sait qu'il est endormi"* du *Journal of Abnormal Psychology*, Alward Embury Brown rapporte presque une centaine de ses propres expériences de rêve lucide. Pour répondre aux détracteurs du rêve lucide qui n'y voyaient qu'une forme de

---

[47] OUPENSKY, Piotr, *Fragment d'un enseignement inconnu*, Stock (2003).

rêverie à l'état de veille, il s'attacha à montrer la différence entre les deux phénomènes en rêvassant pendant ses rêves lucides. Il est aussi l'inventeur de la technique qui consiste à sauter en l'air et à tester la sensation de pesanteur pour savoir si on rêve ou si on est éveillé. Cet article de Brown est l'un des deux consacrés au rêve lucide qu'on pouvait trouver dans le courant de la psychologie scientifique, jusqu'aux années soixante-dix du siècle passé.

L'autre est paru dans un journal de psychologie allemand deux ans plus tard. Son auteur, le Docteur Harold von Moers-Messmer[48], y rapporte et commente vingt-deux rêves lucides faits de 1934 à 1938.

Voici le récit d'un de ses rêves :

"Du sommet d'une colline inconnue et plutôt basse, Je regardais l'horizon au-dessus d'une vaste plaine. Il me traversa l'esprit que je n'avais aucune idée de la période de l'année où je me trouvais. Je vérifiai la position du soleil. Il m'apparut presqu'au-dessus de moi, doté de son éclat habituel. C'était surprenant et il me vint à l'idée qu'en ce moment, c'était l'automne, et que le soleil était bien plus bas il y avait seulement peu de temps. Je réfléchis ainsi : 'le soleil est maintenant perpendiculaire à l'équateur ; il doit donc apparaître ici à un angle d'approximativement 45 degrés. Par conséquent, si mon ombre ne correspond pas à ma taille, je dois être en train de rêver.' J'examinai mon ombre : elle était d'environ 30 centimètres. Il me fallut faire un effort considérable pour croire que ce paysage presque aveuglant de lumière et tous ses détails étaient seulement une illusion." ("Traume mit der gleichzeitigen Erkenntnis des

---

[48] Cité in GAGGENBACH, Jayne et al., *Conscious Mind, Sleeping Brain*, Plenum Press, New York (1988).

Traumzustandes", Archives fur psychologie 102 (1938): 291-318).

Au début des années cinquante, le psychiatre américain Nathan Rapport vanta les délices du rêve lucide dans un article intitulé *"Rêves Agréables* !"[49].*"La nature des rêves peut être mieux étudiée dans ces rares occasions où nous sommes conscients de rêver"*, écrit-il. Sa méthode d'induction des rêves lucides, proche de celles d'Ouspensky et de Paul Tholey (s'entraîner à l'état de veille à rechercher des indices de rêves), est exceptionnellement efficace et simple dans son principe : *"Au lit, en attendant le sommeil, l'expérimentateur interrompt ses pensées quelques minutes en s'efforçant de se rappeler le détail mental qui disparaît avant chaque intrusion de cette attention curieuse"*. Cette forme d'introspection est cultivée jusqu'à ce qu'elle persiste au cours du sommeil lui-même.

Dans les années soixante, avec le renouveau culturel qui secoua le monde, l'intérêt pour le rêve lucide se répandit, notamment à partir de la popularisation de travaux d'ethnologie de Kilton Stewart sur les Sénoïs de Malaisie, peuple dont toute l'activité sociale serait réglée à partir des rêves. De nombreux Occidentaux intéressés par les rêves ont bravé la malaria et fait le voyage dans les régions tropicales où vivent les Sénoïs, comme Patricia Garfield, l'auteur du premier texte traduit en français sur l'utilisation des rêves (*La Créativité onirique*).

---

[49] RAPPORT, Nathan, *"Pleasant dreams*!", *Psychiatric Quaterly* 22 (1948).

Ann Faraday, par ses deux livres, *Dream power* et *The dream game*, a jeté les bases de l'approche des rêves qui prévaut aujourd'hui dans les réseaux de rêveurs. Formée à la psychologie scientifique expérimentale en Angleterre, elle a d'abord étudié les rêves en laboratoire. Puis, en quête de son propre épanouissement, à l'étroit dans sa vie de femme mariée traditionnelle, dans cette époque qui remit en question le monde né de la seconde guerre mondiale, notamment dans les luttes des féministes, elle a entrepris une psychanalyse, puis, appliquant aux rêves les techniques de la gestalt-thérapie de Fredrich Perls, elle a animé des groupes de rêveurs dans l'optique de la "psychologie humaniste" dont le but est l'épanouissement individuel et l'autonomie. Sa préoccupation principale est de retrouver dans le travail sur les rêves le contact avec les besoins authentiques du rêveur, de l'amener à les accepter et de les satisfaire, en rejetant toute forme de morale coercitive. Les rêves lucides sont un outil essentiel de cette démarche qui mène aussi parfois à des expériences de type "mystique".
Voici l'exemple du rêve du tigre d'Ann Faraday.
Attaquée par son tigre habituel (un « underdog » dans le vocabulaire de la gestalt-thérapie, l'expression personnifiée des besoins réels personnels insatisfaits), elle raconte qu'elle devint lucide, cessa de fuir et tandis qu'il se jetait sur elle, le repoussa et lui dit : "*Tu es un tigre de rêve, tu ne peux rien contre moi.*" Il la regarda, sembla y réfléchir et se mit à miauler. Elle s'avisa alors qu'il pouvait avoir faim et fit apparaître par magie un morceau de viande saignante qu'elle lui donna à manger. Elle s'éveilla tandis que le tigre, assis, se léchait avec satisfaction. Elle se promit de ne plus le laisser jeûner et comprit qu'il pouvait être un guide, un ami et un protecteur dans sa vie pourvu qu'elle laisse à sa nature animale et sauvage une possibilité d'expression raisonnable. Elle venait de passer des semaines assise à sa table de

travail, sans sortir, pour rédiger son livre et conclut que le besoin de mouvement et d'action de son corps s'était exprimé ainsi.

Ann Faraday place les rêves au centre d'une recherche de développement personnel et spirituel. Elle distingue, comme beaucoup, dont Celia Green[50], deux types de rêves lucides; d'une part, les rêves lucides "ordinaires" qui ont la forme habituelle des rêves non-lucides bien que le rêveur ait la conscience de rêver et un certain contrôle des événements; d'autre part, les rêves lucides "high", exceptionnels, liés à des rêves de vol et des expériences "d'illumination spirituelles", qui s'apparenteraient à une expérience mystique (sans qu'une croyance surnaturelle ou religieuse quelconque y soit nécessaire).

Patricia Garfield, qui fit le pèlerinage en Malaisie vers "le peuple des rêves", est aujourd'hui bien connue pour avoir popularisé les "méthodes sénoïs" d'utilisation des rêves, à des fins créatives et utilitaires (résolutions, de problèmes affectifs ou techniques, création artistique, plaisir et jouissance, expériences d'illumination...). Son livre, *Creative dreaming*_[51], qui a connu un succès mondial, est en partie consacré aux techniques d'induction et d'utilisation des rêves lucides. *Pathway to ecstasy* son second livre est une autobiographie onirique où elle raconte la maturation qui la mène vers une vie onirique riche d'orgasme multiples et d'expériences spirituelles inspirées du taoïsme. Le troisième

---

[50]   GREEN, Celia, *Lucid dreams*, Institute for Psychophysiological Research, Oxford, (1968).
[51] En français *La créativité onirique*, La Table ronde (1983).
[52] Gallimard, pour la traduction française.

(*Comprendre les rêves de vos enfants*, Albin Michel, 1987) propose des utilisations des rêves avec les enfants.

L'œuvre de Carlos Castaneda, fiction ethnologique, marginale par rapport aux pratiques issues des recherches scientifiques occidentales, publiée dans les années soixante-dix et quatre-vingts [52] a connu un grand succès aux Etats Unis et suscité de nombreuses vocations de "rêveurs toltèques". Elle vaut surtout par la "philosophie de la vie", la "voie du guerrier", qu'elle présente dans des récits romanesques.

En Allemagne, dès les années cinquante, le psychologue Paul Tholey a étudié la lucidité onirique et l'a utilisée notamment dans l'entraînement des sportifs de haut niveau avec succès.

Mais c'est grâce à Stephen LaBerge aux Etats Unis et, en Grande Bretagne, à Keith Hearne et Alan Worsley que commença vraiment l'étude scientifique du rêve et du rêve lucide en 1978. En Californie et en Grande-Bretagne, au même moment, les deux équipes de chercheurs ont eu en effet la même idée : utiliser les rêves lucides pour envoyer des signaux de l'intérieur du rêve grâce au contrôle exercé par le rêveur sur ses mouvements oculaires ou son rythme respiratoire. L'exploration scientifique de l'univers onirique commençait. De nombreuses découvertes sur les rêves en découlent et l'exploration continue aujourd'hui.

Application de ces travaux de laboratoire à l'expérience personnelle, une importante littérature sur la lucidité s'est développée dans les pays anglo-saxons. Chaque auteur apporte en général son témoignage sur les bénéfices qu'il a tiré de sa pratique des rêves lucides, comme Ken Keltzer qui s'attache à la valeur spirituelle des rêves lucides par exemple[53]; beaucoup fournissent en outre un recueil de conseils et des idées d'exercices dans les diverses activités du rêve, comme Gayle Delaney qui, outre l'interprétation des rêves, la lucidité onirique..., traite avec précision de l'animation de groupes de rêveurs[54].

De cette littérature, il ressort surtout que les techniques qui donnent des résultats sont toujours assez semblables : penser à ses rêves, leur accorder de l'attention, en parler, tenir un journal de rêve, s'habituer à être conscient de la nature de l'expérience qu'on est en train de vivre, réelle ou onirique, s'entraîner à adopter un point de vue extérieur et critique par rapport à ce qu'on perçoit, ce qu'on vit et ce qu'on imagine.

Les livres récents et multiples parus dans les pays anglo-saxons fournissent des exemples variés de la façon dont chacun a adapté et traité les acquis de base et progressé dans sa voie personnelle.

Si une leçon peut en être tirée, c'est que nous sommes tous à la fois uniques et profondément semblables ; devenir lucide, c'est se montrer assez créatif et autonome pour réinventer et s'approprier les connaissances communes, retrouver à travers son expérience propre ce qui est universel dans la vie.

On trouve aujourd'hui de nombreuses formations, des cours et des stages sur le rêve lucide. Les prix et la compétence des formateurs sont très variables. La littérature citée ici a le

---

[53] KELTZER, Ken, *The sun and the shadow*, ARE press, Virginia Beach.

[54] Voir bibliographie commentée.

plus souvent été décalquée, plus ou moins adroitement dans ces démarches, parfois uniquement mercantiles.
Se former d'abord soi-même par des lectures pour y faire un choix éclairé me semble incontournable.

4) Les rêves et la recherche scientifique.

Les rêves et la recherche scientifiques

Ce n'est que tout récemment, grâce aux rêves lucides que les rêves sont véritablement devenus des objets d'étude dans la communauté scientifique.
Jusque-là, rien n'avait permis d'entrer expérimenter dans l'univers onirique lui-même, inaccessible par son caractère subjectif et par la rupture de contact avec le rêveur, due au sommeil.

Observer du dehors, témoigner de l'intérieur.

Les progrès de l'exploration du fonctionnement du cerveau humain vivant et intègre par l'électroencéphalographie (mis au point dans les années cinquante notamment, étaient indispensables pour mettre en relation le vécu subjectif raconté avec des phénomènes objectifs constatés et enregistrés.

Avec un sujet éveillé, la chose est relativement simple. Il suffit d'observer ses comportements, d'enregistrer son témoignage pour avoir accès à ce qu'il fait et éventuellement à ce qu'il ressent, moyennant quelques précautions.
L'étude des rêves et du sommeil est plus difficile. Le rêve est une période d'inhibition motrice (le dormeur est paralysé presque totalement et en général inconscient), le sujet n'offre que peu de chose à observer : mouvements oculaires, érection, tonus musculaire, température corporelle, rythmes respiratoire et cardiaque, activité électrique des centres nerveux, éventuellement composition du sang. Quant à son concours actif, ses réactions, ils sont très réduits. Comment lier avec précision son témoignage,

recueilli après coup, toujours subjectif, de remémoration souvent lacunaire et difficile, avec une période précise du sommeil et des événements physiologiques ?

On procéda d'abord en réveillant les dormeurs munis d'électrodes à certains moments de leurs cycles de sommeil et en recueillant leur témoignage sur le vif. Des découvertes (cycles du sommeil, sommeil paradoxal...) en découlèrent, mais comment être sûr que ces récits n'étaient pas élaborés à un autre moment qu'immédiatement avant le récit, par exemple, au cours de la période de réveil, si brève fût-elle ?

Il aurait fallu pouvoir recevoir des informations de l'intérieur du rêve, que le rêveur fût capable d'envoyer des signaux à partir de son état de sommeil et sans le perturber. La lucidité onirique permettrait cela, comme le remarquait dès 1968 Celia Green dans *Lucid dreams*.

Les rêves lucides : un moyen de communiquer avec le rêveur en direct.

Ce n'est qu'en 1981 que quatre communications sur les recherches utilisant les rêves lucides pour étudier le sommeil paradoxal et ses liens avec les phénomènes oniriques furent présentés par Stephen LaBerge et Lynn Nagel du laboratoire d'Etude du Sommeil de l'Université de Stanford (Californie) au 21ème congrès de L'A.P.S.S., l'association scientifique américaine d'étude du sommeil, à Hyannis Port (Massachussets). LaBerge y présentait à la communauté scientifique les résultats de ses travaux de recherches commencés quatre ans plus tôt.

La méthode de communication entre le rêveur et l'observateur repose sur une constatation empirique, encore hypothétique à l'époque : ce que le rêveur fait en rêve, son corps le fait vraiment dans la mesure où les circuits nerveux moteurs ne sont pas inhibés. Ainsi, s'il rêve qu'il assiste à un match de tennis, ses yeux peuvent faire des allers-retours réguliers de droite à gauche. Cette concomitance du mouvement des yeux avec l'acticité rêvée avait été remarquée au début des années cinquante par William Dement[55].

Si, donc, éveillé dans le rêve, le rêveur décide de regarder à droite puis à gauche deux fois, ses yeux font un double mouvement horizontal.

Ce fut le signal choisi par LaBerge, lui-même servant de sujet, pour communiquer avec l'observateur.

Il suffisait dès lors, de préciser avant la nuit, ce que ferait le rêveur au cours du rêve et dans quel ordre, de convenir d'un code et d'attendre la survenue de l'éveil dans le rêve patiemment, en enregistrant mouvements oculaires et électroencéphalogramme. Le premier signal oculaire indiquait le début de l'éveil, les suivant le déroulement des opérations[56]. C'était le début de l'exploration psychophysiologique de l'univers onirique qui couple le récit du vécu subjectif du rêveur et les manifestations observables des activités physiologiques durant le rêve.

---

55 DEMENT, William C., *Some Must Watch While Some Must Sleep*, Norton (1978)

56 A la même époque, la même méthode fut découverte et utilisée par Keith Hearne aux universités de Liverpool et Hull avec l'aide d'un rêveur lucide remarquable, Alan Worsley.

Les expériences par le biais de la lucidité onirique se multiplièrent surtout aux Etats Unis, en Grande-Bretagne et en Allemagne.

Que nous apprennent-elles ?

1) Globalement, le rêve est une simulation que le cerveau vit comme une réalité.

Le professeur Michel Jouvet a montré sur des chats, qu'il a torturés et tués dans ce but, que la destruction des mécanismes inhibiteurs de la motricité, provoque des comportements bien réels au cours des rêves. Les malheureux animaux au cerveau mutilé couraient, griffaient, fuyaient, mimaient des combats au cours des phases de sommeil paradoxal.

Les rêveurs lucides du laboratoire de Stanford furent invités à faire un grand nombre de chose dans leurs rêves : chanter, compter, évaluer le temps, avoir des expériences sexuelles...

Chaque fois, l'électroencéphalogramme montra que l'activité du cerveau était à peu près identique en rêve et à l'état vigile.

---

[57] Il avait rapporté un long rêve qui racontait son arrestation, son procès, son attente dans la prison, son transport jusqu'à l'échafaud et enfin sa décapitation, qui l'avait éveillé. Il prétendait que ce rêve n'avait pu être induit que par la chute d'une pièce de bois du lit sur sa nuque et avait donc été élaboré entre le moment de cette chute et son éveil en sursaut. (Maury, A., *Le sommeil et les rêves*, Didier, Paris, 1862).

Le temps en rêve.

Au XIXème siècle, Alfred Maury, avec le récit de son rêve de décapitation attribué à la chute du ciel de lit[57], avait popularisé l'hypothèse que les rêves, aussi longs qu'ils pussent paraître, durent un bref instant. Hervey de Saint-Denys, très peu de temps après, avait mis cette affirmation en doute.

LaBerge demanda aux sujets d'estimer une durée de 10 secondes en la signalant par les mouvements oculaires convenus. La plus grande erreur d'évaluation fut de trente secondes, exactement comme chez des sujets éveillés. Le temps subjectif en rêve n'est donc pas différent de celui de la veille[58].

La respiration.

LaBerge mena une étude expérimentale sur les changements du rythme respiratoire des rêveurs lucides en leur demandant d'accélérer leur respiration en rêve ou de la retenir. Un observateur extérieur à l'expérimentation examina les résultats de l'enregistrement polygraphique et reconnut les moments de respiration accélérée et d'apnée volontaire sans erreur. Ce qui montre que la respiration du corps de rêve est bien celle du corps réel. *"Cela ne veut pas dire, commente LaBerge, que toute altération de la*

---

[58] LaBerge répond aux gens qui objectent avoir fait des rêves qui duraient plusieurs années ou une vie entière qu'en fait, ces rêves procèdent de la même façon que les films qui racontent des histoires de durée très longue en un temps beaucoup plus court par le moyen des ellipses narratives, notamment.

respiration soit liée au contenu onirique, si on remarque une pause, cela ne veut pas dire forcément que le rêveur retienne sa respiration, mais, s'il le fait en rêve, on peut s'attendre à trouver une pause dans l'enregistrement respiratoire."

Il en est certainement de même pour tout ce que nous faisons en rêve, marcher, courir... à ceci près que nos muscles sont inhibés, ce qui nous évite de nous blesser ou nous tuer en déambulant en dormant. L'inhibition motrice semble ne pas porter sur les muscles dont le mouvement ne peut pas être dangereux comme les muscles oculaires ou respiratoires.

Chanter et compter.

Chez les droitiers bien latéralisés, on a constaté que compter s'effectue plutôt dans l'hémisphère gauche et chanter dans l'hémisphère droit. Faire compter et chanter les rêveurs lucides a donc permis de montrer que la même action, réalisée en rêve et à l'état de veille, entraîne quasiment la même activité dans le cerveau, enregistrée à l'électroencéphalogramme.

---

[59] GARFIELD, Patricia, *Pathway to Ecstasy, the Way of The Human Mandala*, Holt, Rinehart and Winston, 1st edition (1979).

[60] Selon Laberge, les éjaculations nocturnes (dites "pollutions") des jeunes gens et des abstinents ne seraient pas dues à des rêves sexuels mais à d'autres processus physiologiques ; elles pourraient bien sûr induire après coup un rêve sexuel par les sensations perçues en rêve. Ces éjaculations peuvent donc être la cause du rêve ; les rêves ne sont pas la cause de l'éjaculation.

Activité sexuelle.

La possibilité d'éprouver des orgasmes en rêve, signalée surtout par P. Garfield (*Pathway to Ecstasy*)[59] a aussi été étudiée. Chez les femmes, l'orgasme onirique semble plus rapide à obtenir qu'à l'état de veille ; les contractions et la lubrification vaginales sont présentes au cours de l'orgasme onirique. Chez l'homme, l'orgasme est bien accompagné d'une érection plus forte mais LaBerge n'a pas constaté d'éjaculation[60]. Pour tous, l'accroissement du rythme respiratoire et cardiaque est moins marqué qu'à l'état de veille; l'orgasme onirique se passe surtout "dans la tête" et y est, du point de vue neurophysiologique, assez semblable à l'orgasme de veille.

Des points de vue neurologique et neurovégétatif, le vécu subjectif des rêves est donc une réalité. Le souvenir des événements rêvés n'est donc pas une invention faite au réveil. Le cerveau fait vraiment ce que le rêveur a l'impression de faire, même si les circuits moteurs sont inhibés.

2) Les rêves lucides sont le plus souvent contemporains des périodes de sommeil paradoxal.

Il semble que la lucidité onirique se manifeste presque toujours au cours des phases de sommeil dit paradoxal et que le souvenir des rêves faits à ce moment soit meilleur.
Les travaux de LaBerge ont permis de montrer que les actions faites en rêves existent en tant que phénomènes neurologiques au cours du sommeil, et que les souvenirs que nous en avons sont assez fidèle.

Comment ces découvertes ont-elles été utilisées ?

5) Applications de ces connaissances

Savoir rêver, vivre lucide

Applications de ces découvertes

Ces connaissances ouvrent des perspectives d'utilisation des rêves que les "rêveurs lucides" contemporains ont explorés. Toutes les applications de la lucidité onirique seront expliquées en détail dans les chapitres suivants.

Quel est l'intérêt de ces recherches pour les rêveurs ?

1) Le rêve est un terrain d'apprentissage et de rodage des automatismes.

On n'y court évidemment aucun risque, sauf peut-être d'y vivre des émotions trop fortes en cas de fragilité cardiaque.
La réalité des comportements au niveau des activités cérébrales permet de rôder et perfectionner les automatismes que l'on désire apprendre[61].
On sait d'ailleurs que le sommeil -et particulièrement le rêve- favorise la création des réflexes conditionnés et les

[61] Michel Jouvet voit dans le rêve des mammifères un processus de "reprogrammation génétique" qui rendrait aux animaux leur comportement spécifique. Les chats de laboratoire rêvent de prédation et de fuite alors qu'ils n'ont aucune chance d'avoir affaire à une situation qui leur permette ce type de comportement. L'homme aurait la chance de pouvoir utiliser les rêves à des fins de programmation libérées des contraintes héréditaires.
Toute cette théorie me paraît d'ailleurs peu pertinente et sans grand rapport avec les observations obtenues si cruellement, mais la discuter n'est pas le propos de ce livre.

apprentissages. Le temps de sommeil paradoxal s'accroît en période d'apprentissage intensif.

Ainsi, l'allemand Paul Tholey travaillait sur l'apprentissage et le perfectionnement des gestes sportifs (boxe, golf, ski, tennis, skate-board) en rêve lucide avec des sportifs de haut niveau.

2) Le rêve est l'occasion d'affronter ses propres démons, de vaincre ses phobies, de se libérer des automatismes irrationnels ou parasites.

En rêve, les émotions et les sensations sont très semblables à celles de l'état de veille. Le rêveur lucide, même s'il est placé dans des situations terrifiantes, sait qu'il ne court aucun danger. Il apprend donc à faire face à ses craintes irrationnelles, à lutter et à dialoguer avec les figures menaçantes : il découvre qu'il peut contrôler les émotions qui le gênent ou le paralysent. Il acquiert ainsi confiance et maîtrise de soi.

Les cauchemars offrent d'ailleurs une porte d'entrée privilégiée dans le rêve lucide. Souvent, le rêveur y prend conscience d'être en train de rêver et choisit de fuir dans le réveil. Averti, il peut choisir de rester endormi et de faire face. Alors, généralement, la situation change, les images effrayantes deviennent amicales et le rêveur s'éveille au matin serein et plein d'allant. Le cauchemar ainsi résolu, ne revient pas, le plus souvent.

Dans les cas pathologiques, on ne saurait évidemment se dispenser pour autant du recours à un thérapeute[62].

---

[62] Les thérapies des cauchemars et des troubles post traumatiques utilisent d'ailleurs cette caractéristique des créations imaginaires, souvent aujourd'hui en association avec des techniques qui visent à

3) Le rêve lucide est un terrain de jeu et d'expérimentation, une source de joie, de plaisir qui peut se renouveler plusieurs fois chaque nuit.

Le rêveur lucide peut exploiter ses rêves pour la qualité de leur réalisme et leur malléabilité. Certains rêveurs choisissent d'y vivre une vie sexuelle débridée et déclarent y trouver une jouissance plus parfaite qu'en réalité. Les rêves de vol apportent aussi une sensation de plaisir et de plénitude immense, plus agréable encore que la jouissance sexuelle. D'autres onironautes[63] vivent des aventures passionnantes dans de merveilleux univers dont les seules limites sont celles de leur imagination onirique.

Mais, des limites existent à la malléabilité des rêves lucides. Chaque rêveur a les siennes. Elles correspondent sans doute à ce qu'il s'interdit lui-même ou à ce qu'il ne peut pas vivre parce que la logique interne de son univers onirique s'y oppose. Hervey de Saint-Denys, par exemple, rapporte n'avoir jamais pu vivre sa mort en rêve. Chaque fois qu'il y a tenté de mettre fin à ses jours, le rêve s'est dérobé, transformé. Ainsi, rapporte-t-il, dans son livre <u>Les rêves et les moyens de les diriger</u>, il se jeta du haut d'une des tours d'une haute cathédrale. Aussitôt, le rêve changea et il fut sur le parvis en train de contempler le corps d'un homme tombé.

---

relancer le processus de traitement et de maîtrise des émotions (mouvements oculaires…).

[63] Onironaute : rêveur qui, au moyen de la lucidité onirique, explore les rêves et leur univers subjectif.

4) Les rêveurs lucides, du fait de leur expérience, se trouvent souvent confrontés à une question essentielle : "Qu'est-ce que la réalité ?"

Comme, par ailleurs, on y expérimente souvent états de félicité indicible et "élévation mystique", les rêves lucides semblent liés aussi à ce que l'on nomme ordinairement le développement spirituel, "l'éveil", l'illumination et les états de conscience particuliers recherchés par les adeptes des pratiques de développement personnel, souvent d'origine « orientale ».

En tous cas, la lucidité onirique impose au rêveur une rationalité cognitive très grande. Sans une réflexion lucide sur la nature de la perception, sur la validité du témoignage des sens, sans doute et rigueur vis-à-vis des illusions perceptives, il risque, en effet, de tomber dans la spirale de l'auto-abusement. Le rêve tend à se conformer à ce qu'on attend de lui, les croyances à son sujet ne peuvent que se valider d'elles-mêmes.

Enfin, la lucidité onirique et les connaissances qu'on lui doit, nous apportent surtout une liberté nouvelle : celle de faire de notre vie onirique -lucide ou non- ce que nous voulons au lieu de la subir, d'être abusé par elle ou de l'ignorer.

Le soufi et les rêves : une belle histoire.

Ce récit est tiré du livre de Stephen LaBerge <u>Lucid Dreaming</u>[64].

On rapporte qu'un groupe de derviches explora le monde des rêves, dans l'île de Rhodes au seizième siècle. Les derviches étaient dirigés par un scheik, "un certain Houdai effendi" qui non seulement "pratiquait toutes les vertus, cultivait toutes les sciences et lisait des livres dans la plupart des langues classiques" mais en outre "se consacra à la pratique des rêves collectifs."

Dans un monastère isolé au sommet d'une petite colline de l'île, "le maître et ses disciples se purifiaient physiquement, mentalement et spirituellement ensemble ; ils dormaient tous ensemble dans un lit énorme, un lit qui contenait la congrégation entière. Ils récitaient la même formule secrète ensemble et faisaient le même rêve."

On raconte l'histoire remarquable d'une rencontre entre le maître des rêves de Rhodes et Soliman le Magnifique, le sultan de la Turquie.

Un jour, au cours d'une campagne militaire à Corinthe, Soliman se trouva confronté à un dilemme apparemment insoluble, et aucun de ses conseillers n'avait le moindre plan d'action à proposer. Par chance, le sultan se souvint qu'un émissaire de Houdai effendi se trouvait encore au camp.

64

https://books.google.fr/books?id=osXHm4V50OUC&printsec=fro
ntcover&dq=Stephen+LaBerge+Lucid+Dreaming&hl=fr&sa=X&v
ed=0ahUKEwjq7bT91q7KAhXShhoKHZ6NCWwQ6AEIQTAC#
v=onepage&q=Stephen%20LaBerge%20Lucid%20Dreaming&f=f
alse

Comme le maître des rêves l'avait tiré dans le passé d'une situation tout aussi difficile, Soliman fit venir le derviche, et l'ayant muni d'argent pour le voyage et d'un sauf-conduit, il lui demanda combien de semaines il lui faudrait pour aller à Rhodes et revenir au camp impérial avec le scheik.

"Le derviche eut un sourire involontaire. `Sire,' répondit-il, `Je vous remercie pour l'argent du voyage et le sauf-conduit. Je n'en ai pas besoin. C'est vrai, pour le commun des mortels, l'île de Rhodes est loin d'ici, mais il n'y a aucune distance entre le vénérable Scheik Houdai et le camp de votre Auguste Grandeur. Je le ferai venir cette nuit, avant même les prières du matin.'"

Se méprenant sur le sens des paroles du Soufi, le sultan fut "étonné de la présence du saint aux alentours de son camp," et il voulut donner au derviche, qui les refusa, des bourses remplies d'or et d'argent. En retour, le derviche offrit à Soliman une "pomme soporifique", que le Sultan pela et mangea.

"Alors l'homme mystérieux s'en alla dormir," et le sultan aussi. Auparavant il avait ordonné à ses hommes de le réveiller à l'arrivée de Houdai effendi. Mais comme le maître n'apparaissait pas, ils raillèrent le derviche et se moquèrent de la "crédulité et de la sénilité" de leur souverain. Quand, à l'aube, le muezzin de l'armée commença à appeler pour la prière du matin, le Grand Eunuque réveilla doucement le Sultan, et après l'avoir salué et lui avoir souhaité une brillante victoire sur ses ennemis, il murmura avec ironie : "Sire, aucune nouvelle du Scheik Houdai effendi. On dirait que son disciple est un charlatan."

"Silence, imbécile fini," rugit le sultan, « Silence ! L'illustre Maître a daigné me rendre visite. J'ai eu une longue conversation avec lui et je vous annonce que ma fidèle armée a gagné la plus brillante des victoires il y a plus d'une heure. Attends l'arrivée du messager."

Le chef ennemi s'était évanoui juste avant le début de la bataille, et ses subordonnés avaient été incapables de continuer sans lui, avec le résultat décrit par le sultan par l'intermédiaire du Scheik Houdai.

Evidemment, "grâce au signal onirique de son humble disciple", Houdai effendi avait rendu visite et conseillé Soliman -au cours d'un rêve. De plus, on peut supposer que le maître de rêve pouvait avoir été pour quelque chose dans la mystérieuse perte de connaissance du chef ennemi.

Savoir rêver, vivre lucide

6) Rêve et réalité

Les limites entre rêve et réalité

1 La conscience en rêve

Une question de point de vue.

Un point de vue du dehors.

Une des différences fondamentales entre rêve lucide et rêve ordinaire tient à l'organisation de la perception des événements en cours.

En rêve ordinaire, le rêveur perçoit le monde onirique du point de vue du personnage auquel il est totalement identifié. La "réalité" apparente du monde n'est donc pas remise en question ; le rêveur est comme un acteur qui oublierait qu'il joue un rôle et se prendrait pour le personnage qu'il incarne.

Le passage du rêve ordinaire à la lucidité est souvent comme ce sursaut qui fait que nous nous rendons compte que nous sommes en train de prendre machinalement le chemin du bureau alors que notre but est, pour une fois, différent.

Cependant, cette rupture dans la qualité du rêve et de la conscience n'entraîne pas une parfaite lucidité immédiate.

Il existe, au contraire, une continuité entre les deux pôles extrêmes, de l'inconscience complète et l'éveil complet dans le rêve, qui ne sont sans doute jamais parfaitement réalisés.

En rêve ordinaire, la conscience est toujours plus ou moins éveillée : le rêveur peut noter des incongruités dans son univers.

A l'autre extrémité, la lucidité parfaite avec le contrôle de la totalité de l'univers ne semble guère courante. Le rêveur peut savoir qu'il rêve, mais considérer certains aspects de ses rêves comme tout à fait objectifs ; il est rare également que la mémoire soit complètement restaurée. Quant au contrôle des événements dans le rêve, elle n'est jamais totale.

En fait, c'est l'entraînement et la pratique de l'éveil au cours du rêve qui permet progressivement au rêveur lucide d'approfondir sa lucidité et de reconstruire une conscience éveillée par un effort orienté. Il lui faut faire un travail pour utiliser le sursaut de l'éveil – *c'est un rêve* ! - pour enchaîner et se convaincre de ce que cette constatation signifie : « *Donc, je suis dans un univers totalement créé par mon esprit, tout est illusoire* » ; puis il lui faut se ressouvenir de sa situation réelle du moment, évoquer l'endroit où se trouve son corps endormi, quel âge il a, quelle est sa situation familiale, professionnelle…

Le rêveur lucide est donc obligé de rompre volontairement l'habitude et l'automaticité de ses actes et considérer du dehors l'action en cours dans son rêve. Il sait que le personnage qu'il joue n'est qu'un aspect de lui-même et que tout ce qui se passe n'est qu'une simulation, qu'un spectacle créé par son propre cerveau dont il est à la fois acteur et spectateur.

Tout ce processus est nécessairement le résultat d'un apprentissage. Il faut donc accumuler les épisodes de lucidité.

Les rêves lucides plus anciens, comme celui de Gennadius (voir chapitre II : histoire du rêve lucide), n'ont pas la même valeur : le rêveur croit vivre des événements objectifs, extérieurs à lui-même, au moins en partie. La distinction est d'importance car de cette différence d'interprétation découle des actes et des rêves différents : là où le rêveur lucide moderne voit sa propre création et une occasion d'agir en toute liberté, le rêveur lucide soumis aux illusions[65] reçoit des instructions et des informations de supposées divinités qui renforcent sa soumission et ses superstitions. Le premier se libère, accroît son autonomie et son épanouissement et modèle le rêve presque à sa guise, le second accentue sa dépendance à des croyances et continue à subir ses rêves.

Rétroactivement, cette liberté totale potentielle du rêveur dans la création, la manipulation et l'expérimentation des événements oniriques, invitent à douter de toutes les croyances qui accordent au rêve une quelconque réalité objective.

Certes, les rêves et les expériences associées (O.B.E., rêves shamaniques, apparitions de divinités, de guides spirituels, consultation de dossiers akhashiques...) semblent valider les

---

[65] Il en va de même aujourd'hui avec le mythe de l'inconscient, sorte de dieu interne caché, inaccessible directement, manipulateur, infantile et tout puissant, qui posséderait la vérité ultime de notre psyché.

croyances du rêveur, mais c'est parce qu'il y croit, ou a été encouragé à le faire. Ce qu'il vit en rêve est ce qu'il s'attend à vivre. Qu'il doute et teste la consistance de son expérience de rêve avec sincérité et la malléabilité du rêve lui montre que c'est lui, le rêveur, qui est le créateur du rêve et qu'il peut le modeler à volonté[66].

Et s'il s'agit encore d'une forme de croyance, elle est plus favorable à l'épanouissement individuel et moins dangereuse pour les autres.

L'inversion de perspective.

"*Le monde a commencé à ma naissance et finira avec moi. Il est évident que j'en suis le centre puisqu'il est tout autour de moi. Ce qui se produit près de moi est très important ; plus c'est loin, moins ça me touche. Ce qui est près est grand, ce qui est loin est petit.*" Voilà quelques illusions perceptives qu'il nous faut apprendre à dépasser sans cesse.

D'après Jean Piaget[67], ce n'est qu'entre cinq et sept ans que les enfants acquièrent la capacité

---

[66] Voir à ce sujet le récit de mon rêve de « la corde d'argent » raconté et commenté plus loin.

[67] PIAGET, Jean, *La formation du symbole chez l'enfant : imitation, jeu et rêve, image et représentation, Actualités pédagogiques et psychologiques*, Delachaux et Niestlé (1945).

intellectuelle de réaliser cette opération qui consiste à renoncer à son propre point de vue et à se mettre à la place de l'autre. C'est alors seulement qu'ils deviennent capables de comprendre que la règle d'un jeu doit être la même pour tous, qu'ils sont sensibles à la justice et deviennent aptes à vivre et agir en commun. C'est à ce moment qu'apparaissent les comportements sociaux fondés sur la réciprocité et qui sont l'essence de l'organisation sociale démocratique.

Adopter un point de vue objectif, extérieur à soi-même implique de se voir comme "un parmi d'autres semblables" auxquels les mêmes droits sont accordés.

Il y a plusieurs stades dans le développement de cette aptitude qui élargit progressivement le groupe dont on se sent membre, au sein de ses pairs.

L'évolution positive de la civilisation repose précisément sur ce mouvement d'élargissement. Comme chez l'enfant, ce qui le rend possible est un progrès dans les outils intellectuels utilisés pour percevoir le monde. En retour, il rend possible le progrès des connaissances.

Le premier niveau consiste en l'illusion qu'on est seul dans l'univers ; tout de suite après, c'est "ma" famille, "mon" peuple qui ont tous les droits ; les autres ne sont que des barbares faisant des bruits d'oiseaux, comme le disait les Grecs anciens. Coutumes et traditions immuables font régner un semblant d'ordre dans cette jungle égocentrique ; tout changement ne peut que favoriser un égoïsme aux dépens d'un autre et risque de mener à l'anarchie. D'après Piaget, les enfants jusqu'à cinq-sept ans, vivent dans un monde de ce genre.

Progrès collectif.

Un progrès déterminant consiste à se reconnaître comme un être vivant comme les autres et à reconnaître à tous les mêmes droits. Ainsi, ce n'est qu'au cours du XIXème siècle, après plus d'un siècle de lutte, que les démocraties ont réussi à vraiment s'affirmer, en commençant à repousser esclavage, racisme, discriminations, inégalités. Dans le domaine de la connaissance, c'est aussi le siècle où la méthode scientifique expérimentale a vraiment pris son essor. C'est aussi le moment où la lucidité onirique apparut dans notre civilisation grâce à quelques individus, comme Hervey de Saint Denys ou Yves Delage... Mais, l'humanité continuait à se croire supérieure et voyait dans la planète, les plantes et les animaux des ressources à exploiter. Cette conception est encore bien présente, avec les conséquences que nous commençons à mesurer pleinement.

La connaissance et la faculté de décentration ont poursuivi leur ascension et peuvent encore passer par plusieurs stades.

Quand l'humanité est perçue du dehors, comme une espèce parmi les autres, on se sent comme un être vivant au sein de la biosphère terrestre. Emergent sensibilité écologique, respect de la vie, sentiment de la beauté d'un univers vivant où nous avons un rôle à jouer[68].

Le rêve lucide résulte d'une opération mentale de décentration similaire ; il offre en même temps l'occasion de perfectionner et de généraliser cette opération mentale. Sa naissance en deux temps, la première discrète avec Hervey de Saint-Denys au XIXème siècle, et quelques autres un peu plus tard, puis son essor depuis les années cinquante correspondent à des moments où la civilisation occidentale a fait des progrès dans la perception objective (c'est-à-dire décentrée) du monde.

Depuis la deuxième guerre mondiale, la pensée scientiste linéaire est caduque. Celle-ci n'avait pour décrire le monde que la relation cause-effet et ne pouvait rendre compte que de mécanismes simples en les décomposant. Les phénomènes vivants, complexes et constitués de boucles où les interactions s'entremêlent n'ont pu être étudiés et

---

[68] Cette vision idyllique fondée sur l'idée, aujourd'hui contestée, de progrès est évidemment caricaturale, mais, malgré tout, elle me semble avoir le mérite d'indiquer le sens dans lequel il vaudrait mieux aller.

compris qu'à l'aide de la pensée complexe, nourrie des outils intellectuels empruntés aux mathématiques des systèmes complexes, et non à ceux tirés de la thermodynamique des systèmes clos[69].

L'émergence de la vision du monde plus globale, écologiste, démocratique, respectueuse de toutes les vies, la souplesse des nouvelles formes d'organisation, le dialogue comme moyen de résoudre les conflits au lieu de la violence, sont liés à cette aptitude à une décentration plus globale.
La lucidité onirique a sans doute son rôle à jouer dans ce mouvement de l'histoire humaine. Les rêveurs lucides semblent d'ailleurs souvent actifs dans les mouvements d'opinion les plus neufs (écologie, organisations humanitaires, défense des animaux et de la vie sauvage, préoccupations spirituelles, assistance aux cultures menacées...).

Vers une conscience plus souple et plus large.

Le point de vue du dehors en rêve lucide a ceci de particulier qu'il permet au rêveur de se percevoir lui-même avec distance. Il sait que ce qui est en jeu dans le rêve est son propre esprit ; il se voit tel

---

[69] Voir sur ce sujet le travail encyclopédique d'Edgar Morin intitulé *La Méthode*. En 2008, est sorti un coffret en deux volumes regroupant les six tomes dans la collection Opus, aux éditions du Seuil. 2500 pages fondamentales et excitantes.

qu'il est et voit le monde tel qu'il l'imagine, même si c'est à travers la forme symbolique du rêve. Plus question donc d'accuser les autres ou la malchance de ses erreurs et difficultés.

Il existe entre l'émergence de la lucidité au cours du rêve et la pensée de veille un parallélisme et une complète similitude en profondeur : c'est la même pensée qui se manifeste sous deux formes différentes. Devenir lucide dans ses rêves accompagne donc une forme de lucidité dans la vie de veille qui se traduit par l'établissement d'un point de vue objectif sur soi-même, ses pensées et ses émotions.

Voici un exemple tiré de mon journal de rêves :
"Deux mois avant la mort de mon père, j'ai fait sur une période de deux semaines dix-huit rêves lucides "spontanés" dans lesquels la lucidité suivait l'apparition de mon père dans le rêve. Il avait un air de santé et de force qui contrastait avec son état d'affaiblissement du moment ; chaque fois, je remarquais ce contraste et me rendais alors compte que je rêvais.
Au cours de la journée, j'étais préoccupé par son dépérissement et sa maladie et pensais à lui souvent. Je pris alors conscience que, chaque fois que je faisais une affaire, je fantasmais la conversation que j'aurais avec lui pour lui raconter la chose (bien que je ne le fisse pas ensuite, bien sûr, en réalité, il demeurait un interlocuteur imaginaire constant). Je compris aussi que mon acharnement à réussir financièrement, que je

croyais bien naturel, était une façon pour moi d'affirmer mon existence propre, ma vie. Mon père avait utilisé l'argent pour renforcer ma dépendance à son égard ; je n'en pris conscience clairement qu'à cette époque...

Bref, je me séparais de lui et mettais à jour consciemment les automatismes liés à nos relations. Lucidité de veille et de rêve se répondaient ou n'étaient en fait qu'un même moyen au service d'une seule stratégie d'émancipation, d'autonomie et de développement, dans l'urgence de sa mort imminente."

Ce progrès dans la maîtrise de la capacité à adopter un point de vue extérieur, objectif, non contaminé par les émotions et les a priori est bien un progrès de la conscience. La définition courante fait de la conscience "la capacité qu'a un organisme à se rendre compte de ce qu'il est en train de faire, c'est-à-dire d'adopter un point de vue extérieur par rapport à lui-même et sa propre activité".

Le rêve lucide demande donc une certaine habileté de la conscience. En retour, il permet de s'exercer à la décentration ; c'est donc aussi un outil de développement de la conscience vers les niveaux dits spirituels où on oublie son être particulier pour contempler l'univers avec détachement et sérénité.

Les techniques d'induction de la lucidité onirique se répartissent donc en deux groupes :

- celles dont le but est d'améliorer la faculté à adopter un point de vue distancié et objectif global sur le monde. Les méthodes contemporaines sont de ce type et donnent les résultats les plus rapides, constants et définitifs. Elles supposent une vision du monde rationnelle.
- les techniques qui consistent à développer la possibilité d'utiliser certains sens (vue, ouïe...) d'un point de vue élargi, global. Les traditions occultistes et religieuses ont plutôt développé ces techniques-là. Elles entraînent souvent des rêves prélucides de type mystique où l'illusion de vivre une expérience objective est très forte et sont plus compatibles avec des croyances.

2) Les limites du contrôle onirique en rêve lucide.

Dans l'histoire des rêves lucides, les limitations de l'exercice de sa volonté pour modeler le rêve par le dormeur semblent avoir reculé au fur et à mesure de l'exploration de la lucidité et du recul des croyances à leur sujet : plus les rêveurs se sont crus libres en rêve, plus ils l'ont été de fait.
La formule qui donne au rêveur la plus grande autonomie est celle qui domine aujourd'hui : si le rêve est une illusion créée par le cerveau endormi, alors, le rêve est en théorie totalement malléable.
Mais le problème se déplace : si l'esprit crée et peut donc, en théorie, modifier totalement le rêve, c'est le contrôle de l'esprit/cerveau qu'il convient d'acquérir. De nouvelles croyances limitatives ont envahi ce champ avant même sa naissance, celles liées à l'inconscient, à son fonctionnement

souterrain, indéchiffrable et souvent imperceptible par le rêveur.

Il convient donc de remettre les choses à plat et de se poser d'autres questions : qu'est-ce que contrôler le rêve, qu'est-ce que le transformer ? Dans quel but ?
On peut évidemment se demander ce qui détermine les décisions que nous pouvons prendre pour influencer nos rêves et il est certain qu'au bout du compte, nous ne trouverons pas de réponse claire et certaine. La question de l'exercice du libre-arbitre a occupé les plus grands penseurs du dix-huitième siècle sans que le débat soit conclu. Disons qu'il semble acquis qu'au mieux, nous sommes libres de choisir parmi des contraintes. Mais ce sujet relève d'une réflexion de nature philosophique déplacée et assez vaine ici.

Reposons donc la question du contrôle des rêves ainsi : quand un rêveur lucide décide d'exercer une influence sur son rêve, qu'il s'agisse de faire apparaître un personnage, un paysage, de susciter un événement, de se livrer à une activité quelconque..., rencontre-t-il des résistances ou y parvient-il aisément et parfaitement ? Qu'est-ce qui peut le limiter ?
Dès lors, il ne s'agit pas d'une liberté théorique et philosophique mais de l'exercice d'une faculté de contrôle de l'esprit sur lui-même. Les limites à ce contrôle témoignent donc d'une cohérence interne, d'une unicité de l'esprit. Si, comme nous en émettons l'hypothèse, les échecs sont causés,

pour leur plus grande part, par des croyances (ce qui est en accord avec l'expérience de la gestalt-thérapie), toute croyance serait d'une certaine façon une mutilation de l'esprit qui susciterait en lui des contradictions et en perturberaient le fonctionnement harmonieux. Les résistances aux désirs du rêveur en rêve lucide pourraient alors servir à les détecter et les réduire.

Ce travail sur les rêves s'apparente à ce qu'en développement personnel, il est fréquent de nommer « sortir de sa zone de confort », c'est-à-dire se confronter aux actes qui suscitent un malaise attribué à une forme de timidité et s'obliger à les réaliser pour accroître sa confiance en soi.

Les plus anciennes croyances sont issues de théories religieuses ou philosophiques spiritualistes, c'est-à-dire qui postulent l'existence de deux entités indépendantes, le corps et l'esprit. Elles postulent l'objectivité d'une partie de l'univers onirique ou de la puissance magique de certains comportements (dire son nom, entendre sa propre voix, se regarder dans un miroir...). Le rêveur n'est donc pas libre et doit respecter des règles mystérieuses dans sa manipulation de ses rêves. Cette attente se traduit dans les rêves par des impossibilités de réussir certaines actions ou par des événements catastrophiques consécutifs aux violations des "règles sacrées".

Par exemple, Ouspensky est entraîné par une force incontrôlable suite à une manipulation qui transforme un chaton noir en chien blanc. Il raconte : "*Je...poursuis mon vol en ligne droite, toujours en marche arrière, les oreilles assourdies par un bruit infernal, jusqu'à ce que je m'arrête brusquement en m'éveillant.*"

Patricia Garfield, qui vient de graver son nom, voit l'atmosphère entière se mettre à vibrer et à tonner, ce qui l'éveille (dans le rêve : "*En gravant mon nom*" in La créativité onirique).

Mary Arnold-Forster justifie la limitation de ses interventions, qui lui servait à faire resurgir son rêve favori et d'accroître ses aspects agréables, en invoquant ce curieux argument : "*Si nous parvenions à perfectionner encore notre contrôle onirique, alors notre plaisir de rêver se verrait peut-être diminué..., (nos rêves) perdraient le charme de l'imprévu et par là même leur attrait principal, celui de la liberté.*"

La psychologie clinique et son rameau psychanalytique postulent l'existence d'un inconscient dont le fonctionnement serait inaccessible à l'exercice de la volonté. Voir l'exemple du rêve de la maison cauchemardesque de Francis donné dans le dernier chapitre de ce livre.

Cependant, il semble qu'au-delà des effets des croyances, le rêve ne puisse pas être totalement contrôlé. Yves Delage et Hervey de Saint-Denys, dont les esprits positivistes semblaient libérés de la plupart des croyances, s'entendent sur ce point. Le premier déclare : « (*Le rêve), pour être plus ou moins dirigé par ma volonté dans certaines de ses parties, n'en a pas moins une part très large, très prépondérante d'imprévu indépendant de ma volonté et situé hors de ma connaissance."* Hervey confirme : *"Suivre et maîtriser toutes les phases d'un rêve, je n'y suis jamais parvenu, je ne l'ai même jamais tenté."*

Les pratiquants de l'onironautique moderne, comme les rêveurs bouddhistes tibétains pour qui l'univers onirique est une pure illusion créée par l'esprit, semblent disposer d'un contrôle élargi de leurs rêves lucides. Même si la totale liberté n'est peut-être pas accessible, les progrès de la connaissance et de la confiance en soi permettent un gain toujours plus grand d'autonomie et de maîtrise du processus onirique.

Cela dit, il est vrai qu'un contrôle constant n'a que peu d'intérêt et de charme. Il semble que les résistances en rêve méritent d'être travaillées et dépassées parce qu'elles indiquent des noyaux d'obscurité de notre esprit à lui-même ; défi à notre désir de transparence et de lucidité, elles sont peut-être des épreuves, au sens initiatique du terme, à franchir, des balises nous indiquant le chemin du progrès personnel.

Par exemple, j'ai connu longtemps des difficultés en vol pour m'élever au-dessus d'une certaine altitude ; toujours, ma trajectoire, malgré mes efforts, me ramenait vers le sol, jusqu'à ce que je m'avise que les rêves signalaient évidemment une erreur dans ma façon de les aborder (et donc d'aborder ma vie, mais la valeur symbolique et personnelle n'est pas le sujet de ce livre). Je renonçai au volontarisme du contrôle forcé des rêves, associé chez moi à la croyance selon laquelle voler est une expérience agréable qui témoigne d'un grand épanouissement personnel. Je me laissai guider par le scénariste caché de mes rêves dans la visite confiante de mes paysages intérieurs. Je pus alors accéder aux vertiges du vol en plein ciel, quitter la terre et explorer mon cosmos imaginaire sans effort. L'épanouissement ne s'acquiert pas par la volonté et l'effort sur soi, mais par l'acceptation de ce qu'on est ; telle est la leçon que je tirai.

3) Rêve et réalité: sorties hors du corps (OBE) et rêves lucides [70]

Les sorties hors du corps sont des expériences au cours desquelles le rêveur a l'impression que sa conscience quitte son corps habituel soit dans un autre, semblable ou différent, soit sans support matériel apparent, et explore des mondes soit semblables à peu près à celui de veille, soit différents. On les appelle dans la théorie théosophique "voyages astraux". Le « corps astral » serait projeté hors du corps physique dans

[70] Le sorteur peut se trouver dans un monde réaliste (sa chambre) ou dans un autre plus fantastique. L'OBE est parfois induite par une émotion violente, un accident corporel, une maladie, parfois survient spontanément. Les NDE (Near Death Experience: expériences proches de la mort) semblent être une variante de l'OBE.

un monde parallèle, dit "astral" et pourrait, par exemple, aller consulter les archives de l'univers où tout est écrit, les fabuleux "dossiers akashiques".

On parle aussi moins poétiquement de dédoublement.

Carlos Castaneda est à l'origine d'une mythologie sur le "corps de rêve" qui permettrait au sorcier d'avoir le don d'ubiquité, de réaliser des exploits extraordinaires comme marcher au plafond...

Voici un récit tiré du livre d'Hervey de Saint-Denys qui présente tous les caractères de ce genre d'expérience (page 369):

"Cette nuit, j'ai rêvé que mon âme était sortie de mon corps, et que je parcourais d'immenses espaces avec la rapidité de la pensée. Je me transportais d'abord au milieu d'une peuplade sauvage. J'assistais à un combat féroce sans courir aucun danger puisque j'étais à la fois

[71] On voit que Hervey n'est nullement victime de l'illusion et n'accorde pas de valeur particulière, sinon de curiosité, à ce rêve qu'il cite avec cinq autres comme "post-scriptum pour le chapitre de l'imagination et de la mémoire". Il souligne donc lui-même l'origine de cette expérience : la littérature dont il est familier sur les théories de l'âme immortelle prisonnière du corps (c'est l'expression même de Platon, un de ces auteurs dont l'étude fait partie de toute culture classique au XIXème siècle, auxquels Hervey pense sans doute), lectures et illustrations sur la lune.

invisible et invulnérable. Je dirigeais de temps en temps mes regards vers moi-même, c'est-à-dire vers la place où mon corps eût été si j'en avais eu un, et je m'assurais bien que je n'en avais plus. L'idée me vint de visiter la Lune, et je m'y trouvai tout aussitôt. Je vis alors un sol volcanique, des cratères éteints, et d'autres particularités, reproduction évidente de lectures que j'ai faites ou de gravures que j'ai vues, singulièrement amplifiées et vivifiées toutefois par mon imagination [71]. Je sentais bien que je rêvais, mais je n'étais point convaincu que ce rêve fût absolument faux. L'admirable précision de tout ce que je contemplais m'inspirait la pensée que peut-être mon âme avait momentanément quitté sa prison terrestre, ce qui ne serait pas plus merveilleux que tant d'autres mystères de la création. Quelques opinions d'anciens auteurs sur ce sujet me revinrent en mémoire, et ensuite ce passage de Cicéron :

Si quis coelum ascendisset, ibique solem, et lunam, et sidera propre vidisset, hoc tamen sibi injunctum fore, ni aliquem qui narraret habuisset.

Je souhaitais immédiatement de revenir sur la terre ; je me retrouvai dans ma chambre. J'eus un moment l'étrange illusion de regarder mon corps endormi, avant d'en reprendre possession. Bientôt, je me crus levé, la plume à la main, notant minutieusement tout ce que j'avais vu. Je m'éveillai, enfin, et mille détails tout à l'heure très nets s'effacèrent presque instantanément de ma mémoire.''

« ...*Les OBE doivent être considérées comme philosophiquement indiscernables des rêves lucides*, notait Celia Green en 1968, *Dans les deux types d'expériences, le percipient (celui qui perçoit) observe un champ de perception complet et cohérent, et il reconnait au cours de l'expérience qu'il est dans un état différent de celui de la vie éveillée normale...* »

En général, les gens qui ont fait des OBE en tirent la conviction profonde qu'une partie d'eux-mêmes est capable de vivre séparée du corps, d'où les croyances en l'âme immortelle et la réincarnation [72]

.

En outre, les gens qui ont cherché délibérément à atteindre ce type d'expérience (OBE ou rêve lucide) ont remarqué une relation étroite entre les deux : les rêveurs lucides font de temps en temps des OBE.

Voici un extrait de mon journal de rêves montrant l'intrication des deux types d'expériences.

"Samedi 27-Dimanche 28 Janvier 1990.
"Le rêve de la corde d'argent ([73])" (rêve lucide "high").

---

[72] La difficulté de traiter cette question vient de l'enjeu qu'elle sous-tend : conclure que l'OBE est une illusion, c'est aller à l'encontre de croyances religieuses profondément ancrées et renvoyer les gens face à la réalité de la mort-anéantissement qu'ils préfèrent ne pas affronter.

Il était trois heures du matin quand je me suis éveillé, sans doute à la suite d'une apnée (je suis enchifrené). Après un moment d'immobilité totale et de décontraction, je perçois une intense vibration qui gagne tout mon corps à partir des pieds, un bruit sourd, vibrant lui aussi résonne autour de moi. J'ouvre les yeux. La pièce n'a pas changé mais il règne une ambiance étrange. J'ai la sensation qu'une présence mystérieuse m'observe. Mon corps se met à flotter... Petit à petit, tout mon corps s'est soulevé et je flotte maintenant à environ un mètre du sol... En bougeant, j'aperçois en dessous, sur le canapé mon corps endormi, immobile. Une ligne légèrement lumineuse en sort et monte en ondoyant jusqu'à mon corps de rêve. Je pense : "D'accord, c'est une OBE, je vois la "corde d'argent"."
Je traverse la fenêtre et arrive dans la rue que je survole.
On dirait une rue parisienne, très éclairée et animée avec une foule de gens qui circulent alors que j'habite une ville de province où tout le monde

---

[73] Les "sorties hors du corps" ou "projections astrales" (en anglais : Out of Body Experience, OBE) sont des expériences au cours desquelles le sujet, sans avoir conscience d'une rupture de sa vigilance, a l'impression de sortir de son corps. La tradition venue d'Orient veut qu'un lien subtil, la "corde d'argent" lie le corps matériel et le "corps astral". Sa rupture entraîne la mort du corps matériel.

dort à 20h00. *Je descends au niveau des passants pour les observer. Ce sont peut-être des êtres subtils invisibles pour les yeux ordinaires éveillés, me dis-je... Je descends la rue et remarque un bar, légèrement en contrebas du trottoir. La porte est ouverte. Je m'approche. Tout est gai et lumineux à l'intérieur. Les consommateurs rient et chantent.*

Je me souviens alors que, dans cette rue, à cet endroit, il n'y a pas de bar. Tout le décor devient de plus en plus différent de la réalité. Je me dis qu'on se croirait dans un univers parallèle... Ce qui me fait penser à Ubick de Philip K. Dick où la réalité dérape petit à petit.

Je crains d'être en train d'entrer dans un banal rêve lucide ordinaire. Je cherche du regard la "corde d'argent". Elle se balance derrière moi. Je la suis et me retrouve instantanément dans mon salon. Rien ne semble avoir changé : mon corps est toujours endormi sur le canapé.

"Bon, reprenons", me dis-je. Je me souviens alors des doutes que j'éprouve à l'égard de l'objectivité des "sorties hors du corps". "Si c'est une expérience objective, la corde d'argent doit être une chose réelle et donc assez stable", pensé-je. Aussitôt, elle se transforme. Elle devient d'abord une grosse corde de chanvre tressée grossièrement, rouge sang.

"Voilà une première réponse. Elle a été conforme à la croyance ordinaire tant que je l'ai acceptée et a changé dès que j'ai évoqué mes doutes. C'est donc le procès de ma pensée qui crée la "réalité" où j'évolue, tout à fait comme dans les autres

rêves. La preuve : comme en rêve, les éléments peuvent être la mise en image des pensées, des mots et expressions... Je remarque aussi que la corde est devenue rouge comme du sang en réponse à une question à propos de l'origine de cette croyance en un lien entre le corps matériel et l'autre ; c'est une transposition d'une réalité bien connue : le cordon ombilical. D'ailleurs, ma corde rouge était parcourue de battements comme une artère.

Pendant ce raisonnement très court, la corde s'est à nouveau transformée, en corde à linge sur laquelle sont suspendus par des pinces à linge de bois des billets de banques, comme les faux billets que les gangsters font sécher à la sortie de la presse dans les films. Jeu de mot illustré sur la corde "d'argent" et allusion à la fausseté de la croyance.

L'expérience décisive serait de rompre ce lien entre mon "corps astral" et mon "corps matériel". Dans la légende, cette rupture entraîne la mort.

Avec la tranquille certitude, fondée sur une certaine pratique des rêves lucides, qu'on ne risque rien en rêve, sinon se faire plaisir et apprendre, j'attrape la corde à deux mains et la romps. Elle disparaît aussitôt.

Une immense vibration sourde comme le tonnerre monte et je ressens une terrible panique tandis que mon corps "réel" se recroqueville et se dissout. Le monde commence à tourner autour de moi, j'ai vaguement la nausée.

Mais, j'ai aussi une certaine expérience de ce genre de situation en rêve et reprends le contrôle.

Je comprends qu'une partie de mon esprit, toujours soumise à la superstition, proteste contre mes façons désinvoltes de traiter les enseignements millénaires des grands maîtres et les savoirs occultes immémoriaux. Je reconnais le topdog parental habituel qui vient essayer de me ramener dans le respect des traditions et des conformismes, et de me dévaloriser, moi pauvre petit ignorant arrogant qui ose braver le savoir, l'expérience et la sagesse des anciens.

Je retrouve mon calme et m'amuse de cette stupide tentative de me faire peur avec des mômeries.

Aussitôt, les couleurs deviennent plus profondes. Une immense lumière baigne la scène. Je ressens un flux jubilatoire de bien-être, de force, de plaisir, de liberté dans tout mon corps comme si ce "corps de rêve" devenait plus réel. Je suis en plein ciel, baigné par l'azur et les chauds rayons d'un soleil merveilleux. L'air est vif. Je sens le souffle du vent. J'éprouve un sentiment d'exaltation et de plénitude indicible.

Très loin au-dessous, j'aperçois un fouillis de champs multicolores et de forêts de tous les tons de vert. Tout devient de plus en plus clair et agréable, d'une douceur tendre comme l'amour au printemps (si cette comparaison peut évoquer quelque chose).

Comme souvent dans les rêves de vol, j'ai le sentiment de me dissocier en multiples personnages juvéniles qui se livrent en plein ciel à une activité sexuelle orgiaque, intense. Il y a plusieurs orgasmes. Je me dis que le rêve va bientôt finir, qu'il faut en jouir attentivement. Cela dure encore quelques subjectives secondes au goût d'éternité puis le rêve se dissout et je me réveille, allongé sur le ventre avec une érection glorieuse." (In <u>Oniros</u>, 2ème trimestre 1990)

Les différences entre OBE et rêve lucide selon C. Green (1962)

Celia Green s'est intéressée aux similitudes et aux différences entre les deux expériences en puisant dans les témoignages rassemblés par la Society for Metapsychic Research[74].

"1. D'habitude, une OBE commence pendant que le sujet est éveillé alors que le rêve lucide commence au cours du sommeil et pendant un rêve normal...

2. Bien que dans les deux cas, le sujet se rende compte que l'expérience qu'il vit est différente de celle normale de l'état de veille, dans une OBE, le

---

[74] La société anglaise a accumulé des archives sur plus d'un siècle et continue ses travaux, principalement autour des recherches en parapsychologie. On peut même la retrouver sur Facebook et sur plusieurs sites internet.
http://www.spr.ac.uk/page/history-society-psychical-research-parapsychology.

sujet considère qu'il perçoit le monde réel et décrit son expérience comme une vision du monde normal d'un point de vue différent. La vérification au réveil montre l'erreur d'une telle affirmation : le monde des OBE n'est jamais identique à celui de la veille ; comme en rêve prélucide, les incohérences ne sont simplement pas remarquées.

3. Les OBE sont généralement considérées par les sujets qui ont fait l'expérience des deux, comme supérieures aux rêves lucides dans les points suivants : le degré dans lequel le sujet contrôle la situation ; l'extension de l'espace à travers lequel il peut se mouvoir librement ; l'intensité des émotions de joie, de libération etc.

4. Dans l'état OBE, le sujet peut sembler ne pas avoir de corps du tout et peut se trouver dans la position d'un observateur désincarné. C'est très rare en rêve lucide dans lequel le rêveur semble avoir habituellement un corps de la manière ordinaire..."

Celia Green concluait en 1962 :

"Au degré actuel de nos connaissances, nous ne devons pas nous laisser aller à faire une classification stricte et rapide avant qu'un critère non-ambigu, psychologique ou physiologique, n'émerge des recherches scientifiques sur le problème."

Elle prévoyait alors la possibilité d'exploiter le rêve lucide pour communiquer avec le rêveur au cours du rêve en observant ses réponses physiologiques, notamment grâce à l'enregistrement électro-encéphalographique.

C'est justement, comme je l'ai déjà rapporté, ce que les chercheurs ultérieurs en laboratoire ont fait.

Le pionnier de ces travaux, Stephen LaBerge, constate à propos des OBE :
« Au cours des OBE, le sujet se trouve dans un "double extracorporel" mais évolue dans un univers qu'il croit matériel ; ce qui est typique d'une sorte de rêves eux aussi associés aux rêves lucides : "les rêves prélucides".
- le monde considéré comme réel et ordinaire des OBE révèle toujours, à l'examen à l'état de veille, des éléments irréalistes, comme dans les "rêves de faux éveil".
- les gens qui ont vécus une OBE sont convaincus d'avoir vécu une expérience qui n'était pas un rêve, exactement comme les rêveurs ordinaires au cours du rêve.
- la différence essentielle entre OBE et rêve lucide est la façon dont les gens interprètent l'expérience en cours. Ce qui caractérise en premier l'OBE est la sensation d'être en dehors de son corps : "il vaudrait peut-être mieux parler de "sensation de sortie hors du corps", écrit LaBerge.

Il insiste sur le fait que nous ne vivons que dans des représentations mentales.

Selon la tradition psychologique tibétaine, toutes nos expériences sont subjectives et, donc, par nature, peu différentes de ce que nous appelons "rêves". C'est aussi le point de vue de la psychologie cognitive occidentale moderne[75].

Laberge raconte une expérience personnelle de sortie hors du corps au cours de laquelle il vit son corps allongé, sa chambre, sa compagne endormie avec l'intense conviction que tout cela n'était pas un rêve. Puis sa compagne s'éveille et il se sent attiré irrésistiblement dans son propre corps réel. Il lui raconte donc ce qui vient de lui arriver, une OBE authentique. Puis, parcourant un album de timbres, il se trouve soudain en train de voler vers l'Allemagne comme superman. Il s'éveille enfin vraiment quelques minutes plus tard, étonné de constater que toute l'aventure n'était qu'un rêve. Il ajoute : *"S'il n'y avait l'impossibilité physique de voyager jusqu'en Allemagne en ouvrant un album de timbres, et le témoignage éveillé de Dawn, je pourrais encore être persuadé que ce qui m'est arrivé n'est pas un rêve. Et ce, en dépit de tout argument rationnel. Ce dont nous sommes convaincus, la raison est incapable de nous en faire douter... En réalité, savoir avec certitude, c'est seulement affirmer ou croire que nous sommes certains."*

Rêve lucide et OBE : une hiérarchie ?

---

[75] Voir à ce sujet les travaux du groupe de Palo Alto. Lynn SEGAL, *Le rêve de la réalité* sur le constructivisme de Von Forster (Collection *La couleur des idées*, Seuil, janvier 1990).

Le rêve lucide est parfois considéré comme "inférieur" aux OBE. "*Je crois,* dit LaBerge, *que c'est le contraire.*" Reprenant les stades décrits par Piaget, il écrit :

"*Pendant le sommeil, adultes et enfants ont tendance à demeurer au premier stade, croyant que ce qui arrive est de la réalité extérieure. Les OBE les plus typiques appartiennent au deuxième stade, mêlant ce qui est mental et ce qui est matériel. Seul le rêveur pleinement lucide arrive au troisième stade : il se rend compte que son expérience est purement mentale et il distingue clairement le rêve et le monde physique.*"

Se référant à la description que fait Nietzsche du mode de raisonnement de l'humanité primitive[76] qui considère comme une explication suffisante et vraie la première cause qui se présente à l'esprit, LaBerge voit dans la carence critique des rêveurs prélucides qui acceptent des causes impossibles comme preuves qu'ils ne rêvent pas, un fonctionnement imparfait du cerveau pendant le sommeil paradoxal caractérisé par une amnésie partielle, une vérification inadéquate de la réalité et une interprétation de l'expérience comme une sortie hors du corps au lieu d'un rêve.

Il reconnaît que le déroulement de l'expérience peut induire en erreur : le sujet a l'impression d'être éveillé dans son lit et après quelques vibrations, une sensation de chute ou autre chose, il se retrouve en train de flotter hors de son corps.

---

[76] NIETZSCHE, F., *Aphorismes*, in *Humain trop humain,* Le Livre de poche (1995).

"Rien dans l'expérience elle-même ne nous permet de faire la part de ce qui est rêve et de ce qui est vécu dans la réalité ; faire cette distinction est le résultat d'un apprentissage comme tous les autres qui se fait par la pratique. Plus on a l'habitude de faire des rêves lucides, de reconnaître les rêves de faux éveils, de paralysie du sommeil..., plus on fait aisément et sûrement cette distinction. L'expérience des rêveurs lucides montre qu'ils finissent par reconnaître à coup sûr les OBE comme des rêves et les transforment en rêves lucides."

Le rêve de la réalité.

"Le corps de rêve est notre représentation mentale de notre corps physique réel. Nous ne connaissons, en direct, que le contenu de notre esprit. Toutes nos connaissances sur le monde physique, y compris l'existence de notre corps physique, sont acquises par inférence", (par déduction). *"Notre connaissance de la réalité extérieure est indirecte"*.
Nous sommes comme des téléspectateurs témoins d'événements qui ont l'air vrai mais qui peuvent aussi bien être les images d'événements (documents d'actualité par exemple) ou des images d'événements fictifs (feuilletons et films, par exemple). Rien dans le contenu lui-même ne permet de faire la différence. De même, toutes les expériences d'événements que nous prenons pour la réalité extérieure ne sont que des

124

représentations mentales, des images des choses, non les choses elles-mêmes. »
LaBerge poursuit :
"...Dans les termes que j'ai proposés, être dans son corps signifie construire une image mentale de son corps. Parce qu'elle est fondée sur des informations sensorielles, elle représente avec précision, la position du corps dans l'espace physique. Pendant le rêve, nous sommes sans contact avec notre corps et par conséquent libérés des contraintes physiques imposées par la perception de l'état de veille. Donc, aucun fait sensoriel malvenu n'est présent pour limiter nos mouvements dans notre espace mental, et nous sommes libres de nous mouvoir en dehors de l'orientation spatiale telle qu'elle est définie par "être dans le corps (physique)". La partie de nous qui 'quitte le corps" voyage dans l'espace mental, non dans l'espace physique. Par conséquent, il semble raisonnable de penser que nous ne "quittons jamais nos corps" parce que nous ne sommes jamais en eux. Là où nous sommes quand nous faisons l'expérience de toutes choses -y compris les OBE- est l'espace mental. L'esprit n'est pas seulement à soi-même sa propre place, selon la célèbre phrase de Milton, c'est aussi sa seule place."

OBE : une illusion due à l'endormissement en phase de sommeil paradoxal.

LaBerge décrit deux types de rêves lucides : le « DILD » (Dream Initiated Lucid Dream) au cours duquel le sujet prend conscience de son état onirique au beau milieu d'un rêve (plus de deux minutes après l'entrée dans la phase de sommeil paradoxal). Si le DILD représente 80% des rêves lucides observés, c'est lors de « WILD » (Wake Initiated Lucid Dream) que se produisent la majorité des OBE.

Une étude célèbre de LaBerge portant sur 572 personnes a permis d'analyser 107 rêves lucides. 28% des WILD ont été reportés comme étant des OBE, pour seulement 6% des DILD. LABERGE a par ailleurs mis en évidence les nombreux points communs liant les OBE aux phénomènes de « paralysie du sommeil ».

Pour LaBerge, l'illusion de sortie hors du corps correspondrait la plupart du temps à un endormissement directement dans une phase de sommeil paradoxal. Au moment de l'endormissement, le dormeur conserve le souvenir immédiat de la perception de son corps physique paralysé par l'entrée dans la phase de sommeil paradoxal et celui de sa situation dans l'espace physique extérieur (son lit, sa chambre...). La vigilance de veille peut persister comme en rêve prélucide. Au moment de l'entrée dans le sommeil, il cesse de percevoir cette paralysie de son corps réel puisque les perceptions sensorielles sont interrompues et son esprit est alors libre de construire une nouvelle représentation indépendante de ces perceptions : ce qui se traduit par l'impression de sortir du corps. En fait, il sort d'une image du corps réel pour entrer dans l'espace mental intérieur où il est libre de ses mouvements.

Conformément à cette thèse, selon Celia Green, la plupart des OBE se produisent soit au cours de la journée, soit au début de la nuit ; quant aux autres qui se produisent au cours de la nuit, écrit LaBerge (*Lucidity letter*, 1984), on peut sans doute les attribuer à des endormissements du même type après un réveil nocturne (on sait que pour être mémorisé un réveil nocturne doit durer au moins une dizaine de minutes, ce qui est rarement le cas).

Les techniques d'induction des rêves lucides induisent aussi de manière moins commune des "OBE". Toutefois, l'expérience des rêves lucides amène le rêveur à reconnaître son état de rêve et transforme au bout d'un certain temps toutes les "sorties hors du corps" en rêves lucides, comme l'illustre mon rêve de la corde d'argent cité plus haut.

Les preuves rapportées par les "sorteurs".

Sur la question des informations rapportées des OBE grâce à une observation directe des endroits supposés réellement visités, LaBerge se réfère à l'expérimentation en laboratoire par Karlis Osis, directeur de recherche à la Société Américaine de Recherches Psychiques destinées à étudier la survie après la mort et qui portait sur les perceptions au cours des OBE. On demandait aux sujets, familiers des sorties hors du corps et convaincus de la justesse de leurs observations, enfermés dans une pièce, d'aller en explorer une autre, fermée, et de la décrire au retour. "*La comparaison entre leurs rapports et le contenu réel de la pièce-cible ne révéla dans presque tous les cas, absolument aucun début d'indication d'une quelconque correspondance. Dans les rares cas où un sujet a semblé montrer une petite capacité à percevoir quelque chose au cours des OBE, aucun n'a pu voir des choses clairement à chaque fois*". Ce qui confirme la thèse de l'OBE comme un rêve prélucide mal interprété. LaBerge conclut que les rares éventuelles perceptions doivent plutôt être attribuées à des phénomènes télépathiques, non forcément comme une forme de perception extra-sensorielle, mais plus vraisemblablement en tant que perception sensorielle inconsciente ou infraliminaire ordinaire.

Dans *Lucidity letter* (1984), LaBerge apporte une autre preuve de l'absence de sortie réelle hors du corps : l'enregistrement électro-encéphalographique (EEG) et des autres observations du corps du sorteur (tonus musculaire, mouvements oculaires...) correspond tout à fait aux activités qu'il a au cours de sa "sortie", comme chez un rêveur ordinaire ; « *si,* conclut-il, *le sorteur hors du corps vit son expérience avec son corps, c'est qu'il n'en est pas absent et n'est pas "désincarné* ».

Les illusions de sorties hors du corps ne sont pas réservées aux rêves ou N.D.E. et peuvent être induites de manière tout à fait naturelle par certains produits, médicaments ou gaz et certains toxiques. La kétamine, commercialisée en 1973 par les laboratoires Parke-Davis est un anesthésique utilisé chez les enfants et les grands brûlés qui induit des hallucinations de type OBE au réveil. Le monoxyde et le dioxyde de carbone, les drogues hallucinogènes comme le L.S.D., ou le peyotl, la PCP (phéncyclidine), les produits de contraste radiologique à base d'iode (Radiosélectan, Telebrix, Hexabrix, Angiographine), extrêmement dangereux et difficiles à manier d'ailleurs, provoquent parfois de tels phénomènes.

Il est donc vraisemblable que l'illusion de sortie hors du corps résulte d'une altération du fonctionnement du cerveau, soit sous l'effet du sommeil, soit du fait d'un mécanisme d'intoxication, d'une maladie ou d'une autre

[77] Les OBE sont associées à des expériences qui n'ont rien de mystique : après une opération, les opérés du cœur éprouvent des périodes de flottement de ce genre, et, détachés d'eux-mêmes, peuvent entendre et voir ce qui passe autour d'eux.

Le Dr. Wilder Penfield, spécialiste du cerveau à l'université Mc Gill, au Canada, en 1955, a induit expérimentalement, à l'aide d'un courant faible (et par hasard) des OBE à volonté chez un patient épileptique auquel il avait implanté une électrode dans la profondeur du lobe temporal, dans la scissure de Sylvius.

situation anormale (privation sensorielle, "lavage
[78] Cela vaut d'ailleurs aussi pour un phénomène
proche, les NDE, hallucinations qui
accompagneraient l'agonie. Près de 80% des
sujets de cette étude ont eu des hallucinations
visuelles du même type par exemple. Les
chercheurs californiens ont en effet répertorié
quatre types d'hallucination. L'une d'entre elle est
l'observation d'un tunnel, d'un entonnoir, d'un
passage au fond duquel brille une intense lumière.
Une des explications les plus convaincantes de
cette hallucination, proposée par le Pr. Antoine
Rémond du C.N.R.S. qui s'est intéressé aux effets
de la privation sensorielle, repose sur la structure
de la rétine et des connections nerveuses qui
acheminent les informations lumineuses au
cerveau; les neurones du centre de la rétine
surreprésentés dans l'aire visuelle cérébrale
donneraient une illusions de profondeur et de plus
grande intensité lumineuse au milieu du champ
visuel dans les moments de désorganisation de la
perception quelles qu'en soient les causes. R.
Siegel émet d'ailleurs la même hypothèse.
Ce qui ne retire rien à l'importance de l'exploitation
subjective de ces moments particuliers mais
demande de les replacer dans une perspective
raisonnable. Il s'agit de périodes de perturbation
du fonctionnement du cerveau et ce sont donc des
occasions d'en saisir certains mécanismes
habituellement discrets, mais il est plus
hasardeux, nous semble-t-il d'y voir des
révélations sur une quelconque "réalité
surnaturelle".

de cerveau", isolement, anémie...)[77].

Quant à l'argument, sans valeur logique, selon lequel il y aurait quelque chose d'objectif (sous-entendu « extérieur ») dans ces phénomènes puisqu'ils sont les mêmes à toutes les époques et dans toutes les cultures (ce qui n'est pas établi par des études sérieuses mais semble relativement probable), il prouve qu'il y a en effet quelque chose de transculturel et d'objectif chez la plupart des êtres humains: le fait d'avoir une certaine structure biologique dotée d'un système nerveux assez complexe. On sait bien, en effet, comme l'a montré par exemple, Ronald Siegel, chercheur à Los Angeles, sur une étude portant sur plus de 500 hallucinations induites par le L.S.D., que les hallucinations des êtres humains "*sont toujours les mêmes, qu'elles soient dues à la fatigue, à la fièvre, aux crises d'épilepsie, à la prise de drogue ou à la privation sensorielle* » (Scientific American, 1985)" [78].

Roger Ripert, sur le site d'Oniros[79], consacre plusieurs pages aux travaux de Susan Blackmore, psychologue d'Oxford, qui a fait porter une grande partie de ses recherches sur les OBE et les NDE. Ayant elle-même (lors d'une séance d'Ouija !) vécue une OBE en 1970, elle décide d'en faire son sujet d'étude de prédilection afin de « *prouver à tous [les scientifiques] qu'ils ont tort* ». Dans son esprit, seule la parapsychologie pouvait l'aider à

---

[79] http://www.oniros.fr/assoconiros.html

expliquer ces phénomènes. Dix ans de travaux scientifiques plus tard (en 1987), elle écrit un article intitulé « *The Elusive Open Mind: Ten Years of Negative Research in Parapsychology*» (L'insaisissable ouverture d'esprit : dix ans de recherches infructueuses en parapsychologie), constat d'échec amusé d'une chercheuse faisant pourtant référence dans le domaine.

Elle y établit l'impossibilité de la parapsychologie à fournir des interprétations pertinentes permettant de progresser dans la connaissance des OBE et NDE : « (...) *nous avons assez de résultats pour répondre qu'il n'y a pas de preuve de l'origine surnaturelle des OBE, il n'y a pas de preuve de quoi que ce soit quittant le corps, et il n'y a pas de preuves d'effets causés par des personnes hors de leur corps. (...) J'ai suggéré que les OBE se produisaient tout simplement quand le système perd le contrôle sensoriel et remplace le « modèle de réalité » habituel par une construction issue de la mémoire. Celle-ci semble réelle parce qu'elle est le meilleur modèle à la disposition du système à ce moment-là, et c'est pour cela qu'elle est choisie pour représenter cet « ailleurs »*.

La contribution de LaBerge et Blackmore est unanimement reconnue, autant dans le milieu scientifique que parapsychologique, mais elle reste une interprétation exclusivement psychologique du phénomène.

Il nous semble donc que ces expériences méritent d'être abordées avec bon sens, prudence, mais curiosité. Ce sont des situations expérimentales exceptionnelles pour observer les mécanismes de fonctionnement de son propre esprit/cerveau, comme l'observation des phénomènes pathologiques en médecine permet d'en découvrir les mécanismes physiologiques. Cette exploration des frontières des mécanismes de la conscience reste riche d'enseignements et d'une grande valeur expérientielle (le fait d'avoir frôlé la mort peut amener à se montrer plus sage par la suite ; une NDE n'est d'ailleurs pas nécessaire, un accident de la route évité de justesse peut avoir le même effet).

Enfin, ce n'est parce que les OBE ne seraient pas des voyages astraux que, pour celui qui les vit, le plaisir, l'émerveillement et l'excitation en sont absents, au contraire. Il y est seulement plus libre d'y vivre ce qu'il désire, plus apte à en tirer du plaisir et des enseignements sur soi. En outre, plutôt que d'attribuer le mérite des magnificences observées et des sentiments extatiques ressentis à une entité divine extérieure, il sait qu'il en est le créateur. Au lieu de se soumettre à un démiurge dominateur, il prend conscience des richesses qui lui sont propres. Plutôt que se soumettre à l'autorité d'un guide omniscient, il dialogue avec une partie profonde de son propre esprit.

L'enjeu de l'interprétation du phénomène est donc plus grand qu'une simple question de points de vue divergents sur l'interprétation d'un phénomène.

Bibliographie.

Les extraits cités ont parfois été tirés d'éditions rares ou anciennes différentes des références bibliographiques disponibles données en note au fur et à mesure.

LABERGE, S., "*Lucid dreaming*", J.P. Tarcher, L.A., (1984).

GREEN, Celia E., directrice de l'Institut de Recherche Psychophysique, Oxford, *"Lucid dreams"*.

SHEILS, D., *"A cross-cultural study of beliefs in the out-of-the-body experiences, waking and sleeping"*, Journal of the society for psychical research, 49 (1978): 697-741.

OSIS, K., *"Perspectives for out-of-body research"*, Parapsychology Research, 3 (1973).

BADER, Jean-Michel, *Lueurs sur la vie après la vie*, in *Sciences et Vie*, n°882, Mars 1891.

BLACKMORE, S. J., *Beyond the Body: an Investigation of Out-of-Body Experiences*, Heinemann, Londres, 1982

TART, C. T., *"Out-of-the-Body Experiences"* (in MITCHELL, E. ed. *Psychic Exploration*, New York: G. P. PUTMANS SONS, 1974, pp. 349-373) (7) BLACKMORE, S. J., op. cit. (8) BLACKMORE, S., *"A theory of lucid dreams and OBEs"* (In GACGENBACH, J. and LABERGE, S., (Eds.), *Conscious Mind, Sleeping Brain*, p. 373-387, Plenum, New-York, 1988.

4. Rêve lucide et développement spirituel[80].
On entend souvent défendre par des spécialistes du rêve la théorie selon laquelle le rêve lucide

serait seulement une étape sur le chemin continu

[80] Cet adjectif est employé ici dans le sens étymologique ("qui concerne l'esprit"), sans référence à certaine forme de spiritualisme qui postule l'autonomie de l'esprit par rapport au corps et l'oppose à la matière qui serait pour lui une prison. Le développement spirituel doit être entendu comme le progrès dans l'équilibre, l'efficacité et l'épanouissement satisfait et serein du fonctionnement de l'esprit, la poursuite du processus qui fait en une vingtaine d'années d'un nouveau-né immature et dépendant un homme adulte et à peu près viable. L'adjectif "mental", moins marqué, serait peut-être d'ailleurs préférable mais ne rendrait pas la dimension du merveilleux tout subjectif qui accompagne ces phénomènes et cette idée d'un processus de développement qui mène à une sagesse bien réelle.

Mais les deux adjectifs, « spirituel » et « mental », ont le défaut de postuler une séparation corps/esprit, ou corps/cerveau qui ne semble pas valide non plus.

Le substantif "âme" a lui aussi connu bien des vicissitudes et glissements de sens ; parfois employé dans les théories les plus archaïques pour désigner une hypothétique entité autonome qui animerait le corps et le quitterait au moment de la mort, "l'âme" est pour les philosophes et les psychologues du siècle dernier et de la première moitié du nôtre un synonyme de psychisme, chez Hervey ou Jung par exemple.

Avec "âme" comme avec "spirituel", une ambiguïté

des progrès de la conscience humaine.
Bien que ces notions me paraissent assez floues,
il faut en dire quelques mots.

J. Gackenbach, par exemple, écrit que l'une des
étapes de la conscience liée au rêve lucide -le fait
d'être le témoin de son rêve, l'observateur
extérieur- est une des caractéristiques de la "pure
conscience".
Elle propose de décrire cinq niveaux dans le rêve
lucide depuis l'état d'acteur dans le rêve jusqu'au
point de vue extérieur d'observateur.
Voici ce qu'elle écrit en décrivant chacun de ces
cinq niveaux :
"*1. Au début, dans le rêve lucide, l'acteur est
dominant. L'observateur ne fait que reconnaître,
parfois brièvement, que le moi est en train de
rêver. L'impression demeure cependant que le
rêve se déroule à l'extérieur et que le moi est un
intérieur...*
*2. Puis, le rêveur peut prendre conscience que ce
qui lui paraît au dehors est en fait au dedans. Le
rêveur a alors le choix entre participer activement*

est conservée qui permet d'évoquer des
phénomènes ressentis comme transcendants et
qui correspondent sans doute à des
fonctionnements cognitifs particuliers du cerveau
et de l'organisme.
Rien de sérieux ne permet de penser que l'esprit
soit autre chose qu'une émergence du cerveau
vivant en train de fonctionner avec sa capacité à
s'observer et se reprogrammer.

aux événements du rêve ou au contraire s'en désintéresser, ce qui amènerait un effacement de ces événements...

3. A ce niveau, les rêves lucides ont tendance à être courts. Le rêveur se contente de ne rien faire et le rêve se déroule mais reste sans importance pour l'observateur qui est distrait et absent.

4. L'éveil intérieur domine à ce stade. Les rêves disparaissent totalement. Le rêveur plonge dans un sommeil sans rêve, il est sans désir. Il n'y a qu'un océan de conscience sans objet. Le Moi, impérissable, est seul et il n'y a rien en dehors de lui.

5. Une fois que le rêveur atteint ce niveau transcendantal, de pure conscience, le rêve peut prendre des formes symboliques significatives qu'on ne rencontre pas dans les rêves, lucides ou ordinaires. Ils sont plus abstraits et n'ont pas d'aspect sensoriel, pas d'émotion, de sentiment, de perception du corps dans l'espace. On se sent comme un simple nœud de relations. On a le sentiment d'une expansion, celle de la lumière de la conscience et de l'éveil."

Le chemin de l'extase.

Scott Sparrow dans son livre *Lucid Dreaming: the Dawning of the Clear Light*[81], suggère que le rêve lucide pourrait avoir pour effet d'accélérer le

---

[81] SCOTT SPARROW, Gregory, *Lucid Dreaming: the Dawning of the Clear Light*. A.R.E. Press, Revised Edition (Octobre 1982).

processus de méditation qui culmine souvent en une "*expérience d'illumination et de complétude*". Daryl Hewitt a fait l'expérience de méditer au cours d'un rêve lucide et déclare en avoir retiré un sentiment d'extase remarquable.

George Gillespie, missionnaire baptiste américain en Inde en 1975, s'entraîna à éliminer toutes les perceptions, les objets et son corps, au cours des rêves lucides afin d'atteindre l'état de sommeil sans rêve décrit par les textes Upanisads. Il écrit :

"*Si je me concentrais sur l'obscurité, j'avais tendance à perdre le contact avec le sol et je flottais. Cela pouvait mener à voler, à rebondir ou à une impression de projection. Dans ce contexte, j'ai aussi vu des formes lumineuses, des treillis, j'ai senti des vrombissements, des vibrations, une joie extrême, des sentiments religieux, et d'autres effets indicibles.*"

Il ajoute qu'un des signes que le rêveur se libère des embarras du rêve et s'élève vers la transcendance et la libération est sa capacité de voler. Mais il insiste sur le fait que tous les phénomènes qu'il a connus en rêve lucide sont indépendants de la foi en Dieu et peuvent trouver une explication dans le cadre psychophysiologique de l'étude des rêves.

Ce point de vue correspond tout à fait avec notre expérience ; les hypothèses qui attribuent à une divinité les sensations extatiques, ne font que nous refuser le droit d'être la source de notre plaisir et de nos vies. Elles renvoient aux idéologies archaïques des sociétés tribales ou totalitaires qui soumettaient l'individu au groupe et l'y sacrifiaient.

Pourquoi ne pas admettre, comme tous les faits correctement observés le prouvent, que nous sommes aussi les créateurs des merveilles que nous portons en nous.

139

Vortex

Yves, Paris, juin 1987.

Je roule dans une grande voiture noire décapotable, très luxueuse que je conduis avec plaisir. C'est une nuit d'été claire, étoilée, la route serpente au milieu de la campagne et descend doucement vers la mer. Je suis en Bretagne. J'arrive jusqu'à la plage et j'observe l'eau sombre et inquiétante, impénétrable et sans fond.

Un souvenir me revient lentement à l'esprit ; je me souviens des multiples fois où j'ai rêvé de la mer du pays où je suis né et je comprends que je suis encore en train de rêver. Je me dis qu'il y a certainement des symboles nombreux à interpréter dans ce rêve, mais que vraiment, ce n'est pas le moment.

Je marche sur la plage, les pieds dans le sable frais. Sylvie est à côté de moi. Des nuages denses semblent se mêler aux vagues écumeuses de la mer qu'un vent violent mais agréable agite. C'est grandiose. J'ai envie de plonger et de voler.

Je prends la main de ma compagne et nous nous élançons en volant comme Peter Pan dans le tourbillon d'eau et de vent, de ciel et d'océan.

Le souffle bruyant nous fouette la peau, nous sommes ballotés par les éléments, abandonnés au gré des courants, des bourrasques, la sensation de liberté, de puissance est merveilleuse, l'air siffle à nos oreilles et ébouriffe nos cheveux - je l'impression de percevoir aussi bien par mon corps que par le sien- nous volons et nageons en même temps sans avoir besoin de respirer, emportés dans un gigantesque vortex. En même temps, j'ai l'impression d'être au milieu de l'espace, immense, où des forces titanesques

140

créent des ouragans fantastiques. J'ai l'impression de monter très vite vers les étoiles, petit atome balloté à tous les vents, mais grain de conscience jouissant intensément de percevoir cette situation.

Mais petit à petit, je perds ma lucidité.

7) Caractères propres aux rêves lucides

Les caractères spécifiques des rêves lucides.

1) Le rêve lucide en question.

A quel âge peut-on commencer à faire des rêves lucides ?

D'après Jean Piaget [82], psychologue spécialisé dans l'étude du développement psychique, ce qu'on nommait à son époque « psychologie génétique », avant que l'adjectif ne connaisse le succès dans un autre champ de recherches, les enfants passent par trois stades dans la compréhension des rêves.
- Au premier stade, jusqu'à trois-quatre ans, les enfants ne distinguent pas rêve et vie de veille.

---

[82] Les travaux de Jean Piaget sont aujourd'hui largement invalidés par des recherches plus récentes, notamment en ce qui concerne le calendrier des acquisitions et donc leur mécanisme : les bébés humains sont bien plus précoces qu'il ne l'avait cru (ou bien ils ont fait beaucoup de progrès en quelques décennies), percevoir est un acte plus complexe qu'il ne le croyait. Toutefois, le fondement de sa théorie, l'existence d'un processus de développement en stades successifs caractérisés par des états de stabilité relative et l'idée d'une progression globale de toutes les fonctions cognitives restent à peu près acceptées.

Les événements de rêves se déroulent dans le même monde extérieur que les événements de la vie éveillée.

- De quatre à six ans environ, les enfants apprennent que les rêves ne sont pas la réalité, par leur propre expérience des rêves et les remarques des adultes ; mais, ils ne savent pas vraiment où les rêves se déroulent et ce qu'ils sont ; ils peuvent dire encore que les événements oniriques, bien que non-réels, sont projetés dans leurs chambres, "*à l'extérieur de leurs têtes*".

- Ce n'est qu'au stade suivant, atteint entre cinq et huit ans, qu'ils définissent les rêves comme des phénomènes totalement internes, comme des expériences purement mentales.

Piaget s'est intéressé évidemment à la façon dont les enfants conçoivent les rêves à l'état de veille.

Pendant le rêve, enfants et adultes en restent généralement au premier stade et vivent leurs rêves comme s'ils étaient des événements réels.

Le second stade est atteint au cours du rêve par les rêveurs qui croient que les rêves ne sont pas de la même nature que les événements de la vie éveillée mais ont une réalité objective, extérieure ; c'est le cas des "sorteurs hors du corps", des voyageurs astraux, des gens qui croient recevoir la visite des "esprits", des dieux ou des morts en rêve ; ils croient tous que le monde du rêve existe en dehors de leur esprit comme un double métaphysique du monde réel.

En rêve lucide, le rêveur atteint le troisième stade décrit par Piaget au cours du rêve lui-même. Il prend conscience que son expérience est une pure simulation mentale, interne, sans relation avec le monde physique. Les rêves lucides sont possibles dès que le troisième stade de Piaget est atteint, soit dès cinq ans pour les plus précoces. C'est d'ailleurs entre cinq et sept ans que de nombreux rêveurs lucides spontanés signalent leurs premiers rêves lucides.

Les théories sur les rêves ont d'ailleurs suivi une évolution de la même nature ; "les esprits" vivent au milieu des vivants pour les populations primitives ; les rêves étaient des messages des dieux ou des expériences hors du corps pour la plupart des hommes de l'antiquité et dans les grandes civilisations préscientifiques. L'émergence de la lucidité (troisième stade), depuis Hervey de Saint-Denys notamment, dans notre civilisation correspond aux progrès de la connaissance grâce à la méthode expérimentale à partir du XIXème siècle (ou, dès l'antiquité, grâce à la philosophie antique elle aussi fondée sur la raison).

Quelle est la fréquence des rêves lucides ?

Répondre à cette question est difficile sinon impossible.

Les études réalisées à ce sujet donnent des résultats complètement hétérogènes. Olivier Clerc donne comme un bon score pour un rêveur entraîné trois rêves lucides par mois ; J. Gackenbach déclare que les rêveurs normaux sans entraînement en font un par mois en moyenne.

Notre expérience est que les gens ordinaires n'ont que très exceptionnellement plus que de rares éclairs de lucidité ; les techniques sérieuses (MILD, Tholey) pratiquées de manière un peu opiniâtre (quelques jours) entraînent généralement les premières fois deux ou trois rêves lucides par nuit pendant quelques nuits. A l'arrêt de l'entraînement, les rêves lucides se raréfient ensuite sans disparaître jamais définitivement. Si vous parvenez à ne jamais l'interrompre, vous devriez atteindre une fréquence quasi-quotidienne de rêves lucides (mais rares sont ceux qui ont réussi à maintenir une parfaite régularité de pratique à long terme).

Les différences entre individus sont grandes. Certains font des rêves lucides quotidiens sans préparation, d'autres ont du mal à en faire un par semaine avec un travail acharné. En outre, la lucidité apparaît par période et s'amenuise ensuite sans qu'on sache bien pourquoi[83]. Mais, un entraînement est toujours efficace et permet de tirer le plus de bénéfice possible des rêves lucides ; alors que devenir lucide à l'improviste et sans préparation expose à ne pas en profiter pleinement.

Quand on réussit à induire des rêves lucides, même s'ils tendent à se faire moins fréquents

---

[83] Christian Bouchet suggère que cette disparition marque en réalité un progrès car le rêveur est si conscient qu'il croit être éveillé alors qu'il rêve dans un rêve de niveau 1, c'est-à-dire dans un monde semblable à celui de veille. Voir plus loin.

145

ensuite, il reste un acquis : sans techniques d'induction, des rêves lucides spontanés continuent à se produire de temps en temps et l'utilisation d'une technique devient beaucoup plus vite beaucoup plus efficace. Donc, entraînez-vous, vous aurez toujours des résultats et il en restera toujours quelque chose.

A quoi servent les rêves lucides ?

La réponse à cette question, légitime et très souvent posée, ne me satisfait jamais.

A quoi servent les rêves, quels qu'ils soient ? Cette question plonge dans les abîmes vertigineux des questions philosophiques les plus indécidables. Les rêves sont une des manifestations de l'activité du cerveau, elle-même inséparable de la personne complète. On est donc, en fait, en train de se demander à quoi vivre peut bien servir. Et chacun a sa réponse ou sa perplexité propre, sur ce sujet.

Les rêves contribuent à maintenir, développer l'efficacité des comportements, des émotions, et de tout ce qui constitue ce qu'est l'individu vivant.

Autant dire que les rêves servent à tout, qu'apprendre à rêver, et pas seulement lucidement, permet de mieux vivre, de mieux s'adapter et de s'épanouir. Dans ce processus, la lucidité apporte une efficacité encore plus grande et participe à l'enrichissement de la vie subjective, de la santé, du bien-être. Les rêves lucides rendent la vie plus exaltante, aident à affronter les difficultés, à résoudre les problèmes, à apprendre, à rendre la vie plus magique. Ils sont en eux-mêmes une expérience fascinante.

Tout cela reste vague et abstrait, non parce rien de concret ne peut être fait grâce au rêve lucide, mais, parce que, au contraire, tout ce qu'on fait est amélioré et, qu'en plus, la lucidité ouvre un univers d'expériences inédites, nouvelles, dont beaucoup sont sans doute encore à imaginer et à découvrir. La liste de ce à quoi les rêves lucides peuvent servir est donc aussi infinie que les désirs, les préoccupations et les fantaisies humaines.

Il n'y a pas d'utilisation spécifique des rêves lucides. Tout ce que l'on peut faire avec les rêves ordinaires, on peut le faire mieux avec les rêves lucides. L'intérêt particulier du rêve lucide est qu'on peut précisément choisir plus librement ce qu'on fait et vit.

Développer la confiance en soi, avoir plus d'énergie pour travailler, résoudre des problèmes personnels, faire ses devoirs scolaires, concevoir une œuvre d'art, apprendre à jouer d'un instrument de musique, se préparer à un examen, communiquer avec ses proches, résoudre des conflits, séduire, améliorer ses performances sportives, mieux supporter le stress, tout ce qui a trait aux activités sociales, matérielles, concrètes, bénéficie de l'usage des rêves lucides.

Mais, tout autant, la lucidité onirique peut jouer un rôle crucial dans les champs des émotions, des sentiments, de l'imaginaire, dans les domaines spirituels ou métaphysiques.

Trouver l'illumination, vivre une extase mystique, recevoir une révélation religieuse, entrer en contact avec le divin, passent aussi par des expériences où l'éveil et le monde onirique se trouvent mêlés.

Combien de temps dure un rêve lucide ?

Il arrive à tout le monde d'avoir des éclairs de lucidité, par exemple au cours des cauchemars qui surgissent dans un rêve ordinaire. Les rêveurs avertis parviennent à éveiller leur lucidité et à la conserver au cours de toute la période de sommeil paradoxal, soit en moyenne une vingtaine de minutes.

La durée des rêves lucides enregistrés en laboratoire.
D'après Daryl Hewitt, le collaborateur de Steve LaBerge, il y a au moins six ou sept sujets qui ont fait des rêves lucides pendant quinze minutes ou plus au laboratoire des rêves de Stanford. Lui-même fait en moyenne des rêves lucides de vingt minutes. Mais il semble détenir le record du plus long rêve lucide enregistré en laboratoire avec un rêve lucide de quarante-six minutes.

Y a-t-il une position de sommeil qui favorise les rêves lucides ?

Selon une enquête réalisée par l'équipe du Lucidity Institute, les rêves lucides semblent plus fréquents (trois fois plus selon cette étude) quand le dormeur est allongé sur le côté droit (in Night Light, vol. 3, n°3).

Y a-t-il des risques à faire des rêves lucides ?
La confusion mentale de certains rêveurs peut se trouver renforcée par la lucidité onirique : ils risquent au début de ne rien chercher d'autre que rêver et faire des rêves lucides tant l'expérience est agréable et excitante. Cependant, rapidement, on constate qu'un processus "homéostatique" les ramène dans le chemin de la vie réelle : soit ils décident d'eux-mêmes d'interrompre leurs expériences afin de renouer des liens avec la réalité[84]; soit la lucidité finit par disparaître, soit encore les rêves se peuplent de personnages menaçants ou hostiles qui viennent rappeler au rêveur la nécessité de vivre dans le monde réel une vie complète.

Il y a aussi un risque de confusion subjective entre ce qui est réel et ce qui est rêvé, surtout chez les rêveurs qui font en rêve lucide beaucoup de recherches sur leurs sensations corporelles ; le corps de rêve et le corps réel finissent par ne plus être aisément distingués[85]. Le danger est tout à

---

[84] K. Keltzer pratique des exercices physiques réels pour cela par exemple et partage son expérience avec d'autres rêveurs lucides afin de ne pas rompre le contact avec la société et mettre son expérience en perspective.
KELTZER, Kenneth, *The Sun and the Shadow, my experiment with lucid dreaming*, A.R.E. Press (1987).
[85] K. Keltzer rapporte qu'il peut dans les rêves lucides percevoir son véritable environnement et ce qui s'y passe ; un autre rêveur lucide m'a affirmé être capable

fait subjectif car là aussi si le rêveur ne prend pas conscience du problème, c'est l'expérience onirique qui résout la question soit en disparaissant (plus du tout de rêve lucide), soit en refusant certaines interventions (personnages récalcitrants, manipulations de l'environnement impossibles).

Le professeur Etévenon[86], ex directeur de recherches à l'INSERM de Caen, disciple de Michel Jouvet, intéressé par les formes orientales de méditation, met en garde contre le risque l'insomnie lié à la pratique de la lucidité onirique. Aucune recherche sérieuse ne met cependant un tel inconvénient en évidence ; l'expérience des rêveurs lucides est plutôt inverse : ils aiment dormir et rêver et abordent la nuit avec confiance et décontraction parce qu'ils se savent capables d'en faire une aventure exaltante. Un rêve lucide laisse au réveil le plus souvent une satisfaction, un enthousiasme et une énergie remarquables.
Le rêve lucide correspond à une période de sommeil paradoxal normale qui procure autant de repos et de bénéfice que le rêve ordinaire. La lucidité ne fatigue pas l'esprit qui reste lucide, tout

───────────────

de faire bouger son vrai corps au cours du rêve, mais il s'agit sans doute d'illusions ou de cas très particuliers de somnambulisme à la limité du pathologique car rien de tel n'a jamais été constaté en laboratoire.
[86] ETEVENON, Pierre, *Du rêve à l'éveil : bases physiologiques du sommeil*. Albin Michel. Collection : *Sciences d'aujourd'hui* (Mars 1987).

simplement parce qu'en rêve ordinaire, l'esprit a la même forme d'activité.

Un rêve lucide pénible peut laisser une impression d'épuisement au réveil, comme un mauvais rêve ordinaire, mais, l'avantage de la lucidité, c'est que le rêveur est beaucoup mieux placé pour transformer son cauchemar en rêve agréable ; ce qui donne évidemment, au contraire, de l'entrain au réveil.

La seule chose à craindre en rêve, lucide ou ordinaire, c'est donc la crainte !

2) Les différences entre les rêves ordinaires et les rêves lucides

Réalisme.
En 1968, Celia Green écrivait : "*Les rêves lucides se passent dans un univers réaliste dans lequel le rêveur peut quand même opérer des miracles (voler, déplacer des objets par psychokinèse...). Mais en général, certaines choses ne s'y produisent pas : les animaux et les objets n'y sont pas personnifiés et ne se mettent pas à parler, les gens et les choses ne changent pas d'identité au cours du rêve ; bien que le corps que possède le rêveur ne soit pas toujours celui de sa vie éveillée, il ne se transforme pas non plus au cours du rêve. Les lois physiques sont généralement respectées et imitées.*"
Le rêve lucide a, en effet, en général, l'air d'être vrai et le rêveur lucide y jouit d'une impression exaltante de vivre dans un univers réel, soit celui

de sa vie de veille, soit un autre, mais avec la conscience d'en être le créateur, le démiurge, et de pouvoir s'y livrer à toutes les expériences sans contraintes ni risques.

Ce n'est pas le réalisme de l'univers qui donne l'impression au rêveur d'évoluer dans un univers presque réel, mais le contraire : c'est parce que le rêveur se sent éveillé comme à l'état de veille que son esprit crée un univers onirique assez semblable à son mode de veille, selon le principe énoncé par Hervey de Saint Denys que penser une chose en rêve, c'est la créer.

A l'état de veille, des événements dramatiques, catastrophes, mort d'un proche..., sont vécus avec un sentiment d'étrangeté et d'irréalité tout comme des événements heureux mais complètement inattendus.

Comme le souligne Christian Bouchet, c'est la forme que prend la conscience qui suscite la forme du rêve. Une conscience éveillée dans le rêve engendre donc un univers onirique proche de celui de veille.

Vividité.

"*Une autre expérience sensorielle qui semble changer quand on entre en rêve lucide est la vision. La plupart des gens se souviennent d'une qualité visuelle remarquable dans leurs premiers rêves lucides. Elle semble s'estomper petit à petit au fur et à mesure qu'on s'habitue à la lucidité. Toutefois, elle réémerge chez les rêveurs lucides au long cours, particulièrement dans les recherches oniriques de nature spirituelle ou transpersonnelle*" (J. Gackenbach, 1989).

Puissance et plaisir.

L'émergence de la lucidité se fait habituellement au cours d'un rêve quand le rêveur remarque quelque chose d'incongru ou d'impossible, un indice de rêve (il se trouve dans une maison qu'il a quitté depuis trente ans, il est habillé en indien et personne ne s'en étonne, il parle familièrement avec des personnages célèbres qu'il ne connaît pas...). A ce moment, le personnage auquel le rêveur est identifié pense : "*Mais, je suis en train de rêver ! Tout cela n'est qu'une illusion créée par mon esprit ; en fait, je suis en ce moment allongé dans mon lit en train de dormir.*"
Il prend alors conscience de la liberté totale qui s'offre à lui et ressent le plus souvent un flot d'énergie, d'enthousiasme, d'exaltation. En même temps, ses perceptions deviennent plus précises, plus fines, et souvent, le rêveur s'émerveille de la beauté inouïe de chaque détail de son expérience : les couleurs sont profondes et riches, les sons sont des musiques divines et harmonieuses ; les sensations corporelles affinées, vivre, bouger, regarder, tout devient extraordinairement plaisant[87].

---

[87] A l'état de veille, on peut vivre une sorte d'expérience équivalente quand on se trouve dans une situation de vigilance accrue due à une situation dangereuse ou considérées comme telle. Le temps semble alors ralentir, la pensée

Dans un tiers des cas, quand émerge la lucidité, le rêveur vole ou flotte en l'air, ce qui est une sensation délicieuse.

Les rêves lucides sont sujets à un apprentissage qui peut les rendre de plus en plus réalistes ou au contraire de plus en plus libérés de l'imitation du réel.

Le contrôle des rêves en rêve lucide est bien plus aisé qu'en rêve ordinaire. C'est ce qui a permis les expérimentations en laboratoire.

Cependant, ce contrôle a des limites variables pour chaque rêveur. Paul Tholey a montré qu'il y a dans les rêves un mécanisme de sécurité, tout comme dans l'état d'hypnose, qui empêche le rêveur de se livrer à des expériences qu'il ne pourrait pas supporter psychologiquement.

---

s'accélérer, les perceptions deviennent plus intenses et les réactions plus rapides et plus précises. C'est pourquoi j'insiste sur le lien réciproque de facilitation entre les exercices de développement de la confiance en soi qui font sortir de la « zone de confort », les pratiques d'activités sportives plus ou moins extrêmes et la lucidité onirique.

[88] **THOLEY, Paul, *Schöpferisch träumen. Wie Sie im Schlaf das Leben meistern: Der Klartraum als Lebenshilfe Broschiert* (1. Oktober 2000)**

Que sait-on des personnages de rêves lucides ?
Paul Tholey[88] s'est livré à un grand nombre
d'observations et d'expériences sur les
personnages oniriques.
Il constate que les rêveurs lucides ont en général
tendance à réduire le nombre des personnages du
rêve pour se concentrer sur eux-mêmes.
Il a notamment voulu savoir si les personnages de
rêves possèdent quelque chose qui ressemble à
une conscience propre. Il demanda par exemple,
à neuf rêveurs lucides parmi ses étudiants, de
faire réaliser des tâches variées à leurs
personnages de rêve, telles que résoudre des
problèmes arithmétiques simples, écrire quelque
chose, ou parler et faire des vers dans une langue
étrangère. *"Certains personnages oniriques,*
explique Tholey, *acceptent vraiment de réaliser
les tâches et y réussissent. Leurs performances
furent plus pauvres en arithmétique ; aucun d'eux
(les personnages de rêve) ne put résoudre des
problèmes avec des nombres à deux chiffres."*
Dans les tests verbaux, les personnages oniriques
montrèrent plus de talent, réussissant parfois
mieux que le rêveur lui-même à l'état de veille. Par
exemple, quand Tholey dit à ses sujets de
demander aux personnages oniriques un mot
particulier dans une langue apparemment
inconnue du rêveur, plusieurs personnages de
rêves se sont révélés capables de répondre.

Voici le rêve d'un des étudiants sur cette question
:

"Je rencontre une femme de ma connaissance. Je lui demande, comme je l'avais décidé avant, si elle peut me dire un mot étranger qui ne m'est pas familier. Elle dit immédiatement : "Orlog." Le mot "orlog" est sensé d'après elle décrire notre relation. Je ne comprends pas ce qu'elle veut dire car ce mot m'est inconnu. Quand je demande ensuite à la femme ce que ce mot veut dire, elle nie l'avoir prononcé, et prétend avoir utilisé le mot "charme". En expliquant cela, elle m'envoie un clin d'œil charmeur."

Une fois éveillé, le sujet constata qu'il s'agissait d'un mot danois qui grossièrement traduit signifie "querelle". Le sujet ne put se souvenir de la façon dont il avait pu rencontrer ce mot ; c'est un exemple de plus du fait que le rêve permet de mobiliser des souvenirs inaccessibles à la conscience de veille.

De ses recherches, Paul Tholey conclut que les personnages oniriques se conduisent comme s'ils avaient *"leurs propres perspectives de perception, leurs propres facultés cognitives (mémoire et pensées) et même leurs propres motivations."*

Que nous puissions avoir des parties de nous-mêmes séparés du "moi" que nous percevons consciemment comme nous-mêmes a été postulé par d'autres psychologues comme Perls ou Jung. Ces passagers clandestins restent la plupart du temps inaccessibles à la conscience, sauf au cours des rêves où ils prennent une identité distincte sous la forme de personnages de rêve. Rêver est donc une occasion de leur offrir une place sur le pont afin qu'ils apportent leur concours à la manœuvre.

Peut-on interpréter les rêves lucides et comment ?

Les rêves lucides sont de ce point de vue des rêves comme les autres ; on peut donc tenter de les mettre en relations avec la vie et les préoccupations du rêveur de façon à l'éclairer sur ses pensées profondes, à lui permettre de progresser et de prendre des décisions.

Le fait de prendre conscience qu'on est en train de rêver est la principale singularité des rêves lucides et s'accompagne d'une plus grande autonomie et satisfaction du rêveur.

La lucidité peut être aussi interprétée d'une manière symbolique. Voici l'exemple d'un de mes rêves lucides intitulé "*Les vampires*". Dans une première partie, je marche dans la forêt et arrive dans un château au milieu d'une réception. Je deviens alors lucide. J'ai noté dans mon journal de rêves : "*Je décide de me laisser emporter pour aller "explorer les sous-sols de mon esprit" et chercher le "feu inférieur". J'arrive dans un couloir gris qui devient une sorte de parking d'immeuble. Je débouche enfin sur une place ensoleillée au milieu d'enfants et d'adultes.* »

Je vois dans ce rêve une présentation de mes ressources et de la façon dont je me perçois. La lucidité onirique prend elle-même un sens symbolique en tant que manifestation d'un passage dans la vie éveillée à une certaine capacité à choisir mon destin et à le décider sans soumission à ce qui se fait ou à ce qu'on attend de moi. La lucidité devient le symbole d'une attitude consciente et choisie de lâcher prise - « *me laisser emporter* » -, c'est-à-dire d'accepter d'être à la fois enfant et adulte. Au lieu de descendre pour aboutir dans un souterrain étouffant et clos, je débouche sur un espace ouvert et lumineux, image simple d'une vie plus heureuse et plus détendue, où mes diverses aspirations, d'enfant et d'adulte, coexistent paisiblement.

Toutefois, les rêveurs lucides sont en général peu intéressés par l'interprétation de leurs rêves. Il leur semble plus important d'y agir efficacement, d'y prendre du plaisir, de satisfaire leur curiosité et d'y vivre des expériences exaltantes.
Il n'est d'ailleurs pas nécessaire de "comprendre" ses rêves pour en tirer parti, même d'un point de vue thérapeutique. Une des patientes de Paul Tholey, qui souffrait de cauchemars à la suite d'un échec sentimental, parvint au cours d'un rêve lucide à engager un dialogue avec le personnage immense, verdâtre et menaçant de son rêve. Elle obtint une réponse et le personnage perdit tout aspect effrayant. Malgré ses efforts, elle ne parvint pas à comprendre le sens de ce dialogue par rapport à sa vie. Toutefois, les cauchemars disparurent et son anxiété de veille diminua.

3) Caractéristiques des rêveurs lucides.

Existe-t-il un "profil type" des rêveurs lucides.

Comme tout le monde ou presque semble capable d'apprendre à faire des rêves lucides, la question perd de plus en plus son sens au fur et à mesure que les rêveurs lucides spontanés (qui font des rêves lucides sans s'y entraîner consciemment) sont rejoints par les rêveurs devenus lucides en s'entraînant. Mais l'acquisition de cette aptitude à s'éveiller dans le rêve passe plus ou moins par le développement de certaines caractéristiques (souvenir des rêves, curiosité, souplesse et adaptabilité, équilibre émotionnel, propension à la prise de risques contrôlés...).

Le souvenir des rêves.

La plupart des gens ne se souviennent que de deux ou trois rêves par semaine. Les rêveurs lucides ont, en général, un souvenir des rêves bien meilleur (sans quoi, ils ne se souviendraient pas non plus de leurs rêves lucides).

---

[89] **Dans *Control Your Dreams* (Editions Harper-Collin, 1989)**
Jayne Gakenbach est une chercheuse canadienne qui s'intéresse aujourd'hui au lien entre la lucidité onirique et les jeux vidéo, dans la mesure où les deux choses consistent à évoluer dans des mondes imaginaires consciemment. De nombreuses publications sont disponibles sur ses travaux, sur papier et sur divers sites internet.

La représentation de sa situation dans l'espace.

D'après J. Gackenbach[89], animatrice de l'ASD,[90] l'association américaine d'étude des rêves, les rêveurs lucides se montrent plus aptes à s'orienter dans l'espace (celui du rêve comme celui du monde réel), ce qui peut s'exprimer aussi dans la capacité à retrouver une figure simple cachée dans un dessin compliqué ou se représenter l'endroit où l'on se trouve d'un point de vue différent de celui où l'on est (par exemple d'un point situé 20 centimètres au-dessus de sa tête). Ce qui serait le signe d'une plus grande indépendance par rapport à l'environnement et correspondrait à des niveaux de plus grande cohérence cérébrale. Le sujet serait à lui-même sa propre référence, s'orienterait par rapport à lui-même et serait plus capable de se décentrer.

Le sens de l'équilibre.

[90] Jayne Gackenbach a construit des statistiques sur des échantillons réduits à quelques personnes choisies parmi un groupe non représentatif de la population générale (souvent les pratiquants de la Méditation Transcendantale du Maharishi Institute). Ses questionnaires et le déroulement de ses expériences n'ont pas la rigueur nécessaire pour que ces conclusions et ses observations soient tout à fait fiables.

Nous vous les donnons à titre indicatif, faute d'avoir des informations plus sûres sur la question.

J. Gackenbach contrôle le fonctionnement de l'appareil vestibulaire responsable de l'équilibre de ses sujets. D'après elle, ceux qui ont des difficultés d'équilibre ont aussi plus de mal à obtenir des rêves lucides.

L'explication est peut-être neurologique car on sait que le système vestibulaire joue un rôle important dans le déclenchement des phases de sommeil paradoxal.

Sans compter que rêver lucidement, c'est aussi faire preuve d'équilibre dans le rêve (voir les méthodes de prolongation de la lucidité par stimulation vestibulaire de Stephen LaBerge).

Les rêveurs lucides montrent des résultats supérieurs aux tests de contrôle de l'équilibre : ils ont plus de facilité à se tenir sur un pied, à marcher sur une boule...

Imagination.

Les rêveurs lucides, toujours d'après J. Gackenbach (1989), auraient une imagination plus vive et s'absorberaient dans leurs activités plus complètement (concentration). Elle écrit : "*Par rapport aux autres, la capacité d'évocation imaginaire des rêveurs lucides paraît extrêmement vive. De même, leur capacité à imaginer des sons - le klaxon d'une automobile, ou un claquement de main- est plus grand...Ce n'est pas la composante visuelle de l'événement imaginaire qui est perçue comme plus réelle, mais les sons et les sensations du toucher. Les rêveurs lucides excellent dans l'audition des sons, la perception des surfaces, et donc, le mouvement dans l'espace.*"

Imagination (bis).

Les rêveurs lucides présentent aussi une plus grande capacité à manipuler des objets dans l'espace par la pensée (par exemple imaginer la rotation d'un objet en trois dimensions (mais ils n'ont pas de performances remarquables pour les objets en deux dimensions).
Cette habileté semble particulièrement développée chez les rêveuses lucides. Voilà qui montre le lien entre le rêve lucide et l'habileté à manœuvrer dans l'espace mental.

Les facultés intellectuelles et créatives.

"*Les rêveuses lucides ont un meilleur score aux tests d'intelligence verbale et numérique que les rêveuses non-lucides. Ce qui n'est pas vrai des rêveurs lucides qui réussissent moins bien ce genre de tests que les rêveurs non-lucides.*"
Gackenbach attribue ce curieux résultat des hommes à une androgynie neurologique. Les cerveaux des rêveurs lucides mâles seraient moins "masculinisés" et donc moins spécialisés pour le type de tâches dans lesquelles les hommes excellent traditionnellement. Il semble en être de même pour la créativité. Les rêveuses lucides sont supérieures aux autres femmes en créativité non-verbale. Les hommes rêveurs lucides ont des résultats beaucoup plus proches des hommes rêveurs non-lucides. C'est sans doute le signe d'une plus grande indépendance par rapport aux limitations qu'impose la culture

aux hommes et aux femmes dans les rôles sociaux ; les rêveurs lucides seraient peut-être tout simplement plus épanouis et plus complètement développés que ceux qui ignorent la lucidité.

Le goût du risque.

Les rêveurs lucides "fréquents" sont significativement plus portés à rechercher des expériences intérieures nouvelles. Ils semblent aussi portés à faire face et à aller de l'avant dans les situations angoissantes.

Les rêveurs lucides, hommes ou femmes, tendent à être, d'une certaine façon, plus androgynes, et ont de bonnes performances dans les domaines où les membres de leurs sexes sont faibles.
- Les hommes portent plus d'attention à leur vie intérieure que les autres hommes et sont plus ouverts envers leurs sentiments que les rêveurs non-lucides.
- Les rêveuses lucides sont plus indépendantes et ont tendance à prendre plus de risques que les femmes qui ne font pas de rêves lucides.

Jayne Gackenbach conclut :
"*Les rêveuses lucides semblent mieux intégrées et mieux réussir dans la société que les autres femmes. Au contraire, les hommes rêveurs lucides semblent avoir plus de mal à trouver leur place dans la société. C'est le prix à payer pour le refus des stricts rôles masculins...*"

Savoir rêver, vivre lucide

Théophile Gautier, Spirite, nouvelle fantastique, (1865

Enfin Malivert se coucha et ne tarda pas à s'endormir. Son sommeil fut léger, transparent et rempli de merveilleux éblouissements qui n'avaient pas le caractère des rêves, mais bien plutôt celui de la vision. Des immensités bleuâtres, où des traînées de lumière creusaient des vallées d'argent et d'or se perdant en perspectives sans bornes, s'ouvraient devant ses yeux fermés; puis ce tableau s'évanouissait pour laisser voir à une profondeur plus grande des ruissellements d'une phosphorescence aveuglante, comme une cascade de soleils liquéfiés qui tomberait de l'éternité dans l'infini; la cascade disparut à son tour, et à sa place s'étendit un ciel de ce blanc intense et lumineux qui revêtit jadis les transfigurés du Thabor. De ce fond, qu'on eût pu croire l'extrême paroxysme de la splendeur, pointaient çà et là des élancements stellaires, des jets plus vifs, des scintillations plus intenses encore. Il y avait dans cette lumière, sur laquelle les étoiles les plus brillantes se fussent découpées en noir, comme le bouillonnement d'un devenir perpétuel. De temps en temps, devant cette irradiation immense passaient, comme des oiseaux devant le disque du soleil, des esprits discernables non par leur ombre, mais par une lumière différente. Dans cet essaim, Guy de Malivert crut reconnaître Spirite, et il ne se trompait pas, quoiqu'elle ne parût qu'un point brillant dans l'espace, qu'un globule sur la clarté incandescente. Par ce rêve qu'elle provoquait, Spirite avait voulu se montrer à son adorateur dans son milieu véritable. L'âme, dénouée pendant le sommeil des liens du corps, se prêtait à cette vision, et Guy put voir

164

quelques minutes avec le moi intérieur, non pas l'extramonde lui-même, dont la contemplation n'est permise qu'à des âmes tout à fait dégagées, mais un rayon filtrant sous la porte mal fermée de l'inconnu, comme d'une rue sombre on voit sous la porte d'un palais illuminé en dedans une raie de vive lumière qui fait présumer la splendeur de la fête. Ne voulant pas fatiguer l'organisation encore trop humaine de Malivert, Spirite dissipa les visions et le replongea de l'extase dans le sommeil ordinaire. Guy eut la sensation, en retombant dans la nuit du rêve vulgaire, d'être pris comme un coquillage dans une pâte de marbre noir par des ténèbres d'une densité impénétrable ; puis tout s'effaça, même cette sensation, et Guy, pendant deux heures, se retrempa dans ce non-être d'où la vie jaillit plus jeune et plus fraîche.

Il dormit ainsi jusqu'à dix heures...

8) Les techniques d'inductions de la lucidité onirique.

Les techniques d'induction de la lucidité

La transparence de leur origine, la connaissance des mécanismes qui les fondent et la rigueur de l'évaluation de leur efficacité ne sont pas équivalentes. J'ai tenté de recenser les plus couramment recommandées. Il en apparaît de nouvelles ou de prétendues telles de temps en temps, notamment depuis le développement des applications numériques. C'est donc à chacun de bricoler ses propres méthodes en s'inspirant des témoignages et des connaissances établies. Mon expérience est qu'une grande variété de techniques peut être efficaces, et qu'au fil du temps, tout change et demande à être constamment réévalué et réadapté, ne serait-ce que pour rompre avec l'érosion due à la répétition. Le lecteur trouvera en annexes des conseils pratiques correspondant aux principales techniques.

1) les éclairs de lucidité spontanée.

Celia Green en a fait une étude détaillée : au moment de ses travaux, aux environs de 1965, le courant de recherche, et donc les techniques d'induction de la lucidité, n'étaient qu'embryonnaires.
Pour elle, la lucidité émerge à la suite :
- d'un stress émotionnel dans le rêve. C'est la voie la plus commune d'entrée dans le rêve lucide pour les sujets non-avertis. Souvent au cours d'un

cauchemar, le rêveur prend conscience qu'il rêve et peut mettre à profit cette découverte et le pouvoir d'agir qu'elle lui offre pour se réveiller[91]. Toutefois, en cas de cauchemars fréquents, le rêveur peut apprendre à rester endormi et à affronter sa peur en se disant qu'il ne risque rien ; ce qui transforme le rêve et le rend plus agréable. Cette découverte peut se faire spontanément. Mary Arnold Forster apprit ainsi à transformer ses cauchemars en rêves agréables, par exemple.

- de la reconnaissance d'une incongruité par la «faculté critique » : une incongruité ou une étrangeté dans le rêve ("un indice de rêve" (dream sign) comme disent les Californiens du Lucidity Institute) amène la prise de conscience du caractère onirique de l'expérience.

Celia Green rapporte l'exemple d'un sujet qui se livre par curiosité en rêve à une expérience d'invocation des esprits et reçoit des échos variés et invraisemblables des quatre coins de la pièce où il se trouve, il y réfléchit et se rend compte qu'il rêve. Mais est-ce parce que le rêveur remarque

---

[91] Adèle Hugo, la fille de l'écrivain, raconte dans son journal un tel rêve : malgré l'interdiction que lui en avait faite son père, elle avait épousé Eugène Delacroix, le peintre, (qu'elle ne connaissait pas en réalité); sous l'effet de la crainte de la colère paternelle ("*un savon colossal*" écrit-t-elle), elle prit conscience d'être en train de rêver.
Le journal d'Adèle Hugo, volume 1, 1852, Collection : Bibliothèque introuvable, Editeur : Lettres modernes Minard (20 février 1995).

une bizarrerie qu'il prend conscience de rêver ou parce qu'il devient lucide que le sujet remarque quelque chose d'étrange ?

2) L'intérêt pour les rêves et son monde intérieur.

Tout intérêt un peu soutenu envers les rêves (tenir un journal de rêve, participer à des groupes de rêveurs, étudier la littérature sur les rêves lucides...) semble avoir un effet d'induction.
En voici les exemples les plus courants.

Tenir un journal de rêve.

Les premiers rêveurs à avoir signalé et étudié dans notre civilisation les rêves lucides les ont découverts par hasard au cours d'un travail régulier sur leur journal de rêve (voir le chapitre 5). Ils le faisaient à des fins diverses, spirituelles (Oliver Fox), de curiosité métaphysique (Van Eeden), artistique (les surréalistes), de curiosité expérimentale et d'agrément (Hervey de Saint-Denys, Yves Delage), d'équilibre psychologique et de développement personnel (Ann Faraday) .
C'est Hervey de Saint-Denys qui, le premier, signale cet effet. La tenue régulière d'un journal de rêve précis et illustré lui permit d'accéder à une lucidité onirique quotidienne au bout de trois ans. A des degrés moindres, Yves Delage fit la même expérience.

Le dialogue gestaltiste.

Pratiquer le dialogue avec ses rêves par les techniques d'incubation se traduit souvent au bout d'un certain temps par des rêves lucides ; appliquer les « règles sénoïs » proposées surtout par Patricia Garfield (voir infra) aussi.

Ann Faraday présente comme hypothèse que la lucidité et "l'illumination onirique" sont possibles quand les topdogs (entités psychiques personnifiant les contraintes que nous nous imposons et qui sont contraires à nos besoins) sont absents ou éliminés. Pour elle, l'émergence de la lucidité en rêve semble être le pendant d'une lucidité de l'état de veille. Le rêveur devient lucide quand il rompt l'automatisme de ses comportements oniriques et adopte un point de vue extérieur à l'univers du rêve et au personnage qu'il y joue ; symétriquement, la même prise de conscience à l'état de veille peut induire la lucidité dans le rêve.

Méditations et transes diverses.

Scott Sparrow (1976) a constaté une relation entre méditation et rêve lucide. "*Quand la lucidité commença à s'éveiller avec une régularité croissante... je remarquai rapidement qu'elle émergeait de manière prévisible après une séance de méditation profonde et satisfaisante,*" explique-t-il. "*...lorsque ma vie de "dévot" était intense, la lucidité s'éveillait concomitamment. Cette relation devint plus prononcée quand je me mis à méditer de quinze à vingt minutes dans les premières heures de la journée (entre 2 et 5 heures du matin). Quand je me rendormais, des rêves d'une*

170

exceptionnelle clarté et de brèves périodes de lucidité s'ensuivaient."

L'induction d'état de transe par les chants et les tambours de cultes variés ont le même effet, affirme Jayne Gackenbach (1987).

Toutes les techniques de méditation devraient avoir cet effet, puisqu'elles visent à rompre les processus habituels de la pensée et à créer une certaine distanciation par rapport au vécu émotionnel ordinaire (la méditation sur les koans, la concentration sur la respiration...).

3) Les exercices de développement de la confiance en soi

A proprement parler, ces exercices ne sont pas destinés à générer des rêves lucides ni même à influencer la vie onirique. Leur but est généralement lié à la quête d'une plus grande efficacité sociale, à la guérison de la timidité, aux techniques pour se créer des amis, séduire, réussir en affaire ou à rendre sa vie plus riche, exaltante, aventureuse et satisfaisante.

J'ai évoqué rapidement plus haut comment le fait de « sortir de sa zone de confort » dans la vie de veille est très similaire au fait de faire preuve de lucidité en affrontant ses peurs en rêve grâce à la lucidité.

On peut également souligner que l'effet de la lucidité sur l'expérience vécue en rêve (approfondissement des sensations, sentiment d'exaltation, d'énergie et de joie...) s'apparente à l'impression de puissance, d'énergie et de magie qu'apportent les progrès dans la confiance en soi dans la vie réelle, notamment quand on affronte ses phobies, ses craintes et qu'on vainc ses réticences à agir.

Peut provoquer ainsi le surgissement de la lucidité en rêve tout ce qui permet de se confronter à ses peurs et de les vaincre, dans la vie personnelle (exprimer ses sentiments, révéler ses faiblesses ou ses désirs secrets, passer par-dessus les réticences d'une pudeur excessive), dans des circonstances sociales ressenties comme stressantes ou angoissantes (conférences, spectacles générateurs de trac, prise de risques financiers ou professionnels) et aussi dans la pratique d'activités physiques (escalade en solo, sports de glisse, acrobaties circassiennes…).

Je ne développe pas cette partie qui demanderait un ouvrage entier par elle-même. Il existe une vaste littérature et de nombreux sites où l'on peut trouver beaucoup de conseils sur le développement personnel et notamment sur la démarche qui consiste à sortir de sa zone de confort pour affronter ses limitations.

4) Les techniques d'entraînement perceptif.

Elles constituent un cas particulier de l'intérêt pour les expériences subjectives évoqué dans les paragraphes précédents.

Peu d'entre elles ont été testée avec rigueur ; il est souvent difficile de faire la part de ce qui revient à la simple suggestion (le fait de croire et de penser chaque fois qu'on applique la technique qu'on va faire des rêves lucides) et ce qui est spécifiquement lié à ce qu'est précisément cette technique.

Elles consistent à utiliser l'attention perceptive d'une manière inédite, généralement en centrant la perception sur ce qui est habituellement filtré et négligé, le champ visuel périphérique, les sensations de vertige dues à un balancement ou un tournoiement comme celui des derviches, les acouphènes (les bruits que nous percevons dans le silence), les phosphènes (les tâches lumineuses qui persistent ou apparaissent quand nos yeux sont à l'abri de toute lumière).

Carlos Castaneda.

Le nagual Don Juan Matus enseigne à Carlos Castaneda qu'il faut "regarder ses mains" en rêve (*Le voyage à Ixtlan*, Gallimard 1974 ; 1972). Cette technique permet aussi de maintenir et prolonger la lucidité.

Ken Keltzer appliqua une méthode voisine avec succès. Après s'être concentré par une relaxation auto hypnotique brève, installé confortablement, il porte son regard avec attention sur ses mains qu'il tient devant son visage en se répétant lentement à haute voix "*Cette nuit, je fais un rêve lucide*" plusieurs fois. Puis, sans ne plus penser à rien, il laisse son regard se porter sur le mur qui lui fait face et garde l'esprit vide. Il renouvelle cette opération trois fois de suite et recommence le tout trois ou quatre fois par jour. Au bout de trois jours, il obtient un rêve lucide dans lequel il voit ses mains sans que cette vision soit le déclencheur de la lucidité (il devient lucide d'abord et voit ses mains ensuite).

La vision globale.
Reprise par Olivier Clerc à partir d'un exercice que Don Juan fait pratiquer à Carlos (in Castaneda, op. cit.), cette technique consiste à s'entraîner au cours de la journée à utiliser un mode de

[92] Sperry a constaté au cours d'une étude sur des malades dont les voies nerveuses reliant les deux hémisphères étaient coupées ("split brain"), que chaque hémisphère, dans ces conditions, est apte à certaines tâches et non à d'autres. L'hémisphère gauche qui contrôle le côté droit du corps, est généralement dominant à l'état de veille. Il a un mode de fonctionnement linéaire, analytique et serait le siège de la logique, de la raison et du langage. L'hémisphère gauche grâce à un fonctionnement fondé sur l'analogie porterait en lui l'intuition, les émotions, le sens de l'esthétique, de l'art...Les cerveaux masculins seraient plus spécialisés et plus dominés par l'hémisphère gauche. Des extrapolations ont voulu voir là l'explication unique de bien des faits sociaux: domination des hommes, intuition féminine, hypertrophie "masculine" de notre civilisation technicienne, conflictuelle, rationnelle, ennemie de la beauté, de l'harmonie, de la solidarité, ces qualités si "féminines"..!
Toutes ces affirmations ont été largement réfutées par les neurosciences.

perception visuel global. Olivier Clerc s'inspire de la très lacunaire et très vulgarisée théorie de la spécialisation des hémisphères cérébraux, dérivée des travaux pourtant sérieux du Dr. Sperry, pour justifier cette technique[92].

Il affirme que le rêve est la pensée de l'hémisphère droit : le rêve utilise un langage symbolique, traite des émotions, et présente peu de pensée verbale. La lucidité serait donc un moment d'éveil simultané et de collaboration des deux hémisphères. Pour l'induire, il conviendrait donc d'éveiller l'hémisphère gauche au cours du rêve ou d'entraîner les deux hémisphères à collaborer en mettant le gauche au repos et en mobilisant le droit à l'état de veille.

Olivier Clerc reprend la distinction entre deux "types de vision" définie par Georges Leonard dans son livre *Your Silent Pulse* (Bantam Books, 1980) : celle que nous utilisons le plus souvent vise un objet précis que nous isolons du reste du champ visuel en l'y opposant (vision analytique de l'hémisphère gauche). L'autre vision, globale, consiste au contraire à regarder tout ce qui est dans le champ visuel sans sélectionner, sans focaliser (vision de l'hémisphère droit [93]). Tous nos sens peuvent avoir ces deux modes de fonctionnement.

[93] O. Clerc se réfère au livre de George Leonard *Your Silent Pulse* (Bantam books, New York, 1981) où sont présentés ces deux types de visions ("soft eyes": yeux doux et "hard eyes": yeux durs). CLERC, Olivier, *Vivre ses rêves*, Hélios

Olivier Clerc recommande donc de faire taire le discours intérieur (le bavardage continuel de l'hémisphère gauche, dit-il) et de pratiquer la vision globale (celle qu'on utilise pour entrer une voiture dans un garage étroit, par exemple) de manière prolongée, au cours de promenade par exemple.

Musiques et chants harmoniques.

Inspirée des techniques tibétaines, cette méthode d'entraînement consiste à induire à l'état de veille des états de conscience particuliers, proches de la méditation par l'écoute et le chant de notes ou de mélodies. Des modifications des organes phonateurs complémentaires (langue, mâchoires, voile du palais...) font changer les harmoniques sans que la voix elle-même (qui est le son produit par la vibration des cordes vocales) change. Ces exercices pratiqués dans la journée induiraient des rêves lucides au cours du sommeil. C'est un entraînement à une perception non sélective, globale des sons ; elle concentre l'attention de l'ouïe sur les sons parasites habituellement filtrés par l'oreille ; ce qui s'apparente pour l'ouïe à ce qu'est la vision globale pour la vue.

---

[94] LEFEBURE, F., *Du moulin à prière à la dynamo spirituelle*. Edition d'auteur disponible au CRDPH, 3 rue de la Chapelle, 75018, Paris.
BOUCHET, C., *Rêve lucide et moulin à prière*, in *Bulletin Oniros* n°29.

Le gyrascope.

C'est un appareil conçu par le docteur Francis Lefébure[94]. Il est constitué d'un disque tournoyant sur les pales duquel se reflète la lumière d'une lampe puissante. Son but est de créer des stimulations lumineuses rythmées auxquelles l'utilisateur associe des pensées. Cet appareil a pour buts "méditation et développement spirituel". La lucidité onirique en serait un effet secondaire.

Le mixage phosphénique en est une variante. Un de ses effets est de rendre les rêves plus riches, plus grandioses, avec des figurants innombrables et des espaces de superproductions à la Cecil B. DeMille.

5) Les techniques récentes.

L'induction directe à partir d'un état d'éveil.

Celia Green en distingue deux types :

- le sujet entre volontairement en rêve lucide en s'endormant. Il observe ses hallucinations hypnagogiques en gardant sa conscience de veille. C'est une technique d'induction difficile. P.D. Ouspenski l'utilisait régulièrement pour induire des rêves lucides qu'il nommait "état de demi-rêve » (p. 273).

- le sujet entre en rêve lucide à partir de l'état de veille, tandis que son corps s'endort.

Stephen Laberge décrit précisément comment s'y prendre. Ses conseils sont présentés un peu plus loin.

L'autosuggestion.

Elle consiste à se répéter au moment de s'endormir qu'on va faire un rêve lucide. Ann Faraday (1984) recommande de se répéter une phrase simple et positive ("Cette nuit, je vais me rendre compte que je suis en train de rêver"), après s'être détendu, d'avoir retrouvé son calme et d'avoir vidé son esprit de toute autre préoccupation, plusieurs fois par jour si possible et particulièrement au moment précédent l'endormissement et à chaque éveil au cours de la nuit.

Un exercice apparenté sur des images oniriques (Evoquer un rêve précédent en se le représentant comme si on était lucide et en se répétant "Je suis en train de rêver") est recommandé par les chercheurs de référence comme Tholey ou LaBerge.

Etre critique vis-à-vis de l'expérience en cours.

Le psychologue allemand Paul Tholey a mis au point une méthode complète fondée sur le développement d'une attitude critique au cours des rêves grâce à un entraînement à l'état de veille. Une variante simplifiée, conseillée par Olivier Clerc (<u>Vivre ses rêves</u>) entre autres, consiste à se dessiner un C (pour conscience) sur la paume d'une main. Chaque fois qu'on remarque ce C, on se demande ; "Qu'est-ce qui est réel ?" ou bien "Est-ce que je rêve ?" Ensuite, on teste la réalité de l'environnement.

Paul Tholey dit qu'il est important de se poser ces questions aussi fréquemment que possible,

particulièrement dans les situations où quelque
[95] Ce qui est souvent mal compris en Occident où
certains croient que cela veut dire que la réalité
n'existe pas et est soumise à la puissance de
l'esprit. Il faut entendre au contraire que la réalité
ne nous est jamais perceptible et que ce que notre
esprit prend pour elle n'est qu'une représentation
qu'il a lui-même construite ; c'est aussi ce que
disent l'épistémologie et la phénoménologie
contemporaines (Cf. le constructivisme de Von
Forster par exemple). Si la réalité ne peut être
changée, la représentation que nous nous en
faisons est toujours une abstraction de la même
nature que le rêve, une construction de notre
esprit. Nous pouvons donc apprendre à construire
le monde autrement ou même à ne plus le
construire, à stopper le monde comme Don Juan
l'enseigne à Carlos (Castaneda).

Pour nous, Occidentaux, la question de savoir ce
qu'est la réalité objective indépendante de notre
présence et de notre perception est à la base de
toute perception ; y répondre est souvent
l'ambition de la démarche scientifique. Mais, cette
question n'a aucun intérêt pour les approches
psychologiques orientales qui se préoccupent de
ce que nous vivons et expérimentons et non de ce
qu'est le monde lui-même. Les résultats
techniques et culturels de ces deux démarches
montrent assez leurs limites et leurs avantages
respectifs. Vouloir comprendre les enseignements
tibétains comme s'ils étaient issus de notre culture
et répondaient à la question de la réalité est une
forme de projection ethnocentrique.

chose vous fait penser à un rêve. Il est utile aussi de se poser la question aussi près de l'endormissement que possible.

"*Si*, écrit Paul Tholey, *un sujet développe pendant la veille une attitude réflexive et critique envers son état de conscience du moment en se demandant s'il rêve ou non, cette attitude peut être transférée à l'état de rêve.*"

Il propose une série de tests de vérification de la nature réelle de l'expérience en cours.

Les textes tibétains traditionnels recommandent aussi de s'interroger de cette façon afin d'induire la lucidité dans le sommeil. Comme l'explique Georges Gillespie du Département des Etudes Orientales de l'Université de Pennsylvanie : "*Dans la journée, le yogi doit maintenir la conscience que toutes les choses sont de la substance des rêves. Il doit penser : "C'est un rêve."* ou, comme le disait Gyaltrul Rinpoche, moine bouddhiste tibétain réfugié en Occident : "*Rappelez-vous tout le long de la journée que tout n'est qu'illusion.*"[95].

En cas de doute, il est à peu près sûr qu'on est en train de rêver. Pourtant, les rêveurs lucides ont élaboré des techniques variées pour tester la réalité du monde perçu. Pour penser à les appliquer en rêve, il est bon de les pratiquer pendant la veille. En voici quelques-unes.

- Van Eeden se livrait à des expériences pour contrôler le respect des lois physiques ordinaires ; il rapporte avoir cassé un verre (en rêve) pour voir si le résultat serait réaliste (ce fut le cas, mais après un instant de retard qui signait le caractère onirique de l'expérience). On peut aussi essayer d'entendre l'écho de sa voix, observer si les ombres sont cohérentes avec la position des sources lumineuses, lancer des objets et vérifier si leur trajectoire est conforme à l'effet de la pesanteur...

- Keith Hearne propose des tests de vérification du même genre : allumer ou éteindre une lumière électrique, un poste de radio... Le résultat est généralement très récalcitrant.

. essayer de flotter ou voler.

. sauter d'une chaise (une chute au ralenti indique que l'on rêve, par exemple).

. observer son corps et ses vêtements.

. regarder par la fenêtre: saison et paysage sont-ils normaux?

. essayer de déplacer un objet par la force de la pensée, de passer une main à travers un objet, d'en faire apparaître...

. se pincer pour tester la texture de la peau.

. se regarder dans un miroir...

- Les vérifications peuvent porter sur le fonctionnement des sens. Souvent, en rêve, ils ont une acuité différente de celle de l'état de veille. Yves Delage, par exemple, alors qu'il perdait la vue, voyait parfaitement en rêve et suspectait donc le caractère onirique de l'expérience. Hervey de Saint-Denys avait remarqué que la vision en rêve n'est pas la même qu'à l'état de veille : le regard peut difficilement être longtemps fixé sur un objet et surtout, le fait de fermer les yeux ou de les clore avec les paumes des mains ne fait disparaître la vision qu'un court instant. Ensuite, le spectacle onirique reprend comme si on voyait à travers les mains de rêve. Une variante de cette technique consiste à lire un texte assez long plusieurs fois : le texte onirique manque de stabilité et se transforme continuellement si bien qu'il est impossible de le relire. Regarder les aiguilles des pendules et des montres, lire deux fois une inscription, permettent de vérifier la stabilité du monde. En rêve, elle est très labile.

6) Les méthodes testées en laboratoire, y compris les appareils.

Une méthode complète : celle de Paul Tholey.
Il la résume dans une série de conseils qu'on peut appliquer progressivement quand les techniques précédentes sont maîtrisées. Les résultats semblent très fiables et durables en cas de travail régulier.

1. Demandez-vous "Suis-je en train de rêver ?" (Au sens de : "Ce que je vois, sens, respire..., est-ce un rêve ?") au moins cinq ou dix fois par jour.
Cette question concerne le monde perçu et senti.
Il ne s'agit pas de se demander dans quelle rêverie on se trouve.
2. En même temps, essayez d'imaginer avec intensité que vous êtes dans un rêve, que tout ce que vous percevez, y compris votre corps, est tout à fait un rêve.
3. Pendant que vous sous demandez "Suis-je en train de rêver ?", concentrez-vous non seulement

sur ce qui se produit à ce moment-là, mais aussi sur les événements précédents en remontant dans le temps aussi loin que possible dans la journée. Remarquez-vous quelque chose d'inhabituel, y a-t-il des lacunes dans vos souvenirs ?

4. Il faut se poser cette question critique dans toute situation qui est caractéristique des rêves, c'est-à-dire chaque fois :

- que quelque chose de surprenant ou d'improbable se produit,
- que vous ressentez de vives émotions,
- qu'un événement réel déclenche le rappel d'un rêve.

5. S'il y a dans vos rêves un sujet ou un élément récurrent (des sentiments fréquents de peur, ou des apparitions de chien par exemple) faites le test de vérification chaque fois que vous vous trouvez dans une situation qui l'évoque dans le courant de la journée (peur, ou rencontre de chien).

6. S'il vous arrive de rêver quelque chose d'impossible ou de très improbable en réalité comme flotter dans les airs ou voler, essayez d'imaginer une fois éveillé que vous vivez une expérience de ce genre, en vous disant pendant ce temps que vous êtes en train de rêver.

7. Si vous avez des difficultés à vous souvenir de vos rêves non-lucides, tâchez d'améliorer vos souvenirs par des méthodes appropriées. Dans la plupart des cas, l'entraînement pour obtenir un état d'esprit critique et réflexif renforce aussi les souvenirs des rêves.

8. Avant de vous endormir, ne faites pas d'effort pour obtenir la lucidité ; dites-vous simplement que vous allez être attentifs ou conscients en rêve. Cette technique est à appliquer particulièrement quand on vient juste de s'éveiller le matin de bonne heure et qu'on sent qu'on va se rendormir.

9. Décidez à l'avance de ce que vous ferez en rêve si vous devenez lucides. N'importe quelle action simple convient (voler, manger une pomme, regarder ses mains...).

Pour faciliter les étapes n°8 et n°9, Tholey suggère plusieurs étapes progressives pour acquérir une technique de maintien de la conscience de veille à l'endormissement et à travers l'imagerie hypnagogique du premier sommeil :

1. Porter toute son attention sur les images qui surgissent pendant l'endormissement.

2. Se concentrer entièrement sur son corps pendant l'endormissement. Prendre conscience et observer la respiration, la façon dont les muscles des jambes se relâchent, la sensation de pesanteur des membres.

3. Se concentrer sur l'imagerie et sur le corps en même temps.

4. Imaginez que vous êtes un point à partir duquel vous pensez et percevez dans le monde onirique.

5. A partir de ce point de conscience, se concentrer sur l'imagerie."

C'est une méthode qui semble efficace (à condition de savoir ce que c'est qu'un "point de conscience).

MILD : la méthode de Stephen LaBerge.
(Mild: mnemonic technique for voluntary induction of lucid dreaming).
"*MILD*, écrit Laberge (in *Lucid Dreaming*) *n'est fondée sur rien de plus complexe et ésotérique que notre capacité à nous souvenir qu'il y a des actions que nous désirons faire dans le futur.*
...Nous le faisons en établissant une connexion mentale entre ce que nous voulons faire et les circonstances futures de ce que nous voulons faire. Construire cette connexion est grandement facilité par un stratagème mnémotechnique qui consiste à se visualiser soi-même en train de faire ce qu'on a l'intention de se souvenir. Il est aussi utile d'exprimer verbalement ses intentions : "Quand ceci et cela se produit, je veux me souvenir de faire ceci et cela." ..."
"La formule que j'utilise pour préparer l'effort que je projette est la suivante : "La prochaine fois que je rêve, je veux me souvenir de penser à reconnaître que je suis en train de rêver." Le "quand" et le "quoi" de l'intention doivent être clairement définis."
"J'exprime cette intention soit immédiatement en m'éveillant d'une période REM plus matinale, soit à la suite d'une période de complète conscience...Afin de produire l'effet désiré, il est nécessaire de faire plus que de réciter

machinalement la phrase. Il faut vraiment avoir l'intention de faire un rêve lucide. "

Voici la procédure à suivre détaillées étape par étape :

1. tôt le matin, quand vous vous éveillez spontanément d'un rêve, repassez-le mentalement plusieurs fois afin de le mémoriser.

2. ensuite, pendant qu'allongé dans le lit, vous vous rendormez, dites-vous : *"La prochaine fois que je rêve, je veux me rendre compte que je suis en train de rêver."*

3. visualisez-vous dans le rêve précédent, celui que vous venez de repasser en imagination ; mais, cette, fois, imaginez que vous prenez conscience que vous êtes, en fait, en train de rêver ;

4. recommencez les étapes deux et trois jusqu'à ce que vous sentiez que votre intention est clairement fixée ou que vous vous rendormiez.

Si tout va bien, vous deviendrez lucides dans un autre rêve, (qui ne ressemblera pas nécessairement beaucoup à celui que vous avez répété).

Stephen LaBerge termine ainsi :

"La technique mentale mise en œuvre dans cette procédure est très semblable à celle qu'on adopte quand on décide de s'éveiller à une certaine heure, et qu'on s'endort après avoir mis en marche son réveille-matin mental. La faculté de s'éveiller dans le rêve peut être considérée

comme une sorte de raffinement de celle qui permet de s'éveiller de ses rêves."

"...Les rêveurs lucides, de Van Eeden à Garfield, ont rapporté que de tels rêves se produisent presqu'exclusivement pendant les heures matinales. Nos recherches à Stanford indiquent que les rêves lucides se produisent pendant les périodes REM, et comme la plus grande partie du sommeil REM se situe dans la deuxième partie du sommeil nocturne, c'est probablement le moment le plus favorable à la lucidité onirique. "

"Si vous êtes trop assoupis pour suivre la procédure décrite ci-dessus, vous pouvez essayer de vous réveiller en pratiquant pendant quelques minutes une activité qui requiert un éveil complet, comme noter vos rêves, lire, ou simplement sortir de votre lit. On a observé, en effet, que certaines activités favorisent la lucidité quand on se rendort après les avoir pratiquées. P. Garfield, par exemple, a constaté que "des relations sexuelles au milieu de la nuit sont souvent suivies par un rêve lucide." Scott Sparrow, au contraire, rapporte que méditer tôt le matin favorise les rêves lucides. D'autres rêveurs lucides indiquent qu'écrire ou lire tôt le matin est aussi favorable. La diversité de ces activités suggère que ce n'est pas une activité particulière mais le fait d'être éveillé qui facilite la lucidité onirique pendant le sommeil qui suit."

"Toutefois, il est souvent impossible de se rendormir après un éveil total."

"... Une fois que j'eus appris comment utiliser MILD, moi-même, je fis quatre rêves lucides en une seule nuit, et semblais en effet capable de

devenir lucide chaque nuit où j'essayais. Je ne vois pas de raison que cela ne soit pas vrai pour les autres, particulièrement ceux qui allient une forte motivation et un excellent rappel des rêves... (Je veux dire par là la capacité de se réveiller en se souvenant de rêve deux ou trois fois par nuit..."

Daryl Hewitt qui travaillait avec Steve LaBerge a élaboré une variante complète, synthétiques que le lecteur trouvera en annexe. Elle combine les avantages des méthodes diverses et donnent d'excellents résultats, surtout pratiquée en liaison avec la sieste recommandée plus loin.

Wild (Wake Induction of Lucid Dreaming) est une technique de méditation qui suppose de se placer dans un état de conscience particulier qui permet d'entrer directement en rêve lucide à partir de l'état de veille. Il faut de l'entraînement. La première étape consiste à observer du dehors le surgissement des images hypnagogiques. Une méthode pas à pas est présentée plus loin.

Hypnose.

Hildegard Klippstein, une hypnothérapeute d'Allemagne fédérale, utilisa un état d'hypnose créé par la fixation du regard sur une lumière pour induire la lucidité chez ses patients. Elle écrit : *"En ayant des relations avec l'hypnothérapeute pendant la transe, et en conservant la conscience de cet état, l'individu imite et surtout pratique la dualité de conscience caractéristique des rêves*

lucides." Le sujet est invité en état de transe à revivre un rêve comme s'il était lucide ; ce qui induit dans les nuits suivantes la lucidité.
(KLIPPSTEIN, H., "*Hypnotherapy: a natural method of learning lucid dreaming.*" *Lucidity letter*, n°7(2), p.79-88 ; 1988).

Le psychologue Joseph Dane de l'université de Virginie à Charlottesville réussit grâce à l'hypnose à induire la lucidité sur 15 femmes qui n'avaient jamais fait de rêves lucides, qui se situaient au-dessus de la moyenne en ce qui concerne la suggestibilité et se souvenaient d'au moins un rêve par mois.
Après avoir hypnotisé chaque femme, il leur dit : "*Cette nuit, vous allez débrancher le pilote automatique de vos rêves et voler en pleine conscience. Cette nuit, vous vous débrouillerez pour vous rendre compte que vous rêvez pendant que vous rêverez. Quelque chose va se produire dans vos rêves pour éveiller votre attention, et vous vous souviendrez que vous êtes en train de rêver.*" (DANE, J., "*An empirical evaluation of two techniques for lucid dream induction*", Unpublished doctoral dissertation, Georgia State University; 1983).

Les stimulations sensorielles externes.
Les chercheurs, anglais, américains et allemands ont aussi fait des expériences avec des signaux externes. On testa un enregistrement de voix disant, par exemple : "*C'est un rêve.*" programmé pour se déclencher, généralement à des

189

intervalles de 90 minutes, tout au long de la nuit. Le son de la voix qui coïncide grosso modo avec les périodes de sommeil paradoxal, est supposé s'insinuer dans l'esprit endormi et l'éveiller en partie.

Des stimuli tactiles ont aussi eu des succès quelque peu erratiques. De l'eau versée sur le visage ou des chocs électriques légers sur le bras ont produit des rêves lucides sur quelques sujets.

Cette dernière technique fut utilisée avec succès par Keith Hearne, le premier scientifique à enregistrer un rêve lucide en laboratoire avec, comme sujet, Alan Worsley.

(HEARNE, Keith, "*Lucid dreams: an electrophysiological and psychological study*", unpublished doctoral dissertation, University of Liverpool; 1978. "*The Keith Hearne's work on lucid dreaming*", in *Lucidity letter*, 1(3), 15-17; 1982).

La "dream machine" de Keith Hearne.

Les travaux de pionnier de Keith Hearne sont malheureusement peu accessibles. Seule sa thèse de doctorat est à ce jour disponible (auprès de l'auteur). La "dream-machine" reste donc une légende que peu de gens ont vue.

Un dispositif nasal détecte les variations du rythme respiratoire (qui est plus irrégulier au cours des périodes de sommeil paradoxal). Une stimulation électrique légère sur le nerf médian du poignet est alors envoyée au rêveur. Elle est censée le prévenir qu'il rêve. Cette machine aurait induit la lucidité chez une bonne proportion des sujets au cours des premiers essais. Elle permettrait aussi au rêveur lucide de communiquer avec l'observateur en contrôlant son rythme respiratoire en rêve lucide et de signaler le début ou la fin d'une activité onirique prédéterminée.

Des applications sur tablettes numériques ont repris ce principe.

Le dreamlight.

C'est un masque mou connecté avec un ordinateur qui s'ajuste avec précision autour de la tête. Il a été mis au point par Steve LaBerge et son équipe à l'université de Stanford. Porté pendant le sommeil, il envoie des éclairs lumineux quand il détecte une période de sommeil REM. La lumière est alors incorporée dans le rêve en cours et, avec un entraînement adéquat (MILD), le rêveur apprend à la reconnaître comme un rappel qu'il est en train de rêver.

A la suite de tests pratiqués sur des groupes de sujets pendant plusieurs semaines, voire plusieurs mois d'utilisation de l'appareil, il ressort que :

- avec la technique MILD seulement ou le Dreamlight seulement, les résultats sont à peu près les mêmes.

- avec le Dreamlight et MILD, les chances d'obtenir un rêve lucide sont multipliées par plus de cinq.

Le Dreamlight ne peut pas être utilisé par tout le monde ; tout appareil qui envoie des éclats de lumière régulièrement dans les yeux risque d'induire des crises chez les épileptiques ;

l'appareil est déconseillé aux personnes souffrant de problèmes cardiaques en raison des possibilités d'éveil en sursaut.

Dans *Control your dreams*, Jayne Gackenbach tente d'interpréter les résultats des premières observations publiées par Stephen LaBerge et son équipe sur l'utilisation du Dreamlight de manière tendancieuse. Elle prétend notamment que les rêves lucides obtenus sans machine sont de meilleure qualité que ceux induits par le Dreamlight, sans dire en quoi précisément ni comment juger de la qualité d'un rêve lucide.
Daryll Hewitt, au cours d'une tournée préparatoire à la présentation de l'appareil en Europe, a répondu à ces accusations que selon sa propre expérience et celle de toutes les personnes qu'il connait ayant utilisé le Dreamlight, il n'y a pas de différence. L'intervention du Dreamlight se limite à rappeler au rêveur qu'il est en train de rêver. Ce que le rêveur fait ensuite, rêver qu'il va au supermarché ou voler comme superman, ne dépend que de lui.

L'efficacité du Dreamlight tient au caractère inhabituel des flashs lumineux que le rêveur perçoit dans son rêve. Il vaut donc mieux ne pas l'employer toutes les nuits ; on risquerait de s'y habituer et de ne plus remarquer les flashs. Mais, tout le monde, même les gens qui n'ont jamais fait de rêve lucide, peuvent obtenir des résultats immédiats, dit Daryll Hewitt qui anime des stages de formation à l'utilisation de l'appareil aux U.S.A.

Toutes ces techniques ont été « redécouvertes » et un peu sophistiquées récemment grâce aux progrès des technologies numériques sans apporter de résultats vraiment révolutionnaires.

On peut trouver, par exemple, sur l'Apple Store une application gratuite pour Ipod nommée " Lucidité - Rêves de contrôle " par Alex Ergas. Elle fait émettre à intervalles réguliers à l'appareil une sonnerie censée vous inviter à faire un test de réalité. Sans l'éveiller, ladite sonnerie est perçue par le rêveur au cours de la nuit et peut amener à la lucidité.

On peut utiliser l'application-Sleep-Cycle-Alarm-Clock, destinée à faciliter le réveil en forme au moment d'un micro éveil spontané, plutôt qu'au moment d'une phase de sommeil profond qui est plus pénible. Dotée d'un détecteur de mouvements, elle permet de détecter les périodes de sommeil profond, d'éveil et de sommeil paradoxal, de manière approximative.

Avec beaucoup d'imprécision, on peut, par exemple, utiliser cette application pour repérer les cycles à peu près réguliers de son sommeil pour essayer de programmer les stimulations destinées à éveiller la conscience de rêver pendant les périodes de sommeil paradoxal.

Le domaine est en plein développement. A chacun de bricoler son support technique et de témoigner de son expérience.

La stimulation électrique transcrânienne

Des petites stimulations de 40 Hz appliqués par des électrodes placées sur le front et des tempes au moment du sommeil paradoxal sont censées provoquer l'éveil du cortex frontotemporal, zone où réside la conscience qui peut alors se manifester dans le rêve. Les résultats semblent positifs (77 % de rêves lucides).

Pour rédiger ce chapitre, j'ai particulièrement consulté les textes suivants :
SCOTT SPARROW, Gregory, *"Lucid dreaming: dawning of the clear light"*, A.R.E., Virginia Beach, VA, 1976.
THOLEY, Paul, *"Techniques for inducing and manipulating lucid dreams"*, in *Perceptuel and motor skills*, 1983.
Christian Bouchet et Roger Ripert, *"Présentation des résultats d'une première version du test d'induction de la lucidité onirique élaborée par Paul Tholey au symposium sur le rêve lucide du congrès de l'ASD en 1985"*, in *Lucidity letter*, vol.5, n°1, Juin 1986 ; republié in *Oniros*, n° 15 & 16, 2-3ème trimestre 1986.

Médicaments

Thomas Yuschak, dans son livre intitulé *Advanced Lucid Dreaming, The Power of Supplements, How to Induce Hight Level Lucid Dreams & Out of Body Experiences* (2006) propose une méthode très précise de prise de psychotropes déterminés dans une succession temporelle fine afin de faciliter le sommeil profond en début de nuit et inhiber le sommeil paradoxal afin de provoquer un rebond en seconde partie de nuit tout en facilitant l'éveil des zones cérébrales associées à l'émergence de la lucidité. Rigoureuse sur le papier, une telle démarche me semble très compliquée, à mettre en œuvre, et potentiellement toxique.

On peut se procurer sur Amazon USA des produits destinés à créer ce sursaut de sommeil paradoxal en vue de la lucidité (Le plus vendu est le Dreamleaf).

Les méthodes technologiques en cours de validation

Elles utilisent divers types de stimulations (sons, lumière, parfum, pincements, chocs électriques, courants électriques continus...) et diverses applications numériques. Elles sont plus précisément étudiées en fin d'ouvrage et surtout sur mon blog.

7)   Les méthodes de renforcement et de prolongation de la lucidité.

Plus qu'une perte de conscience, c'est une perte de mémoire qui crée le mur qui semble séparer le rêve et l'éveil. Il est donc recommandé de faire des efforts pour se souvenir des rêves à l'état de veille (tenir un journal de rêves), et de s'efforcer en rêve de se souvenir du monde de veille.

En entrant dans un rêve lucide, on peut toujours faire l'effort de se souvenir de son nom, des noms et date de naissance de ses proches, voire de son numéro de carte de crédit !

Plus intéressante est la technique qui consiste à se remettre en mémoire un événement de la journée, qu'on a choisi et déjà remémoré avant l'endormissement à cette fin. On peut alors le revivre avec précision en rêve.

Les techniques destinées à induire la lucidité sont souvent aussi utiles pour la maintenir. Il en est ainsi de l'observation critique[96] et la réflexion sur l'expérience en cours du point de vue de la logique et des lois physiques par exemple. Mais ce sont toutes les techniques qui focalisent l'attention et mobilisent l'activité volontaire qui sont recommandées ; voici les plus répandues:

Le renforcement verbal.
Les rêveurs, dès qu'ils ont pris conscience de rêver, se répètent et gardent constamment à l'esprit une phrase du genre de celle-ci: «*Je suis en train de rêver. Tout ce que je vois, sens, perçois est une illusion onirique que je crée moi-même. Je peux faire ce que je veux, je ne cours aucun danger, c'est un rêve...*"
Ce procédé permet de parfaire l'éveil car il fait resurgir le souvenir complet des connaissances de

---

[96] Il s'agit de remettre en cause l'évidence de réalité du monde et de se demander si l'univers est cohérent et conforme à ce qu'il est supposé être, en pratiquant des tests de réalité (regarder l'heure, lire un texte, essayer de passer la main à travers un mur ou une table…)

veille concernant le rêve et la lucidité. Souvent, au début d'un rêve lucide, le rêveur ne reconnaît comme onirique et illusoire qu'une partie de son expérience ; il peut par exemple avoir conscience d'être lui-même en train de rêver mais croire à la réalité objective de certains aspects du monde dans lequel il se trouve, ou l'inverse. C'est le cas des "rencontres avec les "esprits" de personnes mortes qui seraient "vrais" et viendraient parler au rêveur dans le rêve.

Il est donc bon de se rappeler explicitement le caractère totalement onirique de l'expérience par un discours préparé à l'état de veille afin d'éviter de perdre la lucidité ou de ne pas réussir à s'éveiller totalement ("*Tout est illusion dans le rêve : le personnage pour lequel je me prends, les autres personnages, le ciel, la terre, les objets et le reste; je suis en train de rêver et c'est mon imagination qui crée toute cette apparence d'univers.*")

La focalisation du regard sur un objet familier.

F. Moers-Messmer a décrit en 1938 une technique qui consiste à regarder attentivement le sol en rêve pour stabiliser ses rêves et la lucidité.

Chez Castaneda, à la suite de la technique d'induction qui consiste à regarder ses mains (ou n'importe quoi d'autre de précis), il est conseillé par Don Juan de ne jeter que des coups d'œil rapides sur l'environnement et de revenir chaque fois aux mains afin d'apprendre à stabiliser le rêve. En fait tout effort d'attention tourné vers la maîtrise et la transformation de l'environnement, toute attitude active et délibérément volontaire comme faire des expériences (pratiquer les tests, essayer d'écouter le son de sa voix, examiner son corps ou les gens, questionner les personnages...) renforcent la lucidité.

La prudence et la maîtrise émotionnelle.
D'après Daryl Hewitt, les principes pour maintenir la lucidité afin de prolonger les rêves lucides sont simples : ne pas devenir trop excité dans les tous <u>premiers instants, ne pas</u> entrer immédiatement

[97] Ayant le sentiment qu'un réveil proche va mettre fin au rêve lucide, LaBerge dit avoir essayé d'en obtenir une prolongation en relaxant son corps de rêve. Cette technique donne un résultat décevant, dit-il, qui est un rêve de faux éveil.

J'ai fait la même expérience assez souvent : "*Ce matin, je suis resté immobile et les yeux fermés afin de ne pas me réveiller. Ce qui n'est pas une façon de rêver lucidement très excitante ! Le paradoxe me semblait être que si je voulais faire un rêve intéressant, je risquais de m'éveiller en bougeant mon corps de rêve, si je voulais continuer mon rêve lucide, je ne pouvais rien en faire. Ce n'est qu'au vrai réveil que j'ai pris conscience de l'absurdité de la situation et du caractère onirique de l'expérience qui s'accompagnais pourtant d'invraisemblances criantes que je n'ai pas remarquées sur le coup (chambre irréaliste, bruits, voire conversation en dormant avec des personnes présentes...) !*" (Extrait du journal d'Yves Audo).

dans l'action du rêve et, dans les premières minutes, éviter de trop dialoguer avec les personnages oniriques.

Il faut éviter de se prendre au feu de la conversation et d'oublier que l'on rêve ; toutefois, le dialogue onirique est une chose excellente pourvu qu'on s'applique à rester lucide.

Le tournoiement.

Comme ce qui est fait en rêve correspond à la même activité physiologique du cerveau que les actions réelles, Stephen LaBerge a pensé que certains mouvements faits en rêve pouvaient permettre de prolonger la lucidité par leurs effets sur les centres nerveux et le corps en général[97].

La technique la plus efficace est un geste très simple : "*dès que ma vision commence à s'estomper dans un rêve lucide,* écrit-il, *soit je tombe en arrière, soit je tourne sur moi-même comme une toupie (dans mon corps de rêve bien sûr !). Pour que le procédé fonctionne, il est important que la sensation de mouvement soit intensément vécue. Cette technique engendre d'ordinaire un nouveau décor onirique...*" Il est impératif de se répéter sans cesse qu'on est en train de rêver car il est courant de faire un rêve de faux éveil avec cette technique et de croire qu'on est réveillé.

"*Sur cent rêves lucides...(tirés) de l'enregistrement ...dont il est fait état dans ma thèse de doctorat,*" poursuit-il, " *j'ai fait appel à cette technique dans quarante pourcents des cas, et de nouveaux rêves furent déclenchés quatre-vingt-cinq fois sur cent.*

La lucidité fut maintenue dans le nouveau rêve dans quatre-vingt-dix-sept pourcents des cas..."
Il serait possible que cette technique vienne stimuler le système vestibulaire du cerveau, facilitant du même coup l'activité des structures voisines qui produisent le sommeil à mouvements oculaires rapides.

Le rêve d'Abraham Lincoln

Voici les paroles du Président Abraham Lincoln, tenues au cours d'un dîner à la Maison Blanche, le11 avril 1865, telles que les rapporte son ami et garde du corps, Ward H. Lamon 98 :

"Les rêves sont bien souvent présents dans la Bible ! Je pense qu'il y a environ 16 chapitres dans l'Ancien Testament et 4 ou 5 dans le Nouveau où il est question des rêves. Et il y a encore bien d'autres passages à ce sujet, dispersés dans tout le livre. Si nous croyons en la Bible, il nous faut accepter le fait que, dans les jours anciens, Dieu et ses anges venaient à l'homme pendant son sommeil et apparaissaient dans ses rêves".

« - Et toi, crois-tu aux rêves ? lui demande son épouse Mary.

- Non, mais je viens d'en faire un qui n'arrête pas de me hanter : il y a dix jours, j'étais très soucieux, j'attendais des dépêches venant du front. Je me suis couché très tard, et me suis endormi immédiatement.

J'ai fait alors un rêve qui me poursuit depuis lors.

J'étais dans ma chambre. J'entendais des sanglots, c'était comme si un grand nombre de gens pleuraient doucement ; mais cette foule éplorée restait invisible à mes yeux. [...]

---

98 Ward Hill Lamon (6 janvier 1828 - 7 mai 1893) *Souvenirs d'Abraham Lincoln (Recollections of Abraham Lincoln)* (1895)

Je suis entré dans le Salon Est. Une surprise m'a serré le cœur. Sur un catafalque reposait un cadavre sous un suaire.

Des soldats montaient la garde et une foule contemplaient tristement le corps dont le visage était caché.

- Qui est mort à la Maison Blanche, ai-je demandé à un soldat ?

-Hélas ! Monsieur, c'est le Président qui est mort, il a été assassiné.

Un long sanglot de douleur est alors monté de la foule qui m'a immédiatement réveillé. »

Trois jours plus tard, le vendredi 14 avril 1865, Lincoln se rend au théâtre Ford pour voir jouer la pièce de Tom Taylor, *Our American Cousin*, sans la protection de Ward Lamon. Pendant la représentation, un sudiste, John Wilkes Booth, s'introduit dans sa loge et lui tire une balle dans la tête. Lincoln meurt le lendemain matin, à 7 h 22, à l'âge de 56 ans.

Dans la même veine, on connaît aussi le rêve de Robespierre.

Le 1er mai 1794, Robespierre et Saint-Just ont été invités pour le déjeuner dans la maison de campagne de leur ami Marlier où ils ont passé la nuit. Tout à coup, au milieu de la nuit Robespierre pousse un cri et réveille Saint-Just. « *J'ai fait un rêve, lui raconte Robespierre, un homme dans un costume de fête me montrait un papier sur lequel il y avait un S sanguinolent. Il m'a dit quelque chose d'un ton menaçant et a tenté de me couper la tête avec cette feuille. »* Quelques semaines plus tard Robespierre a été décapité. Le nom du bourreau commençait par la lettre S, il appartenait à la famille Samson qui avait la charge d'exécuter les condamnés depuis plusieurs générations.

III Du Rêve Eveillé au Rêve Lucide

Les apports de Christian Bouchet

Du Rêve éveillé au rêve lucide : les apports de Christian
Bouchet

Fiche de lecture pour la plus grande partie, ce
chapitre propose une sorte de synthèse de ce que
nous avons vu jusqu'ici. Les recherches de
Christian Bouchet apportent cependant un
éclairage et des éléments vraiment nouveaux. Les
expériences et les pratiques proposées ici sont
plutôt destinées aux pratiquants confirmés du
travail sur les rêves et la lucidité.

1) Une proposition inédite et créative : la conscience au carré, le rêve éveillé profond, les niveaux de rêves simultanés.

Cette partie est inspirée des ouvrages de Christian
Bouchet, et de témoignages de quelques
personnes qui ont participé en tant que sujets à
ses recherches. On consultera aussi le site de
Florence Ghibellini[99]. Le texte essentiel est le livre
de Christian Bouchet, lui-même, *Du Rêve éveillé
au rêve lucide*, publié par Le Mercure Dauphinois
(2013).

Christian Bouchet me semble être à l'origine d'un
saut dans l'expérimentation de la lucidité et des
expériences   associées.   Ses   descriptions

---

[99] http://florence.ghibellini.free.fr/

extrêmement précises et fouillées de l'expérience intérieure et des mouvements de la conscience ouvrent un champ qui me semble excitant, nouveau et enfin concrètement possible à mettre en œuvre. On peut regretter que ses travaux ne soient pas plus clairement expliqués dans ses publications. La difficulté provient sans doute du fait que chaque rêveur est singulier. Chacun rencontre des obstacles qui lui sont propres et dont la solution technique est relativement unique. Les conseils et cours sont généralement fondés sur des généralités statistiques, alors que chaque rêveur a besoin de conseils adaptés à sa personnalité et doit trouver par lui-même ce qui lui convient, au-delà des principes de base.

C'est d'ailleurs en s'intéressant aux faits rares rencontrés chez des sujets entraînés, plutôt qu'aux faits courants, que Christian Bouchet a construit son travail.

La notion étrange, mais convaincante, de niveaux de rêves me semble révolutionner le travail sur l'imaginaire et les rêves. Elle apporte un ensemble de techniques radicalement neuves –à mes yeux- d'induction, de pratique du rêve lucide et de compréhension des expériences obtenues.

Christian Bouchet propose une sorte de niveau avancé de pratique du rêve et de la lucidité.

Des pratiques franchement ésotériques, ou spirituelles de nature religieuse, se sont greffées sur son enseignement du fait de certains de ses élèves. Elles ne doivent pas cependant faire douter de la rigueur et de la rationalité des recherches initiales. Au contraire, j'y vois la confirmation de la nécessaire complexité de l'attitude face aux rêves et aux illusions qu'ils génèrent : ne pas y croire en restant résolument rationaliste et profiter de l'énergie et de l'enthousiasme de s'y abandonner.

Christian Bouchet distingue d'abord rêverie et rêve éveillé.

La première, **la rêverie**, est le fait d'un esprit concentré sur les images intérieures qu'il suscite volontairement. Quand on choisit d'imaginer le plaisir que la satisfaction d'un désir peut procurer, on utilise la rêverie. Par exemple, futur propriétaire, vous vous projetez en imagination au bord de votre future piscine, nonchalamment allongé sur un transat, dans l'ombre du store banne dont la couleur n'est pas encore définie. Vous en essayez plusieurs en imagination, rayés ou non. Autre exemple, avant un examen oral, vous vous imaginez en train de le passer afin de préparer vos réponses en situation.

Le rêve éveillé, pour sa part, est plus autonome et relativement stable. Vous êtes l'observateur surpris d'images qui surgissent et s'enchaînent pour vous absorber en elles et si vous gardez un certain libre arbitre pour décider des actes de votre personnage, le décor, les événements et les autres personnages sont résistants à votre volonté et semblent avoir leur autonomie et leur poids propres. Dans **le rêve éveillé très profond**, on est déconnecté du monde réel –les perceptions du monde réel s'effacent- ; les pensées de veille elles-mêmes sont dissipées ; l'imaginaire intérieur devient plus autonome et les illusions sensorielles sont très intenses.

Le rêve éveillé peut se pratiquer à deux. Le rêveur se fait accompagner par un interlocuteur avec lequel il maintient un dialogue au cours duquel il décrit son expérience, ce qu'il voit, entend, ressent, observe du monde hallucinatoire où il se sent évoluer. Ce lien permet d'assurer la continuité du rêve, de conserver le point de vue extérieur distancié, lucide, par rapport à l'expérience sans se laisser entraîner dans les ratiocinations du discours intérieur. En outre, l'accompagnateur, par ses questions et ses suggestions, peut aider à relancer un rêve qui est dans une impasse et à maintenir dans la conscience du rêveur le thème qu'il a décidé d'appliquer dans la séance.

Il est possible d'utiliser un appareil enregistreur, voire de se diffuser un enregistrement de suggestions pour aider à la concentration quand on pratique seul.

C'est en passant par le rêve éveillé profond que Christian Bouchet entre en rêve lucide par un entraînement progressif méthodique.

De ses observations, il tire l'idée que le rêve est continu et se poursuit tout au long de la vie, sans interruption, pendant le sommeil (et pas seulement au cours du sommeil paradoxal) et aussi bien que parallèlement aux trains de pensées de veille. Se déconnecter du monde de veille, soit par le sommeil, soit en se concentrant sur les images intérieures, permet donc simplement d'y accéder.

Pour ce faire, la démarche générale consiste, à l'aide d'une concentration sur un des sens, à parvenir à une saturation qui en inhibe les perceptions et ouvre la porte aux hallucinations oniriques déjà en cours.

Ces techniques de saturation sensorielle, pratiquées dans d'autres domaines de l'entraînement de la conscience, sont décrites plus loin.

2) Les niveaux oniriques

De ses recherches à l'aide de groupes de rêveurs, Christian Bouchet tire une description des phénomènes oniriques très neuve.

Non seulement le rêve se poursuit parallèlement à la vie de veille, mais il est lui-même pluriel, on fait plusieurs rêves de niveaux différents en même temps et constamment.

La conscience n'a accès qu'à un seul niveau de rêve à la fois. On peut passer d'un niveau à un autre en descendant plus profondément ou en remontant, et ainsi, un rêve peut en cacher d'autres.

Au réveil, le travail de remémoration peut permettre, cependant, de retrouver plusieurs souvenirs de rêves concomitants.

D'ailleurs, l'état de veille connaît les mêmes superpositions de trains de pensées et notre attention ne se porte que sur un seul à la fois. On peut réfléchir à un problème personnel, tenir une conversation et conduire une automobile en même temps, l'attention saute alors d'un niveau à l'autre plus ou moins selon les besoins.

En rêve lucide, on entre donc par les niveaux superficiels, proches de la situation et du monde réel, puis on peut descendre à des niveaux plus profonds.

Mais le passage d'un niveau à un autre n'annule pas le précédent où le déroulement du rêve continue : le rêveur y a un rôle et peut retrouver le souvenir de ce qu'il s'y est passé.

Le film *Inception* (2010) de Christopher Nolan, avec Leonardo DiCaprio et Marion Cotillard, apporte une assez bonne idée de cette notion de strates oniriques.

Le rêveur qui a traversé plusieurs niveaux de rêves au cours de son expérience onirique, à l'aller, les retraverse généralement dans l'ordre inverse au retour. Les niveaux 1 à 3, décrits plus loin, tendent à se télescoper au réveil.

Les préoccupations de veille, qui sont pensées à l'état de veille, prennent une forme imagée au moment de l'endormissement. L'affaiblissement de la vigilance à ce moment permet d'avoir accès à ces trains de réflexions en images parallèles aux pensées et non de les créer.

On voit que le rêve paraît être une forme de computation analogique sous-jacente à la pensée de veille, digitale. Le passage de la conscience de l'une à l'autre permet de renforcer le dialogue entre les niveaux accessibles à la conscience et les formes plus souvent laissées dans l'ombre.

Quand le rêveur descend de plus en plus profondément, le sentiment de soi et le décor deviennent de plus en plus incompréhensibles et éloignés de ceux du monde de la veille.

La perte de la lucidité peut se produire au moment d'un changement de niveau, ou dans le même niveau. Pour chacun de ces cas, il existe des techniques spécifiques pour raffermir et prolonger la lucidité.

Les niveaux de rêve :

Les explications sur ce point restent toujours assez allusives dans les publications de Christian Bouchet. On peut cependant en tirer quelques notions établies.

Dans le rêve de niveau 1, la conscience et l'environnement sont très semblables au monde de veille. On se sent allongé dans sa chambre. Si on est lucide, on n'a pas conscience d'être déjà dans le rêve et on se croit simplement éveillé et somnolent dans son lit. Tout le monde connaît cette expérience sans s'en rendre compte en général. Le rêveur prélucide est souvent coincé dans cette étape et s'y livre à de longues réflexions et rêveries en se croyant éveillé, avec le sentiment, le matin d'être reposé sans avoir vraiment dormi. Des éléments étranges peuvent attirer l'attention et révéler le caractère onirique de l'expérience, ou le fait de tenter de se lever peut être éclairant. Le corps de rêve semble alors quitter le corps réel allongé et endormi (voir la partie consacrée aux O.B.E.).

Le rêve de niveau 2 existe deux versions, une claire et une sombre. Il est assez vide. Le rêveur y est seul et souvent se contente de se parler à soi-même ou d'attendre sans perceptions marquées de son environnement. On y passe en s'endormant après une petite période de niveau 1. C'est seulement à ce moment que l'on peut vraiment prendre conscience d'être en train d'entrer dans le sommeil.

Dans le rêve de niveau 3, le décor reste très proche de celui de veille. Les situations et les personnages aussi. C'est celui que rapportent les rêveurs lucides entraînés le plus souvent.

Dans les niveaux suivants, le décor et les personnages deviennent différents et plus étranges. Les rêveurs lucides qui les parcourent ne se souviennent pas facilement de ces niveaux profonds. Ainsi, paradoxalement, le progrès en rêve lucide entraîne la perte relative de la lucidité quand on parvient à sortir du niveau 3.

3) Les techniques

Mise à distance du flux de la pensée

Sans entraînement, nos pensées s'enchaînent sans que nous y soyons attentifs, de manière automatique. Ainsi, au moment de l'éveil, on oublie le rêve en cours, comme on perd le fil d'une pensée quand on est interrompu et distrait par autre chose.

Plusieurs exercices sont proposés pour entraîner le rêveur à contrôler sa conscience et approfondir son aptitude à parcourir les différents niveaux de pensées de veille et de rêve. Ils permettent aussi de développer l'habitude de s'observer en train d'observer, d'utiliser ce que Christian Bouchet nomme « la conscience au carré » (voir plus loin).

Remonter le cours des activités de veille

a) Il est assez facile de remonter le fil des actions réalisées au cours de la journée en commençant par la dernière pour remonter jusqu'au moment du réveil en se posant à chaque étape la question « Qu'est-ce que j'ai fait avant ? ».

b) Il est plus difficile, mais possible et utile comme entraînement, de remonter de la même façon les souvenirs des pensées et de leur enchaînement jusqu'à l'élément déclencheur.

Il s'agit de prendre conscience de ce à quoi on pense dans l'instant et de retrouver les associations et les réflexions qui se sont succédées dans notre esprit en remontant dans le temps.

Les questions à se répéter sont donc : « A quoi suis-je en train de penser ? Comment en suis-je arrivé là ? », jusqu'à ce qu'on accède à la stimulation qui a déclenché tout le train de pensées, de réflexions et d'images.

Selon Christian Bouchet, les faits mentaux qui s'enchaînent et constituent le train des pensées, sont de trois ordres :

- **les pensées intentionnelles** dues à un effort volontaire : ce sont des réflexions sur les actions en cours le plus souvent. (« Comment faire pour ouvrir cette boite ? ...)

- **les pensées involontaires** liées le plus souvent à l'état émotionnel, perçues de manière passive le plus souvent comme un bruit de fond, mais elles peuvent devenir conscientes, et être rejetées, interrompues ou approfondies (« Ce bruit continue m'agace !)

- **les pensées décousues** : elles surgissent sans raison apparente. Ce sont des souvenirs non sollicités, des idées spontanées, apparemment sans cause, mais dues à des associations d'idées automatiques (ressemblance, contiguïté, contraste).

Exercice de remémoration à l'envers :

Pour mieux comprendre ce que c'est, prenons un exemple.

Il consiste, à partir d'une de ces idées décousues, à remonter le fil des idées jusqu'à son origine : généralement un stimulus extérieur.

Je viens d'entrer dans un appartement que j'envisage d'acheter. Je prends conscience que j'ai faim et l'image d'une tartine de fromage me vient à l'esprit. En fait c'est cette image qui m'a fait prendre conscience de mon estomac vide. Cette tartine me renvoie à la pâte assez fade qu'on nous donnait parfois à quatre heures à l'école primaire. Ce fromage fondu est venu après l'image de la Vache Qui Rit. Elle-même a suivi celle du souvenir d'une vache en train de boire dans un abreuvoir. Cette vache a surgi parce que j'ai pensé juste avant à ma première expérience de colonie de vacances où j'ai vu une vraie vache de près pour la première fois. Ce souvenir est associé à l'angoisse qui m'avait étreint au moment de quitter mes parents pour un séjour dans le Puits de Dôme. C'était la même angoisse de séparation que j'avais ressentie juste avant quand j'avais dû être hospitalisé. Une infirmière, pour me calmer m'avait emmené faire un tour dans le jardin devant l'entrée de l'hôpital ; il y avait un parterre de fleur. Elle avait cueilli un brin de lavande et me l'avait fait sentir. Je prends conscience du parfum très léger, presqu'imperceptible qui a été le déclencheur de toute cette chaîne d'associations. Il provient d'une armoire de la chambre que l'agent immobilier est en train de me montrer.

On constate en pratiquant cet exercice que les pensées ont un poids mental et se reproduisent de manière presque systématique face aux mêmes stimuli.

Cet exercice prépare à remonter le fil des souvenirs oniriques. Lors de ces remémorations de rêves, on constate qu'il y a des bifurcations dans les enchaînements qui permettent d'accéder à plusieurs niveaux de rêves concomitants dont on a des souvenirs parallèles.

La remémoration à l'envers des pensées met l'accent sur les émotions qui les accompagnent ; à l'état de veille, l'exercice fait aussi resurgir des souvenirs de rêves, souvent associés à ces émotions (angoisse de la séparation, par exemple, dans l'exemple précédent), qu'on peut noter dans son carnet de rêves.

Pratiquer cet exercice régulièrement permet de dresser une sorte de carte des associations automatiques personnelles. Les mêmes stimulations induisent en effet toujours la même image.

Pour Christian Bouchet, la remémoration de l'enchaînement des actions favorise le souvenir des rêves de niveaux 1 et 2, plus banals et terre à terre ; la remémoration des pensées est liée beaucoup plus au rêve de niveaux 3 et à ses différentes strates, aux tonalités plus fantastiques.

A l'état de veille, pour accéder aux souvenirs des rêves de niveau 5 et plus profonds, il faut passer par le travail sur le rêve éveillé profond, affirme Christian Bouchet.

Le rêve éveillé en vue de la lucidité
Il existe une forme de rêve éveillé « naturel », qui n'est ni dirigé, ni thérapeutique, comme quand on

laisse vagabonder son esprit, au cours d'un voyage en train ou d'une sieste par exemple.

Christian Bouchet propose de pratiquer une forme particulière de rêve éveillé, proche du rêve éveillé naturel, qu'il nomme « conscientiel » car la conscience y est organisée de manière particulière.

Par la pratique régulière, ce rêve éveillé autonome, c'est-à-dire où la volonté n'intervient pas pour le modeler et dont le rêveur est observateur, devient plus intense, plus stable, plus cohérent dans les images mentales qui s'y manifestent. Ce progrès s'observe au cours de la séance, et aussi de séance en séance. C'est par cette pratique qu'on parvient au « rêve éveillé profond », puis « très profond », deux types de rêves éveillés particuliers de la typologie établie par le chercheur.

Pour parvenir à ce type de rêve éveillé, la conscience doit être orientée de manière particulière. Il convient de regarder les images pour elles-mêmes, hors contexte, de porter attention à leurs qualités propres, de couleur, de forme, de saveurs, de vibration et de vitalité. Il s'agit de s'émerveiller du spectacle en le percevant comme une nouveauté globale, comme lors de l'émotion esthétique devant un paysage, une personne ou une œuvre d'art qui nous émeuvent par leur beauté.

Cette attention portée aux perceptions pour elles-mêmes entraîne dans le rêve une intensification de la qualité de ces images, qui s'accompagne d'un approfondissement du rêve lui-même.

C'est que le rêve est le reflet de l'activité de la conscience et des pensées qui s'y manifestent.

Le risque est qu'une attention trop soutenue et figée n'interrompe le mouvement des images : la qualité hallucinatoire doit venir de l'élargissement de la conscience qui change la qualité des objets (et non l'inverse).

Christian Bouchet nomme cette pratique « rêve éveillé conscientiel ».

Le rêve éveillé conscientiel
La technique décrite suit une progression assez habituelle.

Après un exercice physique, on se place au calme dans une position confortable pour un temps très long et permettant un complet relâchement, allongé avec des coussins sous les genoux et la tête par exemple.

Par visualisation des parties du corps, on provoque un relâchement progressif des tensions pour atteindre une parfaite relaxation.

Les images de départ du rêve éveillé.
Bouchet distingue trois qualités de relaxation – proche de la veille, intermédiaire, profonde- qui s'accompagnent de trois qualités d'images – images autonomes décousues, - images autonomes qui s'enchaînent, - images qui s'enchaînent avec une qualité vraiment hallucinatoire.

Pour atteindre le rêve profond de qualité hallucinatoire, la technique de relaxation est fondée sur le principe de la saturation sensorielle. Les principes neurologiques en sont bien connus. Les organes sensoriels ne peuvent être stimulés que par des variations, des changements. Une concentration continue et longue provoque une sorte de paralysie des organes sensoriels. Comme les centres nerveux ne reçoivent plus un flot d'informations variées, ils se mettent à délirer et créent eux-mêmes des sensations un peu au hasard.

Christian Bouchet distingue trois façons de procéder selon le sens choisi. On peut évidemment passer d'une technique à l'autre au cours de la séance.

a) A l'aide du sens du toucher et de la proprioception, à partir d'une partie du corps.
Cette technique ressemble beaucoup à celle utilisée par Thomas Yuschak, elle-même empruntée à Stephen LaBerge d'ailleurs, pour entrer directement en rêve lucide au moment de l'endormissement. L'originalité réside ici dans le maintien de l'état de veille et dans la description détaillée des gestes mentaux susceptibles de favoriser l'approfondissement du rêve éveillé et le maintien de la continuité de la conscience au moment du passage en rêve de sommeil.

Par exemple, on peut commencer par se concentrer sur le pouce droit, prendre conscience de sa position, des sensations de chaleur, de toucher, de poids ; puis, pour conserver son attention, la conscience peut envisager ses différentes parties, les os, les tendons, les muscles, la peau, la circulation du sang, les mouvements de l'air jusqu'à sentir une vibration.

On peut alors étendre cette concentration sur le reste du corps progressivement. Cet effort, associé au maintien d'une complète immobilité, engendre petit à petit des hallucinations kinesthésiques qui vont devenir la sensation de se mouvoir dans le rêve.

La sensation de vibration peut être expérimentée auparavant en contractant légèrement des muscles antagonistes, par exemple les fléchisseurs (brachial antérieur et biceps) et l'extenseurs du bras (triceps).

Des images hallucinatoires surgissent au bout d'un certain temps. Elles peuvent n'être que transitoires et s'effacer. Il convient d'attendre encore en maintenant sa concentration jusqu'à ce qu'une image stable s'installe et s'anime. Alors, le rêve éveillé s'enclenche.

b) Concentration auditive
Elle se déroule en trois étapes : on porte attention aux sons extérieurs à la pièce jusqu'à se sentir être ces sons.

Puis, en conservant si possible cette perception consciente élargie des sons extérieurs, on s'intéresse aussi aux sons provenant de l'endroit où on se trouve, et enfin on intègre à la conscience les bruits et sons internes, produits par le corps lui-même, respiration, battements cardiaques, passage du sang, acouphènes.

On entend alors des sons hallucinatoires (cris, chuchotements confus, train, phrases entières parfois) et les sons internes, notamment les acouphènes deviennent assourdissants et troublants si on ne s'y attend pas.

c) Concentration visuelle

Dans l'obscurité, une fois relaxé, on se concentre sur les phosphènes. Ils prennent des formes et des couleurs et se transforment en images vagues. Le risque d'endormissement et de perte de la conscience est plus grand avec cette technique.

Une fois le rêve éveillé enclenché, la difficulté à vaincre est la perte de la conscience et l'entrée dans la rêverie. Pour conserver la conscience élargie, Christian Bouchet conseille d'utiliser le discours intérieur pour décrire l'expérience ; ce qui assure le maintien de la continuité du point de vue extérieur et l'approfondissement.

Quand le rêve éveillé s'arrête et devient sombre et figé, le discours intérieur permet de franchir cette étape, qui est une sorte de seuil, sans s'éveiller. On se décrit alors ce qu'on voit et ce qu'il se passe.

Dans les niveaux plus superficiels, le sujet peut agir volontairement pour faire avancer l'histoire en cours.

Cependant, il ne doit pas forcer la création du rêve, il doit s'adapter et accepter ce qui est proposé.

Fuir des situations désagréables dans l'éveil est une erreur aussi.

Enfin, il faut trouver un juste équilibre entre la position d'observateur qui rend vite le rêve creux et inintéressant et une participation active en tant que personnage du rêve qui ne soit pas une perte de la conscience de la nature hallucinatoire de l'expérience.

Dans le rêve, il est utile d'avoir recours à un guide, qu'on suscite en l'appelant. Il permet de dialoguer avec le rêve, de poser des questions auxquelles le rêve peut répondre par son intermédiaire et souvent pas des images à interpréter ; ce à quoi le guide peut aider aussi.

Quand le rêve s'essouffle (il ne se passe plus rien), se déplacer dans le rêve permet de relancer les événements.

Fin du rêve éveillé

Il arrive qu'on se retrouve conscient d'être allongé dans son lit. Ce n'est pas nécessairement la fin du rêve mais le signe d'un changement de niveau de conscience.

Tant que trop de questions sans réponses, d'événements sans solutions restent, le rêve peut continuer.

Quand le rêve a trouvé sa conclusion, on entre dans un état de conscience moins onirique, le rêve devient ennuyeux et on est guetté par l'endormissement ou le glissement dans une rêverie ou une réflexion aux problèmes de la vie de veille. Il est temps de mettre fin à l'expérience.

4) La « conscience au carré »

Cette curieuse expression désigne le fait d'avoir conscience d'avoir conscience, d'adopter un méta point de vue sur le rêve. Il ne suffit pas, en effet, d'être témoin et acteur d'un rêve, même avec une perception globale, pour être lucide. Il faut aussi être conscient que tout ce que l'on perçoit et fait est une simulation construite par l'esprit, c'est-à-dire un rêve et le regarder comme tel. La conscience au carré saisit donc à la fois ce qui est perçu et le fait de le percevoir. Elle est au cœur de l'expérience de la lucidité et lui donne sa spécificité. Il ne suffit pas de définir le rêve lucide comme « un rêve au cours duquel le rêveur est conscient de rêver » car la conscience qui s'y manifeste n'est pas de même nature que celle qui s'exerce le plus souvent à l'état de veille. Christian Bouchet propose donc un entraînement à une forme de conscience qui se perçoit en train de percevoir au cours de l'éveil. Le monde ainsi perçu devient lui-même une construction subjective et non un objet indépendant de la représentation, seule accessible à la connaissance. Il rejoint ainsi les enseignements traditionnels en les rendant compréhensibles et en les démystifiant.

C'est d'ailleurs cette organisation particulière de la conscience en rêve qui donne ses caractéristiques au rêve lucide, puisque c'est précisément la conscience que le rêve illustre, faute d'être construit grâce à des perceptions du monde réel.

Cette « conscience au carré » est le fondement de la mise en œuvre de ce qu'avec Paul Tholey, Christian Bouchet nomme « la question critique ».

Dans la pratique, le fait de tourner la conscience sur une fonction provoque un approfondissement et un meilleur fonctionnement : penser à sa respiration la rend plus profonde, penser à sa posture fait se redresser... Il en va de même quand la conscience s'observe elle-même ; elle devient alors plus précise.

L'entraînement à la prise de conscience sensorielle déjà décrite permet donc d'élargir le champ que la conscience peut saisir et la durée de la concentration de cette attention élargie. Grâce à un travail régulier, s'améliore la conscience de la perception des hallucinations sensorielles, acouphènes, phosphènes, illusion de mouvements du corps, images hypnagogiques.

Il s'agit d'un travail à effectuer quotidiennement, à l'état de veille, au cours des actions de la vie ordinaire. On met ainsi en place une façon particulière de percevoir et de se percevoir en train de vivre.

Rappel de la démarche pour chaque sens

Perceptions visuelles

Pour maintenir l'attention élargie globale, que Bouchet dit « de crise », il conseille de se poser des questions sur ce qu'on voit, quant à la forme, aux couleurs, à la taille, aux mouvements… On peut, par exemple, chercher tous les objets de la même couleur…

La vision globale peut par exemple consister à porter l'attention sur la périphérie du champ visuel, habituellement centrée.

Le but n'est pas, comme dans la vie ordinaire, de chercher un sens, de comprendre comment les choses sont faites et fonctionnent, mais de rester attentif à ce qu'il se passe dans la perception, comment les choses apparaissent, de s'observer en train de voir et de regarder.

Audition

De la même manière, l'écoute doit chercher à devenir globale, sans faire de tri entre les sons significatifs et les autres. L'attention se porte alors sur les diverses variétés de sons dans le but de tous les rendre conscients. En même temps, ce travail inhabituel s'accompagne d'une attention portée à ce que fait l'oreille (et le cerveau) pour parvenir à cette perception totale.

Goût, toucher…

La même démarche peut s'appliquer aux autres sens, particulièrement aux sensations kinesthésiques. En marchant, la conscience se concentre sur les mouvements des membres et du corps, sur le rythme de la respiration qui les accompagne, sur les sensations dues aux frottements des vêtements...

Les émotions

Il faut aussi s'entraîner à prendre conscience de ses émotions, colère, tristesse, joie, ennui, désir, répulsion... L'observation de cette prise de conscience est plus difficile car l'émotion tend à nous projeter hors de nous-mêmes, c'est-à-dire à nous faire perdre la conscience et le contrôle de notre esprit. C'est cependant indispensable pour une vie civilisée et pour accéder à la maîtrise du rêve dont le soubassement principal est toujours émotionnel.

Les sentiments qui sont plus fondamentaux et durables peuvent aussi faire l'objet de la même prise de conscience.

Les pensées

La prise de conscience des pensées, d'après Bouchet, est impossible car en prendre conscience les volatilise.

5) Pratique de la « question critique »

L'entraînement régulier de la « conscience au carré » et ses progrès renforcent l'efficacité de la « question critique ». Il s'agit en fait de se demander si ce que l'on vit est réel ou une forme de rêve. La difficulté est de prendre cette question au sérieux et de vraiment vérifier par l'observation attentive et sincère le caractère éventuellement onirique du monde réel.

Concrètement, pour remettre en cause l'objectivité du monde de veille, il faut adopter une attitude critique particulière.

Chez Paul Tholey, l'entraînement répétitif à l'état de veille de ce questionnement crée une habitude qui continue à s'appliquer au cours des rêves et permet au rêveur de conclure qu'il est effectivement en rêve. Mon expérience à ce sujet est qu'on peut très bien se poser la question en rêve et y répondre de manière erronée. Ce qui a le mieux marché pour moi a été de décider que chaque fois que j'ai un doute sur la réponse, c'est-à-dire chaque fois qu'il n'est pas évident sans discussion que je suis éveillé et qu'il faut vérifier pour répondre à cette question, c'est à coup sûr qu'il s'agit d'un rêve.

Pour Christian Bouchet, cette question critique a surtout le mérite de permettre une réorganisation de la perception du monde et donc de celle de la conscience qui se porte sur la façon dont le monde est perçu et dont cette perception est interprétée (conscience au carré).

Déréalisation

La conscience élargie recherche les occasions de déformer le monde pour le recentrer sur ce qu'il en est effectivement perçu et non sur l'interprétation spontanée, nourrie de l'expérience et construite par le raisonnement automatique, qui le stabilise comme une réalité objective.

Ainsi, dans un déplacement, si on s'en tient à la perception, c'est l'environnement qui se déplace et le percipient qui est stable.

Le train qui part à côté de celui, à quai, où on se trouve donne l'illusion de bouger. Un bref instant, le monde prend une dimension d'irréalité. C'est ce sentiment qu'un entraînement à la question critique apprend à faire surgir.

Cette conscience centrée sur le travail de la perception fait disparaître le sentiment de séparation entre soi et le monde : au lieu de s'intéresser à la réalité du dehors que nos sens perçoivent, l'attention se concentre sur les modalités de la création de la réalité par l'esprit, phénomène dont le rêve est uniquement tissé, alors que l'expérience de veille est évidemment construite à partir d'informations objectives reçues par nos organes sensoriels.

L'effet de cette conscience au carré est de renforcer les qualités perçues qui sont plus vives et plus intenses (un peu comme l'œil de l'artiste photographe saisit des nuances de couleurs et des formes pour elles-mêmes et voit de la beauté et de la puissance là où on ne voit que la banalité quotidienne).

L'important dans cette technique est de conserver l'émerveillement naïf de la perception globale et d'empêcher la pensée de venir commenter et donner du sens. Il est donc bon d'adopter une conscience « tournante » qui se concentre tout à tour sur chaque sens.

Une fois le monde ainsi privé de son interprétation ordinaire utilitaire, il convient aussi de lui donner la qualité du rêve, de le percevoir comme un rêve.

Comme un rêve

Pour y parvenir, on peut rechercher les situations qui évoquent une expérience vécue en rêve, ou chercher les éléments oniriques de ce qui arrive, tels que les coïncidences étranges, les rappels de rêves, les qui pro quo et autres bizarreries de la vie quotidienne. Des émotions peuvent aussi survenir sans raison apparente, comme en rêve. Enfin, il est possible d'interpréter les événements de la vie quotidienne comme des éléments d'un rêve, pour leur valeur symbolique. Ce travail est d'ailleurs pertinent quand il s'agit des choix et des actions réalisées dans la vie. Le bricoleur compulsif ne cherche-t-il pas à réparer quelque chose de sa propre vie, par exemple ?

On voit bien comment cette pratique est proche des superstitions diverses qui prennent effectivement des événements fortuits pour des signes du destin. Mais ces conseils de Christian

Bouchet éclairent aussi l'enseignement des Bouddhistes tibétains pour qui la réalité est de la même nature que le rêve.

Il s'agit, en fait, d'un exercice de perception destiné à entraîner la conscience et à mieux comprendre le fonctionnement de notre cerveau, non de diluer la réalité dans des croyances. On devient ainsi plus apte à percevoir ses intuitions, qui se manifestent par le surgissement d'émotions et d'images sans causes apparentes, mais portent un sens à prendre en compte.

6) Rêves éveillés (RE)

Bouchet distingue trois types de rêves éveillés[100] :

- celui qui est dirigé, à but thérapeutique, développé principalement à partir des travaux de Robert Desoilles ;

- le RE de recherche susceptible de fournir des réponses aux préoccupations actuelles du rêveur.

- le rêve « conscientiel » doté d'une précision, d'une netteté proches de celle de la vie de veille.

Les trois aspects sont toujours mêlés, ajoute-t-il.

Le voyage de la conscience

---

[100] Le RE se pratique généralement à deux : le rêveur raconte et décrit son hallucination à son accompagnateur qui peut lui faire des suggestions et l'interroger.

Après la descente progressive vers un état de relâchement grâce aux techniques déjà évoquées associées à la concentration sensorielle, la conscience parcourt plusieurs stades de rêve.

La rêverie superficielle, qui se trouve immédiatement sous la conscience de veille montre des images autonomes qui surgissent et s'évaporent. Le rêveur peut alors attendre que l'une d'elle s'impose et se stabilise grâce à la concentration et à l'observation de ces images.

On peut aussi construire mentalement une image choisie, mais elles se révèlent en général plus difficiles à faire évoluer.

Le rêve éveillé commence lorsque le récit imaginaire commence à se dérouler de manière autonome, sans que le sujet ait à penser ou vouloir voir quoi que ce soit se produire. Pour approfondir et maintenir ce voyage onirique éveillé, il faut intensifier l'attention portée à la perception du monde hallucinatoire, sans pour autant que cet effort d'observation ne fige les images.

Pour faciliter ce mouvement dans le rêve, il convient de s'intéresser surtout au décor, plutôt qu'aux aventures des personnages.

Dans ce processus d'approfondissement, le rêveur perd souvent toute conscience de son corps réel tandis que le décor et les personnages deviennent résistants aux pensées inopportunes qui tendent parfois à jaillir dans cet état (la reprise du discours intérieur).

Plus il s'enfonce, plus le rêve devient autonome, au point que le rêveur se demande s'il n'est pas déjà en rêve lucide. Il dispose d'un corps de rêve, sa pensée peut varier sans influencer le rêve.

Il devient bientôt incapable de communiquer avec son accompagnateur, alors qu'il a encore l'illusion de lui décrire son expérience.

Cependant, alors que le réveil à partir du rêve lucide consiste le plus souvent dans le passage dans un autre rêve, souvent de faux éveil, où, par exemple, on se rêve en train de noter son rêve dans son carnet, le réveil depuis le rêve éveillé mène directement à l'état de veille.

Au niveau très profond, le rêve éveillé devient franchement hallucinatoire, surprenant et comme étranger aux expériences habituelles du rêveur. Il s'accompagne d'émotions puissantes et elles aussi inhabituelles. Le rêve se prête alors à l'exploration.

Rêve éveillé très profond et passage dans le sommeil.

L'endormissement à partir du rêve éveillé est long, mais survient toujours si on prolonge suffisamment l'exercice.

Dès le rêve éveillé moyen, des images hypnagogiques surgissent et s'estompent. Le rêveur peut alors choisir de s'y laisser entraîner en les observant avec une conscience au carré. Il entre alors dans un autre rêve qui se transforme en rêve de sommeil. Si la conscience parvient à se maintenir grâce à la pratique des techniques conseillées plus haut, il s'agit alors d'un rêve lucide.

Dans tous les cas, le thème du rêve éveillé très profond, c'est-à-dire ce que le rêveur a décidé à l'avance de faire au cours de la séance, doit être la quête attentive des éléments oniriques, par la pratique de la « question critique ». L'entrée en rêve lucide peut ainsi être remarquée.

La pratique du rêve éveillé peut aussi prendre place en cours de nuit après un éveil. Le rêveur trouve alors aisément des images hypnagogiques, souvent associées au rêve précédent cet éveil. Il est alors facile d'essayer de reprendre le cours du rêve après se l'être remémoré. La prise de conscience de l'état de rêve, la lucidité, est favorisée car on reconnaît des éléments oniriques déjà vus et reconnus comme tels récemment.

Victoire dans la nuit.

(Extraits de la lettre d'Hélène).

...C'est un rêve que j'ai fait à dix-huit ou dix-neuf ans. J'étais en vacances à Marseille, pendant l'été 1978 ou 1979...

Je suis chez mes parents, dans leur ancienne maison. Il fait nuit. Je suis seule. Je suis en train de me faire du café (au milieu de la nuit !). Soudain, j'entends des pas ; j'ai horriblement peur, la porte de la cuisine s'ouvre violemment et un homme que je ne connais pas entre en riant et me dit : "Maintenant, ça va être ton tour."

Il a l'air menaçant et je voudrais appeler mais je sais que personne ne peut m'entendre. Je suis paralysée.

Il m'attrape par le bras, me jette par terre et essaie de m'arracher ma robe. A ce moment, je me dis que ce n'est pas possible qu'il n'est pas question que je me laisse faire sans réagir. Je me mets à lutter et soudain, je ne sais pas pourquoi, l'idée me frappe : je suis en train de faire un cauchemar.

Alors, je me redresse et repousse l'homme en lui disant : "Tu n'es qu'une illusion mais je vais me débarrasser de toi définitivement !"

Et en même temps, je lui donne des coups de pieds comme si j'avais fait du kung-fu toute ma vie, je le réduis en une masse de vêtement informe que je roule et jette dans la poubelle. Je me sens très contente de moi et très forte. Je sors dans la rue à travers le mur. C'est toujours la nuit, le ciel est immense et des étoiles y brillent. Je reste à les regarder intensément avec délectation, en respirant profondément et me réveille.

Je n'ai plus fait de cauchemar alors que j'en avais un ou deux par mois depuis l'adolescence et mes relations avec les hommes sont devenues plus satisfaisantes et stables, mais c'est peut-être parce que j'ai eu la chance de rencontrer celui de ma vie...

J'ai eu d'autres rêves au cours desquels je me suis rendue compte que je rêvais, toujours dans des situations bizarres ou pénibles, mais moins dramatiques que cette fois-là... Ce n'est que tout récemment que j'ai appris que ça s'appelle des rêves lucides...

IV : Utilisation de la lucidité

Utilisation de la lucidité.

La plupart des applications de la lucidité ne sont que des extensions extraordinairement plus efficaces de techniques utilisées au cours des rêves ordinaires. Nous en décrivons sommairement quelques-unes.

1) La résolution des cauchemars par la transformation des rêves

Pour une étude synthétique mais approfondie des rapports entre cauchemars, rêves, rêves lucides et démarches thérapeutiques, le mieux est de se référer au texte de Roger Ripert sur le sujet.[101]

Les techniques sénoïs.

Ces techniques consistent à affronter les images hostiles au cours du rêve lui-même.

On la trouverait chez les Témiars de Malaisie, tribu particulière au sein du peuple Sénoï, sur qui l'attention fut attirée pour la première fois en 1931 par l'anglais H. D. Noone. Les Témiars sont un peuple que la légende présente comme pacifique, mentalement sain, sans angoisse, sans

---

[101]   RIPERT, Roger, *La Résolution des* cauchemars, Oniros, (2010)

criminalité, entretenant entre ses membres, avec les autres peuples et la nature entière des relations respectueuses. La règle des relations sociales y serait la suivante : "*Coopère avec les autres. Si tu dois t'opposer à leurs désirs, fais-le avec bienveillance.*"

Les techniques oniriques des Sénoïs décrites par Noone et Kilton Steward (*The dream psychology of the Senoî shaman*", 1934) sont enseignées dès l'enfance[102].

Pour débarrasser la psyché des images hostiles qui lui confisquent de l'énergie, les enfants sont invités à conserver pendant le sommeil un certain éveil de façon à pouvoir faire face aux menaces oniriques au lieu de fuir. L'affrontement, si l'assaillant insiste, doit être mené jusqu'à la victoire totale, jusqu'à la mort. En cas de besoin, le rêveur peut faire appel à des amis de rêve. La théorie veut qu'un ennemi vaincu devienne un allié amical ou un serviteur et que toute l'énergie psychique mobilisée par le conflit se trouve alors disponible pour une vie plus créative de veille et de rêve.

Ces conseils sont tout à fait conformes à la théorie de Fritz Perls[103].

La victoire sur des agresseurs de rêves donne au rêveur un sentiment d'exaltation et de plaisir qui dure parfois pendant plusieurs jours.

---

[102] Il est intéressant de consulter les sources à ce sujet. L'ensemble de ces affirmations à propos de ce peuple des rêves si parfaitement conforme à nos désirs, semble relever largement du mythe.
DOMHOFF, G. William, *The Mystique of Dreams A Search for Utopia Through Senoï Dream Theory*, Paperback (octobre 1990).
[103] PERLS, Fritz, *Manuel de gestalt-thérapie - La Gestalt : un nouveau regard sur l'homme*, Collection l'Art de la psychothérapie, ESF édition (23 avril 2003)

"*Dans le cas où l'agresseur est un "underdog"[104], le simple fait de lui faire face, surtout avec une sincère désir de dialogue suffit bien souvent à le transformer en image amicale. Les animaux sauvages, le tigre notamment, qui représentent notre être sauvage, naturel, lorsqu'ils ont été apprivoisés, sont des aides très puissants. Les shamans amérindiens recevaient leur fonction de "grands rêves" au cours desquels ils apprivoisaient le tigre ou l'ours, animaux puissants représentant les instincts primitifs.*" commente Ann Faraday, (*The Dream Game*).

Dans ce cas, l'essentiel réside dans l'effort fait en rêve pour dépasser la répulsion qu'inspire l'image et de l'accepter comme une partie de soi-même, de l'intégrer, pour reprendre le vocabulaire de C. G. Jung.

L'enfant témiar apprend aussi à ne jamais avoir peur en rêve. Il ne peut rien lui arriver de mal puisqu'il est en fait allongé bien tranquillement en train de dormir.

Un rêve de chute, par exemple, peut être manipulé pour devenir une expérience de vol. La crainte de la perte de soutien devient l'expérience de la toute-puissance de la liberté. Il suffit pour cela d'accepter l'expérience. Au contraire, toute résistance, tout refus entraîne peur et colère qui se traduisent dans le langage onirique en situations et images violentes, hostiles ou menaçantes.

Au cours des cauchemars, il arrive qu'on prenne conscience qu'on est en train de rêver. La tendance habituelle est de fuir dans l'éveil. Le rêveur conscient qu'il ne court aucun risque peut au contraire mettre à profit cet éveil dans le rêve pour le poursuivre en faisant face et en affrontant le danger, en

---

[104] C'est l'instance qui représente et exprime les besoins inassouvis et réprimés.

acceptant l'expérience. Alors, le rêve change et devient souvent une expérience exaltante.

Etre lucide n'est pas nécessaire à la manipulation des rêves : il suffit pour devenir actif en rêve de bien s'être imprégné dans la journée des principes de l'action en rêve et des règles à appliquer en cas de cauchemar.

Si l'agresseur est trop grand et trop fort pour qu'un combat ait un sens, on peut lui opposer une résistance passive. Ainsi, Ann Faraday attaquée par une tribu d'Esquimaux hostiles, armés de couteaux et de haches, comme elle venait de prendre conscience qu'elle rêvait, leur dit :
"*Vous ne pouvez rien me faire, je ne suis qu'un corps de rêve*".
Elle les laissa planter leurs armes dans son corps, puis reprit en riant :
"*Vous voyez, je vous l'avais dit, je suis un corps de rêve, vous ne pouvez pas me tuer*".
Ils s'en allèrent, l'air soumis. Elle vit dans ces Esquimaux, la représentation de son topdog[105] puritain et ouvriériste de "l'Angleterre du Nord" qui trouvait scandaleux qu'on pût consacrer tant de travail (elle venait de faire son premier livre) à un sujet aussi frivole que les rêves alors que tant de

[105] C'est l'autre instance, interlocuteur de l'underdog, du dialogue sans fin des conflits intérieurs. Il représente et exprime les exigences et contraintes intériorisées qui interdisent la satisfaction des besoins.
[106] J'ai déjà évoqué ce rêve d'Ann Faraday exemplaire de l'action à mener face à un underdog : attaquée par son tigre habituel, elle devint lucide, cessa de fuir et tandis qu'il se jetait sur elle, le repoussa et lui dit :
"*Tu es un tigre de rêve, tu ne peux rien contre moi.*"

gens ont simplement du mal à survivre. Ce qui lui donna par la suite de l'assurance face aux critiques qu'on lui adressa sur ce sujet au cours des interviews [106].

Cauchemar, rêve lucide et dépression

Différentes enquêtes ont montré que devenir lucide change les cauchemars en rêves plus agréables et qu'au contraire, la lucidité ne les rend plus désagréables qu'exceptionnellement.

Mais, même rare, ce phénomène est paradoxal : comment la lucidité peut-elle rendre un cauchemar plus désagréable alors que le rêveur sait qu'il n'a affaire qu'à une situation fictive où il ne court aucun risque véritable ?

Les rêveurs qui font cette triste expérience donnent tous la même explication : la lucidité accroît la frustration et l'angoisse parce que se savoir en train de rêver ne sert à rien pour échapper aux événements désagréables du rêve.

Un test de dépistage des tendances dépressives (le Beck Depressive Inventory (BDI. Beck, 1967) a été appliqué sur 282 sujets en corrélation avec un questionnaire sur les cauchemars et l'effet de la lucidité sur leur déroulement (Giles and Rush, 1983). Les résultats montrèrent que les

[107] Pour les amateurs de précision, voici les résultats statistiques de cette étude : les sujets dont le score était inférieur à 10, sur l'échelle qui évalue les tendances à la dépression (qui va jusqu'à 63), rapportent 81% de cauchemars améliorés par la lucidité. Les sujets plus déprimés, au score de 10 et plus, voyaient leurs cauchemars améliorés dans 33% des cas et rendus plus pénibles dans 14% des cas, soit deux fois plus que pour l'autre groupe (7%).

sujets déprimés ont fait plus de cauchemars ; qu'au cours de rêves lucides désagréables, ils ont beaucoup moins souvent réussi à les transformer en rêves plus satisfaisants que les autres rêveurs. Au contraire, la lucidité, dans un petit nombre de cas a rendu les cauchemars des déprimés encore plus pénibles [107].

Le spécialiste de la dépression qu'est Aaron Beck dit que la dépression est le résultat d'une habitude de développer des pensées négatives de trois types :
"Je ne suis bon à rien ; le monde ne vaut rien ; il n'y a aucun espoir que les choses aillent mieux dans l'avenir."
Les gens cliniquement déprimés ont des idées de ce genre plus souvent que les autres (Beck, 1979) et font des rêves d'autopunition plus souvent aussi (Beck, 1967).
Le psychologue Martin Seligman[108] voit dans le déprimé quelqu'un qui s'attend à ce que des malheurs surviennent, qui pense qu'il ne peut rien faire pour les empêcher et en attribue la cause à des facteurs qui se trouvent en lui, et sont impossibles à changer. Selon Seligman, les raisons du désespoir sont les convictions que les échecs et les difficultés sont de notre faute et que notre incapacité est permanente et immuable, la certitude qu'on est complètement mauvais et que les succès ne peuvent être que le résultat fortuit d'un coup de chance dont on est en rien responsable, qui ne se reproduira pas. Echecs et succès sont donc dus à des facteurs impossibles à contrôler.

---

[108] Martin E. P. Seligman, *The Optimistic Child: A Proven Program to Safeguard Children Against Drepression ans Built Lifelong Resilience*, Paperback (2007).

En rêve lucide, le déprimé se dit : *"Encore un cauchemar ! Je ne suis même pas capable de faire des rêves agréables ; je ne peux même pas éviter cela ; je ne peux rien y faire."*
Un cercle vicieux s'instaure en rêve lucide où les sujets, au lieu de réagir positivement, se disent : *"Quel rêve terrible ! Je suis vraiment quelqu'un de malheureux (mauvais ou malade...) pour rêver une telle chose. Je ne suis pas capable de m'en sortir, je voudrais que tout s'arrange, mais ce n'est pas possible, le rêve va devenir encore pire, c'est sûr."*
Et c'est ce qui arrive.

Pour rompre ce cercle infernal, il faudrait enclencher un cercle vertueux de pensées positives, sur le modèle de la thérapie cognitive mise au point à partir des travaux de Beck par exemple[109].
Fondamentalement, il s'agit d'apprendre à amener le sujet à prendre conscience des aspects positifs de sa situation, de ses capacités et de ses réussites (au lieu de se dire chaque fois qu'il commet une erreur : *"Je fais toujours tout de travers."* il peut apprendre à se dire : *"Cette fois-ci, j'ai fait une erreur, mais je n'en fais pas tout le temps et je vais tirer la leçon de cette erreur afin de ne pas la recommencer."*
En rêve, au lieu de penser : *"Ce rêve est ma faute.",* il faut accepter l'idée que ce n'est pas parce qu'on est bon à rien et voué au malheur qu'on fait des cauchemars, mais parce qu'on est inquiet face à une situation quelconque à laquelle on ne se sent pas capable de faire face.
On peut alors considérer le cauchemar comme une occasion sans danger de s'entraîner à faire face à cette situation difficile et penser : *"Je peux accroître ma confiance en moi et*

---

[109] BECK, A. T., *Cognitive Therapy and the Emotional Desorders*, International Universities, New York, (1979)

ma force pour affronter ce qui me rend anxieux. Ce cauchemar est une chance de m'améliorer que je me donne."

Pour affronter ses rêves, une bonne chose est de se souvenir qu'on est parfaitement capable de faire des rêves agréables, au moins de temps en temps.

Il vaut mieux dans la journée, se préparer en revisualisant des cauchemars précédents et en faisant l'effort de les transformer en imagination de manière positive.

Tout le monde traverse des moments de dépression au cours de sa vie. La plupart sont brefs, lié à des événements douloureux et l'utilisation de la lucidité peut être un moyen efficace d'y faire face. Mais quand on est vraiment déprimé, il est difficile de suivre les conseils tels que ceux donnés ici ; l'aide d'un thérapeute permet de réussir plus vite et mieux à acquérir des ressources pour sortir de situations pénibles et retrouver le goût de vivre. Si vous avez eu l'occasion de développer de telles ressources, par exemple au cours de rêves lucides, avant d'avoir à affronter une situation vraiment difficile, vous serez mieux préparés pour le faire.[110]

Outre les références indiquées en notes, j'ai consultés les documents suivants, assez difficiles à trouver aujourd'hui :

GILES, D. E. & RUSH, A. J., *Cognitions, Schemas and Depressive Symptomatology*, in ROSENBAUM, M.,

---

[110] Cela dit, après la mort de ma compagne, j'ai volontairement cessé de faire des rêves lucides pendant plusieurs années. Dans mes rêves ordinaires, sa présence constante et habituelle à mes côtés me permettait de vivre encore une partie de mes journées avec elle, de sentir son amour autour de moi bien présent, et ce sentiment onirique m'accompagnait dans la journée. Devenir lucide, c'était replonger dans l'atroce réalité de sa disparition.

FRANCKS, C. M. &JAFFE, Y., *Perspectives on behavior therapy in the eighties,* vol. 9, Pages 184-199. New York, Springer.
SELIGMAN, M., *A learned helplessness point of view*, in L. Rehm, *Behavior Therapy for Depression*, Academic Press, New York, 1981.
LEVITAN, Lynne & LABERGE, Steve, *Beyond Nightmares: lucid resourcefulness vs helpless depression*, in *NightLight*, Fall 1990. Vol.2 n°4.

2) Le développement personnel

Les rêves lucides permettent de travailler sur les matériaux oniriques pendant qu'on est en train de les vivre.
C'est encore à Paul Tholey qui s'intéresse aux rêves lucides depuis 1959 que l'on doit les recherches les plus approfondies sur ce sujet. Il complète l'approche précédente. Les principes d'actions sont globalement les mêmes que pour les rêves ordinaires.

Dialoguer avec les personnages oniriques.
C'est à partir de ses propres rêves d'abord que Paul Tholey mit au point sa technique. Il l'a toutefois complétée et vérifiée sur de nombreux sujets.
Il raconte qu'après la mort de son père, celui-ci apparaissait dans ses rêves comme un personnage venu l'insulter et l'effrayer.
"Quand je devins lucide, je pus le frapper avec colère." dit-il.
"Il se transformait alors parfois en une créature plus primitive, animal ou momie. Chaque fois que je gagnais, j'étais envahi par un sentiment de triomphe. Cependant mon

père continuait à apparaître comme un personnage effrayant dans les rêves suivants.

J'eus enfin un rêve décisif. Je devins lucide pendant que j'étais pourchassé par un tigre et tentais de lui échapper. Je me repris alors, fis face et demandai :

"Qui es-tu ?"

Le tigre fut déconcerté et se transforma en mon père qui répondit :

"Je suis ton père et je veux maintenant te dire ce que tu dois faire !"

Contrairement aux rêves précédents, je n'essayai pas de le frapper mais d'engager le dialogue avec lui. Je lui dis qu'il n'avait pas d'ordre à me donner. Je rejetai ses injures et ses insultes. D'un autre côté, je dus admettre que certaines de ses critiques étaient justifiées et je décidai de changer mes comportements en conséquence.

A ce moment, mon père devint amical et me serra la main. Je lui demandai s'il pouvait m'aider et il m'encouragea à continuer mon chemin tout seul. Mon père parut alors glisser dans mon propre corps et je restai seul dans le rêve..."

"Mon père ne reparut jamais en tant que personnage menaçant. A l'état de veille, ma peur irrationnelle et mes inhibitions dans mes rapports avec les personnes d'autorité disparut."

Entrer dans le corps du personnage.

Aussi bénéfique que le dialogue avec un personnage de rêve puisse être, la technique la plus efficace, pense Paul Tholey, est d'amener le moi du rêveur lucide à entrer dans le corps d'un autre personnage onirique. Il donne comme exemple ce rêve d'une jeune fille qui avait des difficultés avec son petit ami :

"Je me demandais pourquoi il ne répondait pas à mes sentiments et je désirais obtenir une réponse à cette

question par les rêves. C'est alors que je devins consciente de mon "esprit" c'est-à-dire de la partie de moi à laquelle je pense en tant que "moi» ; je la détachai de mon corps, la fis flotter jusqu'à son corps et y entrer... C'était vraiment étrange ; tout était si différent et tellement plus restreint que dans mon corps, et si inhabituel... Au bout d'un moment, je finis par m'habituer à être dans son corps...Je vis comment il me percevait, l'effet que je lui faisais et le sentiment qu'il éprouvait à mon égard. Je vis dans quel conflit il était pris. Après tout, il était devenu conscient de mes sentiments, je suppose, et il était très épris de moi, mais il ne voulait pas sortir avec moi pour autant... Je compris pourquoi il avait été si réservé et je pris conscience qu'il ne répondrait jamais à mes sentiments."

Intégrer les parties de soi.

Quand Tholey suggère que les personnages de rêve ont une conscience propre, que chacun possède des traits de personnalité et un ensemble de comportements en eux et envers les autres, il ne veut pas dire que, d'une certaine façon, ils sont des êtres indépendants qui existent en dehors du moi propre du rêveur. Au contraire, ils sont des idées et des émotions conflictuelles du rêveur.

C'est pourquoi Tholey a progressivement modifié son approche de la façon de traiter les personnages oniriques hostiles. Autrefois, il conseillait à ses patients de lutter contre le personnage onirique si nécessaire, mais il en est venu à recommander d'éviter la violence pour résoudre une opposition. Au contraire, il faudrait faire ce qu'on peut pour discuter ouvertement la question. *"L'apparition d'un personnage onirique hostile, menaçant peut refléter de manière symbolique un conflit psychologique interne."* explique-t-il, *Le personnage menaçant est souvent la représentation d'un sous-système de la personnalité autonomisée, réprimée, ou isolé. En engageant la conversation avec cette partie de soi isolée, on peut établir une certaine communication avec elle et commencer le processus d'intégration. Si le rêveur lucide combat le personnage hostile du rêve, il peut le conduire dans un plus profond isolement encore à l'intérieur du moi."*

Faire face à ses peurs en rêve permet de s'y désensibiliser, notamment dans le cas des phobies.

Faire l'amour.

Patricia Garfield (*Pathway to Ecstasy*), plus proche de la technique « sénoï », recommande chaque fois que c'est possible de prendre le plus de plaisir possible en rêve et particulièrement de ne pas hésiter à avoir des relations sexuelles avec les personnages de rêves, quels qu'ils soient. La morale et les tabous sociaux n'ont rien à faire en rêve où le rêveur est seul avec des aspects de lui-même ; faire l'amour est une façon agréable et efficace d'intégrer ces parties du moi qui se présentent sous forme de personnages. Souvent, au début, les rêveurs lucides mâles hésitent à aller jusqu'à l'orgasme par crainte d'éjaculer vraiment, remarque-t-elle. Cette crainte, on l'a vu, est sans fondement.

Les avantages des rêves lucides.

Pour Paul Tholey, les rêves lucides ont plusieurs avantages par rapport aux rêves ordinaires :

-la lucidité semble créer un environnement dans lequel le moi de rêve est moins effrayé des personnages et situations menaçants et est plus porté à faire face.

- la capacité de manipuler les contenus des rêves permet au moi onirique de contacter des personnes, des endroits, des situations, des moments qui sont importants pour le rêveur et qu'il désire explorer.

- en plus, en parlant avec les autres personnages oniriques, le moi onirique est souvent capable de reconnaître la dynamique complexe qui se déroule entre lui et le personnage de rêve.

- plus important, Tholey croit que si on apprend à maîtriser le moi de rêve de manière appropriée, il est possible de changer positivement sa personnalité.

Ce n'est pas le rêve lucide en lui-même qui permet le progrès personnel et la croissance, mais ce que fait le moi onirique au cours du rêve.

En résumé, voici les conseils de Paul Tholey aux rêveurs lucides qui se trouvent face à face avec un personnage menaçant :

1. ne pas essayer de fuir le personnage menaçant. Lui faire plutôt face courageusement. Le regarder et lui demander amicalement : "*Qui es-tu* ?" ou "*Qui suis-je* ?"

2. s'il est possible d'avoir une conversation avec le personnage de rêve, essayer de trouver un moyen de réconciliation avec lui par un dialogue constructif. Si l'accord est impossible, essayer de donner au conflit la forme d'une dispute ouverte. Refuser ses injures et insultes, mais tenir compte de ses objections.

3. ne pas se soumettre à l'attaque d'un personnage onirique. Montrer sa détermination à se défendre en prenant une attitude ferme et en regardant le personnage de rêve dans les yeux. Si le combat est inévitable, s'efforcer de vaincre l'ennemi, mais ne pas le tuer. Offrir une possibilité de réconciliation à l'ennemi vaincu.

5. essayer de se réconcilier avec le personnage hostile par la pensée, les mots et/ou les gestes.

6. après la réconciliation, demander au personnage onirique s'il peut apporter de l'aide. Puis mentionner les problèmes particuliers de la vie de rêve ou de veille pour lesquels on aurait besoin d'aide.

On trouve les mêmes conseils chez Patricia Garfield et Stephen LaBerge. Il existe un consensus autour de ces principes de comportement en rêve lucide ou non, et même dans les rêveries de veille.

3) L'entraînement sportif

C'est encore surtout à l'allemand Paul Tholey que l'on doit les techniques d'entraînement des athlètes en rêves lucides. Paul Tholey lui-même, a gagné plusieurs championnats importants de skate-board en RFA en se préparant de cette façon.

L'entraînement en rêve lucide permet de développer et d'affiner les perceptions et les sensations du sportif, de parfaire son geste et de le rendre automatique. *"Cela est particulièrement pertinent*, écrit Tholey, *pour les sports dans lesquels des réactions rapides prévalent*. Dans une compétition de skate-board, par exemple, on n'a pas le temps de penser à la façon dont le corps devrait s'incliner à un certain moment. Avec la pratique, on apprend à se pencher au bon moment. La simulation en rêve lucide permet de réduire considérablement le temps d'apprentissage des gestes sportifs."

L'efficacité d'un tel entraînement est aussi remarquable dans les arts martiaux, les sports mécaniques, de glisse... (Cf. Gayle Delaney et son patinage).

Tholey explique que l'essentiel pour le rêveur est de dissoudre les frontières habituelles de sa perception et de son image du corps pour ne faire qu'un avec son environnement. Un cavalier olympique d'Amérique du Sud entraîné par Tholey parvint à un tel niveau d'empathie avec le cheval en rêve qu'il avait l'impression de percevoir le monde à travers les yeux, les oreilles et les naseaux de sa monture. Il fut ensuite capable de transférer son expérience onirique à la réalité. Il raconte :

"En rêve lucide, je peux former mes figures jusqu'à un degré d'exactitude extrême -que ce soit dans le sable d'une compétition de dressage ou dans une course à travers la campagne pendant une compétition de type militaire. Je m'arrange pour faire cela au ralenti, donnant au cheval l'assistance exactement au bon moment dans chaque phase particulière des mouvements. Pendant les rêves lucides, "je monte" le cheval plusieurs fois (de trois à neuf) exactement et complètement."

Voici comment Paul Tholey décrit sa méthode :
- **d'abord, à l'état de veille**, vous devez évidemment pratiquer votre sport. Il est inutile de dire qu'aucun acquis en rêve lucide seulement ne pourra améliorer votre jeu si vous ne le pratiquez jamais.
- **deuxièmement,** observez des experts de ce sport en train de pratiquer. Si vous jouez au tennis, regardez des champions de près, en observant comment ils font leurs coups particuliers. Beaucoup de vidéos sont utiles pour vous rendre capables d'étudier un certain mouvement ou un style de jeu que vous désirez imiter. La chose importante est de former un modèle mental du geste parfait dans votre esprit.
- **troisièmement**, quand vous devenez lucides en rêve, rejouez ce modèle mental. Comme pour la pratique de veille, attachez-vous à intérioriser la performance. Vous êtes le joueur de tennis qui joue ou le skieur en train de descendre. Assurez-vous aussi que votre rêve comprenne tous les éléments de la situation réelle. Si vous pratiquez le ski alpin,

représentez la scène du rêve avec des sapins, de la neige, du vent, des montagnes.

- **quatrièmement,** (et c'est là l'étape essentielle), laissez les frontières de votre moi et de votre corps se dissoudre. Vous êtes le skieur, la neige, les arbres, la montagne, le vent. Dans un rêve lucide à propos de patinage sur glace, Gayle Delaney décrit cette technique : "*Comme je savais que j'étais en train de rêver, j'étais capable de skier avec des ailes sur mes lames...je pouvais tout faire. Quand je saute, je n'ai plus de poids, et je vole en tournant en l'air. Quand je pivote, mon équilibre est parfait. Je ressens un bonheur qui est un des plus profonds que j'ai jamais ressentis, je ne fais qu'un avec le monde. Je sens toutes les forces de l'harmonie de l'univers dans mon patinage, et l'intensité de ma joie est sans limite.*"

Cette unité avec le monde est au centre de l'entraînement dans certain sport (l'archer zen). "*L'équipement sportif devient l'organe de perception.*" explique Tholey " Ainsi, par exemple, un skieur expérimenté sent la neige et le terrain avec ses skis et plutôt que de bouger volontairement son corps, il bouge les skis."

4) L'apprentissage de la liberté au cours des premiers rêves lucides

On fait le plus souvent l'expérience de l'exaltation et du plaisir merveilleux de rêver lucidement en toute liberté. Il arrive parfois que des obstacles surgissent sur le parcours. En voici quelques exemples. Afin d'illustrer de manière concrète les pièges qui guettent le rêveur lucide dans ses premiers rêves où il se croit lucide, voici le commentaire de quelques-uns de ces premiers rêves.

Coincé dans le plafond
Fin 1989
"Tout à coup, je me réveille en train de rêver à 1,50 m du sol...
Le décor est identique à ma chambre de veille, mais la lumière, gris perle et veloutée, est plus douce...
Avec une curiosité et un calme qui m'étonnent, je me dis :
"C'est un voyage astral."
Je me souviens d'avoir lu la veille au soir le livre de Muldoon et Carrington (La projection du corps astrale)[111]. Mon intérêt pour les expériences hors-corps, qui date de plusieurs années, ainsi que les hypothèses que j'ai émises sur les

---

[111] Il s'agit sans doute de *La projection du corps astral*, de S. Muldoon et H. Carrington, ouvrage d'inspiration théosophique (éditions du Rocher, Paris, 1980 pour la traduction française). L'effet d'induction par incubation est particulièrement net.

états non ordinaires de conscience, m'amènent à penser ;
"Ah ! Voilà que cela se produit dans ma vie."
Je me réfère tranquillement au livre de Muldoon et
Carrington où il est dit que, lors des premières expériences,
les mouvements du corps astral sont difficiles à contrôler... ;
en effet, je m'aperçois que qu'il n'est pas facile de me tenir
verticalement, mes mouvements sont très imprécis et j'ai un
peu l'impression de nager[112].
En douceur, je me réveille (ou bien je rêve que je me
réveille), couché sur mon lit. J'éprouve exactement le même
détachement que durant le rêve, et je me dis : "J'ai fait un
rêve lucide[113]." Ressentant une calme envie d'y regoûter, je
me laisse m'assoupir.
...Encore une fois, je flotte au-dessus du sol dans le même
état d'esprit. La sûreté de mes déplacements, bien qu'encore
insatisfaisante, s'est améliorée et je me fais la remarque qu'il
y a apprentissage en rêve lucide[114]. Cette fois, pour essayer
de mettre à profit une autre caractéristique du "corps astral"

---

[112] Auto-validation des croyances : le rêveur croit que c'est difficile -il n'en est rien pour qui n'a pas ce préjugé, l'expérience d'autres rêveurs le montre-, donc c'est difficile ; accessoirement cela conforte sa confiance dans les affirmations du livre.

[113] Voilà un début de maîtrise du rêve et d'initiative couronnée de succès.

[114] Ce rêve n'est pas lucide, mais montre que le rêveur commence à faire des rêves associés, comme les nomme Christian Bouchet ; penser à la lucidité en rêve est une étape.

dont je me souviens avoir lu des descriptions, je tente de passer à travers le plafond. Mon intention, clairement définie, est de noter la disposition (que j'ignore) des objets du salon des voisins...et d'aller ensuite les rencontrer pour vérifier ma "vision".

J'enfonce la tête dans le plafond jusqu'aux épaules, mais je me heurte à une totale obscurité et ma position s'avère plutôt inconfortable.

Me disant que je dois attendre d'être mûr[i115] pour ce genre d'expérience, je redescends dans ma chambre et plane vers la fenêtre. Derrière les carreaux, j'aperçois un paysage souvent visité en rêve : dans la nuit noire, sur un espace qu'on devine immense, se dressent de gigantesques ponts et bâtiments en bois sur lesquels joue la lueur mouvante de torches à dimension humaine. Je me souviens alors qu'en ce lieu qui semble désert vit une sorte de tribu formée d'hommes profonds et détachés, que je connais et qui me connaissent. Afin de rejoindre ces amis de rêves", j'essaie de passer à travers la fenêtre, sans succès, me heurtant à une sorte de résistance élastique des carreaux.

Finalement je me retrouve en train de marcher sur un pont de bois cyclopéen... Et le rêve se poursuit sans cesser d'être lucide".

Commentaire.

---

[115] On voit que la dépréciation de soi se conjugue avec le renforcement de la confiance dans l'autorité surplombante de la croyance pour accroître le risque de soumission et de perte du sens commun. C'est pourquoi je considère, pour ma part, que toute interprétation qui fait appel à un quelconque surnaturel doit faire l'objet d'une grande prudence, du fait de son extrême nocivité potentielle.

Devenir lucide en rêve, c'est se rendre compte que l'on est en train de rêver, et donc, reconnaître qu'on est en train de dormir et que le rêve est une illusion créée par l'esprit et non une expérience objective dans un environnement réel.

Dans les premiers éveils de la lucidité, le rêveur novice est parfois trompé par l'apparence réaliste et la conviction "*que c'est aussi vrai que le monde de veille, voire plus*" (c'est le fait d'être lucide qui donne cette illusion : l'éveil de la conscience donne cette intensité aux images). Ce type de rêve où l'on se demande si l'on rêve ou non, où l'on ne reconnaît pas la totalité de l'expérience pour un rêve est dit "prélucide".

La lucidité vraie apparaît dans les expériences suivantes, en général : le rêveur se souvient d'avoir douté de la réalité de son expérience dans le rêve précédent, teste la consistance objective du monde et en conclut que, comme la dernière fois, il est bel et bien en rêve.

C'est pourquoi les "projections astrales" sont des expériences relativement fréquentes au cours de l'apprentissage de la lucidité onirique. Comme Stephen LaBerge le rappelle fort justement, ce type de rêve se distingue des rêves lucides par une seule chose : la façon dont le rêveur les interprète. Au cours du rêve, s'il reconnaît l'OBE pour une illusion, le rêveur devient lucide et vit aussitôt une expérience riche, variée et exaltante comme les autres rêves lucides.

Quand il croit faire une expérience de sortie réelle hors du corps, il est en rêve prélucide: il prend conscience de la nature non-ordinaire de son expérience mais ne la reconnaît pas pour un rêve. Il reste empêtré dans des craintes et des superstitions. Le plus souvent, comme dans notre exemple, le rêveur vit la riche expérience qui consiste à regarder sa chambre ou à rester coincé quelque part dans un trou noir du plafond.

Contenu du rêve.
Ces événements oniriques sont bien sûr l'expression symbolique de sa situation psychique inconfortable.
"Sortir de son corps" correspond sans doute symboliquement à une perte de contact avec la réalité, une fuite dans l'imaginaire et un refus de la rationalité.
Ici, la confusion dans le récit lui-même vient précisément de l'absence de lucidité du rêveur à l'état de veille, qui semble croire que sortir vraiment de son corps est possible et que ce serait cela la lucidité !
Il s'agit évidemment d'une croyance spontanée superficiellement séduisante, qu'on trouve aussi dans *Vivre ses rêves*, le petit livre d'Olivier Clerc (Edition du soleil Helios) ou chez Patricia Garfield (*Pathway to Ecstasy*).

Quand le rêveur au cours d'une OBE est assez expérimenté pour agir librement, sans prendre son expérience subjective pour la réalité, il est parfaitement maître de son rêve et peut y faire tous les essais nécessaires pour constater qu'il n'a affaire qu'à une illusion.
Pour comparer les deux vécus oniriques liés à ces deux conceptions antinomiques de la réalité et des rêves, le lecteur pourra se reporter au récit de mon rêve de rupture de la corde d'argent raconté au chapitre II (cinquième partie) ; son contenu symbolique et son dénouement extatique plaident assez, en regard de celui que nous commentons, pour le choix de la liberté.

Effet de l'attente et auto validation.

Mais F. commence seulement à découvrir sa vie onirique. Il est ici victime d'un autre mécanisme bien connu : l'effet de l'attente. Ce que nous désirons ou nous attendons à vivre en rêve se produit. Si on croit qu'il est possible de sortir de son corps et qu'on attend la chose, surtout après des lectures inductrices, on a toutes les chances de faire des rêves conformes à cette croyance.

Le danger est l'auto validation : on y croit, donc on le rêve, on l'a rêvé, donc on y croit.

Les rêves du Moyen-âge étaient pleins de diables grimaçants et d'anges ailés. Les rêves reflètent toujours le monde tel que les hommes qui les font le voient ; d'où l'intérêt de se montrer prudent et exigeant en matière de savoir et de se méfier de toutes les croyances.

L'expérience montre que nous pouvons être totalement libres dans nos rêves, qu'ils sont notre création et une pure simulation où nous avons la chance de pouvoir vivre toutes les vies dont nous rêvons, y être voyageurs interstellaires ou preux chevaliers, y connaître plaisirs indicibles ou orgasmes multiples.

Le saboteur et allié.

F. n'est évidemment pas aussi perdu que le contenu de ses rêves pourrait le laisser croire : les rêves exagèrent toujours et généralisent ; ce qui leur donne une grande valeur informative sur nous-mêmes.

A de multiples reprises, en effet, se manifeste dans ses rêves, un acteur onirique souterrain. C'est celui qu'Ann Faraday nomme le « saboteur ». C'est lui qui fait disparaître l'escalier sous nos pieds ou cache les toilettes que nous cherchons désespérément.

Ici, il mène le scénario dans des impasses et témoigne donc de son refus de ce qui semble occuper la conscience du rêveur. C'est lui qui rend stérile l'exploration du monde astral et montre clairement que pour lui, c'est de l'obscurantisme à fuir, comme la situation inconfortable du personnage-F. coincé dans le plafond l'illustre.

Mais ce saboteur n'est-il pas le rêveur lui-même avec sa vision du monde ? N'a-t-on pas tout simplement affaire à des mécanismes d'auto validation de croyances ? Il croit, parce qu'il l'a lu, qu'il est difficile de contrôler son vol en "*projection astrale*" et évidemment, ne parvient pas à voler facilement. Il décide qu'il n'est "*pas assez mûr*" pour passer à travers un plafond de rêve et y reste coincé.

De même, F. semble avoir un idéal "spirituel" et croit n'avoir pas encore atteint le "*niveau nécessaire*" (la maturité ?). Et il reste à contempler le monde idéal et inaccessible de ses rêves à travers les vitres élastiques et résistantes que le saboteur place dans son rêve. Mais, quel monde idéal ? La nuit noire, un désert, éclairé par des torches où vivent des hommes préhistoriques. Le rêve en trace un tableau peu engageant.

Le saboteur a sans doute d'autres idées plus riantes. Ces rêves portent une leçon très importante : la preuve, ils ont pris la peine d'attirer l'attention sur eux par une prélucidité. Clairement, quoi qu'il fasse dans ses rêves en se référant à ses croyances et ses désirs conscients, le rêveur reste dans une impasse désagréable, incapable de prendre du plaisir, dans la nuit, isolé, à se déprécier.

La décision conseillée par ces rêves semble évidente : renoncer à toutes ces fantasmagories et ces préoccupations spirituelles occultes. La voie et l'épanouissement de notre rêveur, son rêve le dit assez, ne sont pas dans cette direction.

Répétons-le : il n'y a pas de niveau de développement spirituel et de maturité en rêve : il y a plus ou moins d'expérience, de pratique et de bon sens parce que, grâce à eux, on s'aperçoit que les limites des expériences oniriques et spirituelles sont celles qu'on leur attribue.

Il n'y a pas de portes mystérieuses à ouvrir par la mortification, l'auto-torture et l'étude longue et difficile, et à franchir avec crainte et déférence.

Nous sommes déjà dehors et l'univers infini des rêves nous est ouvert.

Péché originel
F. (20 Février 1990)

Ce rêve illustre les progrès rapides réalisés par le rêveur.

"Je suis éveillé brusquement par une sensation de tournoiement de mon corps... Je me retrouve dans un café, conscient de faire un rêve lucide, mais sans avoir un net souvenir des jours précédents... J'entreprends alors de séduire une femme... Je l'embrasse. Sa figure manque de consistance, ce qui accroit ma lucidité.
Trois ou quatre fois, je rejoue la scène jusqu'à parvenir à donner à la jeune femme suffisamment de consistance pour avoir l'impression physique d'embrasser une personne réelle.

J'ai ensuite un pseudo-réveil dans mon ancien appartement. Je pense à l'articulation entre le rêve lucide et la psychanalyse.

[116] Si ce décor est sombre, il a le mérite d'être clairement visible et déjà bâché, ce qui indique que les mesures les plus urgentes de protection ont été prises et que les travaux de reconstruction sont en cours.

259

Dehors, des pas. Le vent souffle sans arrêt. La porte d'entrée est largement percée, et les bâches qui cachent mal les trous sont malmenés par le vent... Tous les murs en ruine sont à présent bâchés, et l'appartement est à ciel ouvert. Désolation, regret, angoisse, tristesse[116].

De nouveau, j'éprouve l'impression de tournoiement... Je me retrouve dans un petit car, la nuit, sur une route de campagne. Dehors, dans la lueur des phares, j'aperçois le dos de quelqu'un qui marche sous la pluie, sur le bas-côté. J'ai le sentiment que si je pouvais voir son visage, ce serait pour moi une découverte considérable faite en rêve lucide. J'éprouve un sentiment mêlé de gravité et de jubilation angoissée. Quand le car dépasse l'inconnu, je me retourne. C'est raté ! Je ne l'ai pas vu. Intense frustration. (Après coup, cet homme me rappelle moi-même).

J'arrive en volant en vue d'une maison sordide pleine de secrets terrifiants liés à mon enfance. Je veux y entrer mais la porte est fermée. Je me dis alors : "Puisque je suis en rêve lucide, je peux passer à travers le mur.[117]

Volant horizontalement à un mètre du sol, j'essaie donc de traverser le mur qui résiste apparemment, le ressentant de ma tête, comme un obstacle matériel. A force d'obstination, je finis par me glisser à travers les briques ; débouchant dans ma maison aux portes désespérément closes, je dois

---

[117] On trouve encore ici une certaine soumission aux affirmations des autres et un manque d'initiative et de vraie curiosité qui consisterait à essayer de voir ce qui est différent et non ce qui est conforme aux croyances admises afin de progresser. Cela témoigne sans doute d'une grande désorientation et d'une grande vulnérabilité du rêveur, encore trop dépourvu de confiance en soi et donc de capacité d'initiative.

recommencer à jouer au passe-muraille... Cette fois, je parviens du premier coup dans la pièce suivante : ma chambre d'enfant. Je m'y tiens face à un miroir dans lequel j'essaie de me voir.

Au début, je n'y observe que des formes vagues, mais en persévérant je finis par voir mon visage. Il est déformé par une série de stries obliques et floues qui se déplacent sans cesse. Une vision qui est alors pour moi l'expression d'une vérité atroce et fondamentale. J'observe mes yeux, mes paupières rouges sans globes oculaires dessous, comme si ceux-ci avaient été arrachés. Tout se passe comme si je me voyais mort. Je crie de terreur, pas du tout rassuré par la conscience aiguë que j'ai de rêver. Je grimpe sur le rebord de la fenêtre et me dresse, face à la pluie battante. Je sens que je dois me réveiller car ce que je vis est insupportable, mais je sais que j'ai auparavant quelque chose de précis à faire. Je prononce alors le nom de mon analyste d'une voix étrange dont les inflexions profondes, posées, et pleines d'une autorité aussi grande que tranquille, me réveillent."

Commentaire

Outre la problématique de la quête de l'identité, ce rêve est une illustration particulière de l'effet des croyances, celui des mythologies psychanalytiques ici, sur les rêves.

Le contenu du rêve est en effet une mise en image très claire de la façon dont l'enfance et son rôle fondateur sont conçus par Freud : des perversités et des horreurs y sont cachées, enfermées et secrètes ; l'adulte en est le prisonnier à tout jamais ; même si, grâce au traitement psychanalytique long et coûteux, il peut en prendre conscience, ces désirs infantiles continueront à le diriger.

L'esprit du rêveur a été amené par l'événement rapporté en note à faire le point sur sa situation et il constate l'impossibilité d'avancer tant que des préoccupations comme retrouver les secrets de l'enfance par la psychanalyse, n'auront pas été abandonnées.

Il est intéressant de noter que cette mise au point radicale sur l'utilité de la psychanalyse (néfaste, elle ne mène qu'au cauchemar et à l'impuissance) en rêve se fait au lendemain d'une prise de conscience que "*tout ce à quoi l'on tient, y compris la vie peut nous être enlevé à tout moment, et ce, de manière imprévisible*". Mais, un cercle vicieux est enclenché : plongé dans des horreurs insupportables par ses croyances (le mythe de l'identité, le mythe psychanalytique), le rêveur, quoique lucide, n'a encore d'autre recours que de faire appel à son sauveur suprême, le thérapeute, à moins qu'il ne prononce son nom que pour l'accuser de toutes ces difficultés.

Là encore le manque de confiance en soi et d'initiative l'empêchent de faire face à la situation et de la dépasser. La solution serait pourtant simple : renoncer à se torturer sur des questions de ce genre et vivre, c'est-à-dire, en rêve, reconnaître le caractère illusoire de ces peurs, craintes et souffrances, regarder le contenu du rêve avec indifférence.

Par rapport au rêve précédent, on remarque un net progrès.

Le rêveur est cette fois vraiment lucide : il sait qu'il rêve et ne prend pas les illusions oniriques pour la réalité, même s'il continue à leur accorder de l'importance.

En outre, et c'est encore plus important, il fait preuve d'une certaine initiative et d'un certain courage pour affronter les difficultés, même s'il flanche avant la victoire complète : il parvient à traverser des murs qui lui résistent ; il s'efforce de se voir en face ; d'abord, il échoue mais il se donne une seconde chance et réussit.

Le déferlement de peur et les visions d'horreur qui accompagnent ce progrès sont elles-mêmes un signe positif

; elles montrent que notre rêveur commence à avoir le courage de se voir en face et tel qu'il est. Se voir mort n'est certes pas agréable mais il tient maintenant un fil facile à suivre pour progresser : se mettre à vivre, c'est-à-dire se prendre encore plus en charge.

Aujourd'hui, F. est devenu un rêveur lucide qui prend plaisir à rêver et les remarques précédentes ne le concernent plus.

La vérité sur nous-mêmes, notre vrai visage, ne peut être que ceci : chacun fait pour le mieux compte tenu de la situation, de ses moyens et de ses connaissances.

Nous ne sommes ni impurs comme le prétendent les religions, ni ignorants comme le disent les maîtres spirituels, ni coupables de nous sentir coupables comme le dit la psychanalyse.

La seule chose à craindre en rêve est la crainte.

D'autres premiers rêves lucides

Pour rester sur une meilleure impression, voici les premiers rêves de quelques autres rêveurs.

La rencontre de l'ami perdu
J. N., Annecy, le 18 Avril 1988.

J'avais entendu parler des rêves lucides par des amis ; j'avais lu un article dans Actuel[118] puis La Créativité onirique de Patricia Garfield parce que je savais que c'était quelque chose qui serait sûrement très important pour moi.

---

[118] Sans doute l'article de Patrice van Eersel dans le numéro de 1988 déjà évoqué.

J'ai commencé à tenir mon journal de rêve tous les jours. C'était difficile parce que je ne me souvenais presque jamais de mes rêves quand je voulais les noter. Par contre, les jours où je n'essayais pas, j'avais souvent des souvenirs le matin.

Chaque soir je faisais des efforts intenses de concentration pour me répéter : "Cette nuit, je vais devenir lucide." ou quelque chose de ce genre.

Il y avait bien un mois que je poursuivais sans grand résultat, quand, j'ai fait mon premier rêve lucide.

Je ne sais ce qui précéda, je me promenais dans une ville et soudain, je me suis retrouvé face à Régis, un ami que je n'avais pas vu depuis plus de dix ans. J'ai commencé à lui parler du hasard de se retrouver ainsi, mais en même temps, je me souvenais que je ne vivais plus à Paris depuis longtemps et je me demandais comment j'étais arrivé là. Finalement, je me suis dit que c'était sûrement un rêve. J'étais très content d'avoir enfin réussi à m'éveiller dans mes rêves.

J'ai regardé autour de moi avec avidité pour profiter de ce moment exceptionnel. Tout était étrange et clair, comme si c'était plus vrai que d'habitude et je me suis dit que pour une imitation, c'était vraiment réussi. En même temps que je voyais la rue autour de moi, j'avais l'impression d'être allongé dans mon lit. Je me suis dit que j'étais peut-être tout simplement réveillé en train de rêvasser. Mes copains m'avait dit qu'on pouvait faire des tests pour vérifier et j'ai essayé de m'envoler, de léviter et ça a marché !

J'étais très excité. Je me disais que tout était possible, sans limite. Je décidais d'aller visiter le vaste monde pour voir à quoi ressemble un univers de rêve. Je me suis retrouvé dans un village de campagne la nuit. Les maisons étaient petites et serrées. Il y avait de la lumière derrière les fenêtres et les gens avaient l'air de vivre normalement. Je me dis que

jusqu'ici je ne m'en étais pas trop mal sorti pour la première fois, mais qu'il devait être plus difficile de réussir à avoir des relations sexuelles avec un orgasme. Je fis un effort terrible pour me concentrer et réussis à faire apparaître une femme sympathique et désirable, je commençais à la caresser, mais elle n'avait presque pas de consistance et l'effort mental que je faisais pour l'imaginer m'exténuait. Finalement, je me suis senti angoissé et le visage de la femme devint laid et me dégoûta. Presqu'aussitôt, j'étais éveillé pour de bon dans mon lit avec un sentiment d'échec...
(Communication personnelle aux auteurs).

Commentaire.

J. a cru que faire des rêves lucides est difficile et demande un effort intense. Le mécanisme d'auto-validation des croyances, bien connu maintenant, lui rend tout difficile : il se concentre fortement, se fatigue pour induire ses rêves ; il s'attend à avoir du mal à les diriger et à y faire apparaître un personnage. Evidemment, son premier rêve lucide est pénible, le fatigue et résiste.

Faire des rêves lucides est plus facile que vous ne pouvez l'imaginer.

Il est plus efficace de savoir que devenir lucide et contrôler ses rêves est facile, ne demande même aucun effort volontaire. Le matin, on ne fait aucun effort pour se réveiller, on se retrouve éveillé. Dans les rêves, c'est la même chose. Cet éveil arrive à tous de temps en temps et il faut seulement s'en rendre compte. Mais ce n'est pas une question d'effort de volonté, c'est une question de savoir.
Tant qu'on ne sait pas que les rêves lucides existent et ce qu'on peut en faire, on est comme une personne qui ne

saurait pas à quoi sert un téléphone. Quand le téléphone sonne, elle ne décroche pas ou s'inquiète.

Quand vous vous rendrez compte que vous rêvez, vous saurez quoi faire ; c'est aussi simple que de décrocher et dire "allô". Les exercices d'induction ont pour but de multiplier les appels et de vous entraîner à décrocher.

Jonathan le goéland.
Yves, Arnouville-lès-Gonesse, 1958-1959 (j'avais cinq-six ans).

(Rêve prélucide).
Je suis dans la cuisine. La lumière est jaune et étrange. Je saute à pieds joints aussi haut que je le peux. A chaque saut, je me retrouve un peu plus haut et au lieu de retomber, je m'élève ainsi peu à peu. Finalement je suis contre le plafond et je m'y maintiens par des sauts répétés.

Je suis persuadé que ce n'est pas un rêve et que j'ai enfin réussi à voler comme Peter Pan, même si mon procédé est moins facile que le sien. Je dis à mes parents : "Vous voyez bien que c'est possible, je vole, on peut voler !"

Mes parents me disent que c'est impossible, comme si je n'étais pas au plafond. J'insiste et ils refusent de me croire malgré l'évidence.

J'ai fait une série de rêves de ce genre. J'y suis tantôt dans la cuisine, tantôt, quelques mois plus tard, dans le jardin. Au début, les souvenirs de ces rêves sont mêlés à mes souvenirs de veille et parfois, dans la journée, je me demande d'où me vient la conviction d'avoir volé vraiment. Je me rends bien compte que ce n'est pas possible quand je suis réveillé. Au bout de six mois à peu près de ces aventures volantes répétitives (une ou deux fois par semaine), je finis par admettre qu'il s'agit de rêves et je fais mon premier rêve lucide.

Je suis dans le jardin. Je me mets à sauter comme d'habitude et je monte jusqu'à quelques mètres du sol, à peu près à la hauteur du toit de la maison. Je me dis encore que c'est donc possible, même si personne ne veut me croire, comme les fois précédentes. Puis, je me souviens qu'à l'état de veille, j'ai admis que ces vols n'ont pu avoir lieu qu'en rêve puisqu'ils sont effectivement impossibles quand je suis éveillé. Je comprends alors que je rêve !
Je suis abasourdi car tout a l'air si réel, si banal, si conforme à la réalité : le jardin, la maison, le bac à sable, le portique, tout est en place, jusqu'à mes vêtements qui sont ceux que je porte dans la journée. Mes autres rêves n'ont rien de comparables et sont beaucoup plus bizarres. Je continue à flotter à mi-hauteur encore un moment avec un sentiment intense de plaisir et de liberté.

Quelques mois plus tard, les rêves de vol en sautillements s'estompent, mais je continue à voler en rêve lucide ; je vais de plus en plus haut au-dessus de la maison, des champs et du bois en décrivant des courbes de plus en plus larges vers le ciel et j'y prends un plaisir de plus en plus intense.

A l'adolescence, ces rêves et la lucidité disparaissent pendant une dizaine d'années. Ma mère m'a violemment réprimandé parce que j'avais prononcé en dormant des mots grossiers. Un professeur m'a vexé en interprétant devant la classe ces rêves comme des rêves de masturbation et de désir sexuel refoulé.

Printemps en Normandie.
J.B., Toulouse, Mai 1989.

Je suis en train de marcher dans le jardin de ma maison en Normandie. C'est l'après-midi, il fait bon, l'herbe de la pelouse est bien verte. Mais, à chaque pas que je fais, je m'élève un peu plus au-dessus du sol, comme si je montais un escalier invisible. Cela me semble normal, mais c'est ce qui m'étonne et je me demande si je ne suis pas en train de rêver. Le jardin a pourtant son air habituel, la façade de la maison aussi. Je me dis que si je ne rêvais pas, je serais beaucoup plus inquiet d'un phénomène aussi inhabituel et comme je me sens parfaitement calme, je conclus que je rêve.

J'ai une sorte d'éblouissement de plaisir qui me prend à partir des reins, c'est comme si les rayons du soleil venaient de partout à la fois. Et je me jette en l'air vers le ciel qui est d'une clarté extraordinaire. Je m'élève rapidement comme Superman ; je sens et j'entends le souffle de l'air sur tout mon corps. C'est un sentiment merveilleux. Je me sens libre, puissant et exalté.

Puis, je me réveille avec un sentiment de bien-être et d'euphorie formidable.

J'avais pratiqué la méthode Tholey (vérification de la réalité de la réalité) et j'avais eu des éclairs de lucidité dans mes rêves, toujours très brefs. Je venais de lire le livre de Stephen LaBerge..., et j'avais pratiqué trois jours de suite pendant les vacances sa technique Mild la semaine précédente sans résultats. J'étais un peu découragé quand j'ai fait ce premier rêve vraiment lucide comme dans les livres...Depuis, je fais ces exercices de temps en temps de façon à avoir des rêves lucides une ou deux fois par semaine.

Guide pratique

Guide pratique

Cette partie n'est pas une reprise des techniques qui sont présentées dans le cours du texte. Le lecteur y trouvera des explications concrètes et des exercices complémentaires.

1) Tenir un journal de rêve.

C'est encore le moyen le plus spontané de découvrir la lucidité et de disposer d'un outil pour toutes les autres applications du travail sur et avec les rêves.

Un journal de rêves utilisable suppose de réussir cinq étapes successives :
- se souvenir de ses rêves ;
- les noter sans les altérer ;
- les accompagner des informations contextuelles qui permettent de les éclairer (événements de la veille, associations...).
- les classer de manière utilisable.
Voici comment procéder.

Se souvenir des rêves.
C'est la première étape : faire des rêves lucides et ne pas s'en souvenir seraient dommage !
Comment faire ?
1) Organiser sa vie et son sommeil afin de favoriser le souvenir et le travail sur les rêves. Les réveils artificiels et les préoccupations nous détournent de nos rêves et de notre vie intérieure. Il est plus facile de tenir un journal de rêve pendant les vacances.
2) Accepter les rêves tels qu'ils sont, sans a priori.

Les attentes et les idées préconçues sur ce que vous voulez que vos rêves soient ou sur ce qu'ils veulent dire les altèrent et gênent le souvenir et la tenue d'un journal de rêve. Accepter tous ses rêves sans les juger ni les trier, c'est accepter de se voir soi-même tel que l'on est.

3) Au coucher, se répéter une phrase de suggestion (« Au réveil, je me souviendrai de mes rêves. »). Une technique de relaxation peut aider à en renforcer l'efficacité.

5) Tenir un journal de rêve régulièrement en suivant les conseils donnés ci-après.

La première chose à faire, que l'on ait une bonne ou une mauvaise mémoire des rêves est de noter ce dont on se souvient.

Aussi bref soit-il, un fragment de rêve a toujours quelque chose à nous apprendre et le noter améliore le souvenir des rêves suivants.

6) Ne pas se décourager et répéter les techniques jusqu'à la réussite.

Si les rêves vous fuient, essayer d'entamer un dialogue de type gestaltiste avec eux en leur posant la question : "Rêves, pourquoi me fuyez-vous ?". La première chose qui vous passe par la tête a des chances d'être une réponse.

Le journal de rêve.

Le journal de rêves est l'outil indispensable à un travail approfondi sur les rêves. Il est rarement tenu de manière constante. Mais, même si vous ne notez que quelques rêves de temps en temps, il se révèle toujours utile à court, moyen et long terme.

Comment faire ?

.1) Avoir **tout le nécessaire à portée de main** (papier, crayon...).

J'emploie un cahier à spirale de format A 5 (210 mm x 148 mm) auquel est clippé un stylo feutre fin ou à bille de bonne qualité. Le tout reste sur ma table de chevet.

Avec un peu d'habitude, il est possible d'écrire les yeux fermés dans le noir ; d'où l'intérêt d'avoir immédiatement sous la main, accroché au carnet, un stylo fiable (comme on ne peut voir s'il fonctionne, il doit tracer dès le début de son utilisation sans défaillance).

C'est la méthode la plus efficace : elle permet de noter ses rêves à la fin de chaque période de sommeil paradoxal.

Le fait de bouger, d'allumer une lumière et d'ouvrir les yeux perturbe le souvenir onirique.

On peut employer aussi un enregistreur quelconque, mais le son de la voix peut être perturbant.

2) **Préparer l'espace d'écriture** : écrire la date et le numéro du rêve à l'avance, en haut, sur la page de gauche. Il est utile, surtout en cas d'incubation de rêve (voir un peu plus loin les conseils à ce sujet), de noter les émotions, sentiments dominants, événements marquants de la journée et les préoccupations du moment. On s'éclaircit ainsi l'esprit et ce seront des indications pour mieux comprendre et tirer parti des rêves ensuite.

Le récit du rêve lui-même sera noté uniquement sur les pages de droite suivantes.

Les pages de gauche serviront, au réveil, à consigner les événements et les associations qu'évoquent pour le rêveur les éléments oniriques, en regard du passage de la page de droite qui les raconte.

3) **Ouvrir le cahier sur la page vierge de droite**, y fixer le stylo et poser le tout de façon à pouvoir le retrouver dans le noir sans tâtonner avant d'éteindre.

4) **Programmer le souvenir**.
Encourager les rêves à venir par une suggestion (ou une prière si vous en êtes pratiquants). Avoir relu avant d'éteindre quelques récits des rêves notés au cours de la nuit précédente peut aider.
Répéter la formule (« Je me souviendrai de mes rêves au réveil. ») en cas d'éveil au cours de la nuit, après avoir noté les souvenirs du rêve précédent. L'essentiel est que la première pensée au réveil soit pour la remémoration des rêves.

5) **Ne jamais faire confiance à sa seule mémoire** et prendre garde à la procrastination (le fait de remettre à plus tard), notamment au cours de la nuit.
Aussi vif que soit le souvenir du rêve au réveil, il s'efface très vite (la moitié dans les dix premières minutes).

6) **Avant tout, à chaque éveil se remémorer le rêve** ou les rêves aussi complètement que possible.
A chaque éveil, avant de faire quoi que ce soit (bouger, ouvrir les yeux, penser aux activités de la journée...), il faut se remémorer les rêves.
L'éveil naturel se fait à la fin d'un rêve. On en a donc un souvenir immédiat. En général, le souvenir du rêve revient par séquence à partir de la dernière. Repasser le rêve en entier dans la mémoire, puis le noter dans l'ordre si possible, sans chercher à reconstruire un récit totalement cohérent. Comme le remarque Christian Bouchet, nous faisons plusieurs rêves de niveaux différents simultanément.
En général, une seule chaîne d'aventures se présente à la fois et on a l'illusion de n'avoir vécu qu'une seule succession d'événements, mais avec l'habitude de la remémoration, les histoires oniriques peuvent se présenter de manière

arborescente où plusieurs développements parallèles se déploient à partir d'une même situation.

Une exception : écrire dès le début les formes verbales remarquables (noms, mots, phrases, chants...) car elles s'oublient plus vite que les images et vous risquez de les avoir perdues au moment de les noter à leur place chronologique.

7) Chercher ensuite d'éventuels souvenirs d'autres rêves. Pour cela, reprenez les diverses positions que vous adoptez pendant le sommeil. Souvent surgissent ainsi des bribes oniriques qui vous permettent de retrouver le fil de rêves entiers.

Evoquez les personnes que vous avez rencontrées la veille, les lieux visités et les activités pratiquées ; d'autres souvenirs peuvent aussi vous revenir alors.

8) Enfin, **noter les rêves ainsi reconstitués** en gardant les yeux clos et en revisualisant les événements oniriques.

N'écrire que sur la page de droite du carnet replié. L'auriculaire de la main qui écrit est calé sur le rebord supérieur de la page et permet de guider l'écriture. On descend à chaque nouvelle ligne. La spirale demeure toujours à gauche.

Noter les rêves aussi complètement que possible.

Après le récit des événements et pensées du rêve, noter immédiatement tout ce qui les accompagne, sentiments, émotions, réflexions ainsi que la façon dont vous vous sentez au réveil.

9) A la fin de la nuit, **relier le rêve à un événement de la veille** en complétant ce que vous aviez déjà préparé au coucher.

Sur les pages de gauche, notez les événements du (ou des) jour(s) précédent(s), ce que vous avez fait, si vous avez ressenti des émotions, lu un livre, eu une conversation, regardé un programme de télévision..., qui semblent en rapport avec le contenu et surtout les émotions ressenties en rêve.

Quand vous voudrez travailler sur votre rêve, vous aurez au moins un point de départ pour chercher de quoi il parle. L'émotion est souvent la première clé, celle qui accompagne le rêve renvoie à une même émotion éprouvée au cours de la journée. On peut alors rapprocher l'événement de veille qui a provoqué cette émotion du contenu du rêve.

10) **Classer les rêves** afin de pouvoir les retrouver et les comparer.

Il est souvent nécessaire de réécrire, de manière plus lisible, au cours de la journée, les récits notés dans le noir. C'est l'occasion idéale de préparer leur classement.

Pour gagner du temps, on peut directement utiliser la page de gauche du carnet à spirale où rien n'a été écrit, en regard du texte griffonné pendant la nuit.

Sur la première page, sous la date déjà inscrite la veille au soir, donner à chacun un titre qui résume le thème ou l'aspect le plus marquant du contenu.

Puis, y inscrire sur une ligne ou deux les mots-clés ainsi que la liste des personnages ; cela permettra, plus rapidement qu'en relisant tout le récit du rêve, de dégager les éléments récurrents, de rapprocher les rêves, d'observer l'évolution des thèmes et des personnages sur des années parfois.

Pour rendre la notation du rêve plus facile à exploiter, il est bon de souligner les noms des choses, d'encadrer ceux des personnages, d'entourer les actions réalisées, de signaler par une ligne ondulée, ou discontinue, par exemple, les émotions et sentiments. Un code de couleurs peut permettre de faire un repérage encore plus fin.

Des dessins et schémas où apparaissent les déplacements ou l'organisation de l'espace peuvent compléter l'ensemble.

Des poèmes, des chansons, des danses peuvent accompagner l'élaboration du journal aussi, surtout pour les enfants, remarque Patricia Garfield dans *Creative Dreaming*.

Ce travail un peu fastidieux se révèle très utile quand il s'agit de dégager une évolution et des récurrences, de comparer et d'étudier ses rêves. Si certains rêves, une fois écrits, restent en effet gravés à jamais dans la mémoire, le plus grand nombre s'en efface totalement. Relire un ancien journal de rêve confronte souvent le rêveur à des récits qui lui paraissent totalement inconnus, comme issus d'un autre esprit que le sien.

Tenir scrupuleusement un journal de rêves quotidien devient vite incompatible avec une vie normale active. Le mieux est de toujours continuer à noter rapidement les rêves et les événements marquants de la veille chaque nuit pour en conserver l'habitude et de faire le travail complet avec les indications complémentaires détaillées une nuit de temps en temps, mais régulièrement, par exemple en vue d'une réunion d'un groupe de rêveurs.

On observe alors que tout se passe comme si les rêves qui vont être traités avec plus d'attention faisaient un effort pour être plus riches et pour aborder les sujets les plus importants pour le rêveur.

Il est cependant, au début, plus efficace de s'organiser pour consacrer une période de quelques jours, voire semaines, à un travail approfondi, puis de manière épisodique, surtout dans les périodes de doute, de création, de recherche, de transition ou d'angoisse existentielle.

Il est possible grâce à la continuité du travail, d'entreprendre un véritable dialogue suivi avec ses rêves. Les rêves successifs sur plusieurs nuits poursuivent, en effet, souvent une même réflexion et reformulent les choses comme s'ils essayaient de se faire comprendre, de répondre et de guider.

En outre, au fur et à mesure, on découvre son vocabulaire onirique personnel et s'élabore une sorte de clés des songes particulière qui facilite encore la compréhension.

Le risque d'être submergé par ses souvenirs de rêves au point de n'avoir plus d'autre activité est faible, car, rapidement, soit les rêves se dérobent d'eux-mêmes (on n'a plus de souvenirs), soit l'ennui et le désintérêt amènent une modération raisonnable.

A titre d'exemple, à propos du lien entre rêve lucide et journal de rêve, voici le cas D'Hervey de Saint-Denys. (*Les rêves et les moyens de les diriger*, Première Partie, chapitre II)

Il avait treize ans lorsqu'il commença à tenir très régulièrement le journal de ses rêves. Sur cinq années, il consigna les rêves "*de 1947 nuits dans 22 cahiers remplis de figures coloriées. Durant les six premières semaines, on n'y rencontre guère de narration qui ne soit entrecoupée de nombreuses lacunes*"..."*Du troisième au cinquième mois, le manque de liaison devient de plus en plus rare, l'abondance des* récits" va croissant. Ensuite et jusqu'à la rédaction de son livre sur les rêves, vingt ans plus tard, il se souvint au matin en interrogeant sa mémoire de tous ses rêves de manière détaillée. Il raconte : "*Il m'arriva donc, une nuit de rêver que j'écrivais mes songes et que j'en relatais de très singuliers. Mon regret fut extrême de n'avoir pas eu conscience de cette situation exceptionnelle. Cette idée me poursuivit plusieurs jours, le songe ne tarda à se reproduire, avec cette modification toutefois que...j'eus parfaitement le sentiment que je rêvais, et je pus fixer mon attention sur les particularités qui m'intéressait davantage, de manière à en conserver un souvenir plus net...Ce nouveau mode d'observation prit une extension très grande. Il devenait la source d'investigations précieuses...*

Le premier rêve (lucide)...se place à la 207ème nuit de mon journal. Six mois plus tard, le même fait se reproduit deux fois sur cinq nuits, en moyenne. Au bout d'un an, trois fois sur quatre. Après quinze mois, enfin, sa manifestation est presque quotidienne..."

2) Incubation des rêves

Incuber un rêve, c'est agir de façon à programmer le contenu ou le thème de ses rêves.

Le but peut être de pure distraction, mais le plus souvent l'incubation sert à chercher des réponses à des questions concernant tous les aspects des préoccupations humaines, créativité professionnelle, artistique, acquisition de compétences diverses, aussi bien que thérapie physique ou psychologique.

Les rêves incubés sont, en outre, plus faciles à comprendre et interpréter parce qu'on sait quel sujet ils traitent.

Comment faire ?

1) **Choisir une période favorable** (trois nuits successives sans réveil artificiel).

Les excès, de fatigue, de préoccupations, de drogue ou d'alcool, sont à éviter. Il convient d'avoir le temps de pratiquer les exercices d'incubation dans le calme avant de s'endormir et de noter soigneusement ses rêves au réveil.

Il vaut mieux choisir une période dépourvue d'activités intensives, d'apprentissage ou d'émotions fortes, bref d'ennui et de vacances, afin de laisser les activités du sommeil disponibles pour ce que vous voulez voir aborder.

En outre, l'expérience a montré que l'incubation donne presque à coup sûr des résultats au bout de trois jours de répétition des exercices.

2) **Avant de s'endormir**, il est conseillé aussi de noter sur le journal de rêves les sentiments, émotions, événements de la journée pour libérer l'esprit de ses préoccupations et d'ouvrir la voie aux effets de l'incubation.

3) **La discussion incubatrice**

La phase principale de l'incubation consiste à concentrer les pensées et les activités de l'esprit sur le sujet qu'on désire voir traiter.

Quel que soit le problème, il faut donc consacrer un long moment dans la journée, et surtout avant le sommeil à y réfléchir. On se pose alors de nombreuses questions afin de charger dans l'esprit toutes les données disponibles à l'état de veille.

S'il s'agit d'une question concernant des difficultés personnelles, on peut se demander, par exemple :
- quelles sont les causes du problème ?
- quelles différentes solutions peuvent être proposées ?
- quels sentiments accompagnent le questionnement ?
- quels bénéfices apporte la perpétuation du problème ?

- que faudrait-il abandonner (la pitié, le sentiment du martyre...) en cas de résolution ?
- qu'est-ce que la solution changerait ?

Si le problème est d'ordre plus concret, on repassera surtout en esprit toutes les informations dont on dispose le concernant, les différentes solutions déjà envisagées, les autres sujets de nature analogue qu'on a étudiés, les diverses circonstances où on a réfléchi à cette question...
L'aspect symbolique du problème, les associations spontanées d'images, méritent également d'être envisagés, de façon à solliciter les mécanismes plus analogiques de la pensée de rêve.

4) **La phrase d'incubation**.

Sur le journal de rêves, à la suite du résumé de la discussion précédente, noter une question simple et courte. Elle servira de déclencheur. Par exemple :
- Qu'est-ce qui ne va pas entre X et moi ?
- Donne-moi une idée pour ma prochaine conférence (mon prochain cours, tableau, installation, chantier...).

Il convient de mettre la phrase en évidence, soulignée, écrite en gros caractères, dans le carnet de rêve.

5) **Au moment de s'endormir**, dans le calme, se relaxer et se répéter la phrase en se concentrant sur son sens.

6) **Puis se détendre** et se laisser glisser dans le sommeil avec confiance, car, de toute façon, les rêves vont répondre à la question posée.

Le rêve va choisir les meilleurs symboles disponibles dans votre mémoire pour traduire vos préoccupations et proposer une vision plus riche en puisant dans toutes les ressources de votre esprit, y compris les composantes inaccessibles à la conscience de veille. Ainsi va émerger une vision plus large, nouvelle et parfois, le rêve à lui seul offre la résolution du problème par l'expérience qu'il est en lui-même.

7) Au réveil (ou en cours de nuit, à chaque éveil), **noter les rêves en détail**.
Revivre les rêves en imagination permet parfois d'obtenir de nouvelles informations, des éclaircissements supplémentaires. Appliquer tous les conseils donnés pour la tenue du journal de rêves avec application et exhaustivité.

Si le rêve ne semble pas répondre à la question posée, le travail d'interprétation et de dialogue va sans doute apporter un éclaircissement plus définitif. Il est bon dans ce cas de se faire assister par un ami exercé ou un groupe.
Les cas d'échec sont rares et souvent dus à l'incapacité de l'esprit de veille à voir la réponse dans ce qui a été rêvé.
Il se peut que le problème posé en cache un autre que vous n'aviez pas voulu aborder. En ce cas les rêves le signalent, parfois crûment.
Parfois aussi, les rêves ont des priorités et votre question trouve une réponse mêlée à d'autres choses qui la rendent indéchiffrable. Il faudra attendre qu'ils soient plus disponibles pour être traitée de manière plus claire (d'où la répétition de l'incubation sur trois jours calmes).
Dans tous les cas, le plus probable est que la réponse est donnée. A vous de la comprendre.

Quelques exemples d'incubations, volontaires ou non.

Le rêve de Hilprecht et du prêtre assyrien

Cette histoire est si significative et si remarquable qu'on la trouve répétée dans de nombreux ouvrages sur les rêves. A l'origine, elle apparaît, à ma connaissance, chez Robert L. Van de Castle, (*Our Dreaming Mind: A Sweeping Exploration of the Role That Dreams Have Played in Politics, Art, Religion, and Psychology, from Ancient Civilizations* (1-Jun-1994)).

En 1893, un archéologue allemand du nom de Hilprecht, spécialiste de l'écriture cunéiforme, s'interrogeait à propos des signes gravés sur deux petits fragments d'agate qu'il croyait d'origine babylonienne. Après y avoir longuement réfléchi, il se coucha tard et fit ce rêve :
Un prêtre de la cité préchrétienne de Nippur le conduit dans la partie sud-est du temple et lui montre les fragments d'agate qui le préoccupent en lui expliquant que le roi Kurigalzu avait fait don au temple de Bel d'un cylindre votif en agate recouvert d'inscriptions. Les prêtres coupèrent ensuite ce cylindre en trois morceaux afin de faire trois bagues. Deux de ces bagues devinrent des boucles d'oreilles pour la statue d'un dieu. Ce sont ces fragments du cylindre qui ont été retrouvés.
Au réveil, Hilprecht examina à nouveau les morceaux d'agate et put déchiffrer l'inscription suivante : « Kurigalzu, prêtre de Bel, a offert ce don votif au dieu Ninib, fils de Bel, son seigneur ».

Le rêve de Sandra

Sandra vint dans un groupe de rêveurs avec un rêve fait à la suite d'une interrogation sur sa relation avec son compagnon. Dans ce rêve, son compagnon était au volant, et conduisait lentement dans la nuit, sur un chemin sinueux et chaotique. De temps en temps, des routes plus larges et bitumées apparaissaient à droite et à gauche, mais il ne semblait pas les voir. Elle en conclut qu'il lui fallait se décider à agir par elle-même et se lancer seule dans des projets ambitieux au lieu de continuer à laisser son compagnon la contraindre à mener une vie terne et passive à son côté. Ce qu'elle fit avec succès.

Robert Louis Stevenson et ses « brownies » (lutins) narrateurs

L'écrivain écossais raconte qu'il avait coutume de laisser son esprit travailler tout seul la nuit pour lui fournir des bribes d'histoires. Il prétendait se contenter de les rassembler et de les mettre en forme dans la journée.
Ainsi, il avait écrit un premier récit à propos de la dualité de l'esprit humain qui lui avait paru si insatisfaisant qu'il l'avait détruit. Mais, pressé par le manque d'argent, il reprit ce sujet et se creusa la cervelle deux jours entiers en vain. La seconde nuit, il rêva d'une scène qui devint ensuite le point culminant de son œuvre la plus célèbre, où Hyde prenait la drogue qui le métamorphosait en Docteur Jekyll devant ses poursuivants. Ce témoignage sur la vie de rêve se trouve dans le livre de Stevenson intitulé « Un chapitre sur les rêves » in *Olalla des montagnes et autres contes noirs* (Robert Louis Stevenson (Auteur), Pierre Leyris (Traducteur), Poche, 2006)

La machine à coudre

Pour les Américains, Elias Howe aurait inventé la machine à coudre (à navette) et déposé le premier un brevet en 1845. (Pour les Français, le premier brevet date de 1830 et est dû au génie de Barthélémy Thimonnier.)

Howe a raconté comment, pressé par l'argent, après des recherches acharnées, il finit par rêver avoir été capturé par des indigènes cannibales. Ceux-ci lui avaient ordonné d'inventer la machine pour le lendemain matin, faute de quoi il serait exécuté.

Dans ce rêve, il voyait les indigènes pointer leurs lances menaçantes d'avant en arrière en se rapprochant de lui.

Or, la pointe des lances était percée, ce qui permettait de l'attacher aux manches grâce à des lanières.

Il imagina alors que des fils passaient par les pointes des lances, et faisaient des allers et retours. La machine à navette était née.

3) Interprétation des rêves

Sur ce sujet, vous trouverez quelques titres incontournables dans la bibliographie de fin de volume, mais si un seul livre doit être lu, c'est *Break Through Dreaming* de Gayle Delaney[119]. Elle y aborde tous les aspects de la méthode et propose des conseils pour faire face aux difficultés. On peut aussi consulter *In Your Dreams*[120] dans lequel elle recense les images les plus couramment rencontrées en rêves avec de nombreux exemples d'interprétation, mais sa bibliographie sur ce sujet n'a cessé de s'accroître.

Au lieu d'« interprétation », il vaudrait mieux utiliser « compréhension », car rien n'indique que les rêves aient une quelconque intention, qu'ils veuillent dire quoi que ce soit, ni qu'ils portent un sens précis, unique et particulier, au contraire. Ils donnent des indications sur les processus sous-jacents à l'activité consciente et volontaire de l'esprit. A ce titre, ils sont des indices très éclairants de ce qu'il se passe dans les profondeurs de notre esprit. Il est donc possible de revenir, au fil du temps, sur un même rêve et de lui trouver des couches superposées de sens qui se révèlent et se complètent au fur et à mesure de la vie.
Une interprétation est toujours incomplète et n'épuise jamais les significations d'un rêve. Le but d'une interprétation doit être modeste ; il ne peut être que de permettre au rêveur de tirer une leçon applicable dans sa vie éveillée, non de faire rendre gorge au sens ultime du récit onirique.

---

[119] Gayle Delaney, *Break Through Dreaming, How to Tap the Power of Your 24-Hour Mind.* Bantam Book (1993).
[120] Gayle Delaney *In Your Dreams, Falling, Flying & Others Dream Themes*, Harper One (1997).

L'interprétation est un jeu satisfaisant et rassurant pour un esprit conscient et rationnel, mais son utilité est, en fait, très discutable. Le changement de comportement en rêve, le travail d'amélioration du scénario permettent le plus souvent, à eux seuls, de progresser. Le simple récit du rêve en lui-même est épanouissant et transformateur, comme si l'esprit tirait la leçon du rêve directement à travers son symbolisme, sans avoir besoin de le traduire dans le langage de veille. L'avantage de s'abstenir de chercher à toute force une interprétation est qu'on évite ainsi le risque de se fourvoyer, et d'enfermer le rêve, qui est toujours polysémique et foisonnant de significations symboliques, dans une lecture limitante.

En outre, dans tout travail d'interprétation, pour en éviter les effets destructeurs potentiels pour le rêveur, il convient de garder à l'esprit certaines vérités fondamentales.
1) Le rêve est la création du rêveur. Il ne saurait donc apporter une quelconque vérité objective sur le monde réel. Il ne peut que dire comment le rêveur voit ses mondes, extérieur et intérieur, et lui-même dans ces mondes.
Cette affirmation vient à l'encontre des conceptions des rêves antiques, telles qu'elles apparaissent, par exemple, chez Homère, qui pouvait voir dans les rêves des messages envoyés par les dieux.
2) Tout ce qui apparaît en rêve vient donc du rêveur, de ce qu'il pense, croit, sait, imagine, invente.
3) Chaque rêveur a plusieurs conceptions simultanées et successives de lui-même, des autres, du monde, de ses désirs, et toutes peuvent se manifester dans les rêves. Un rêve propose donc une vision particulière à un moment précis.

4) Un rêve gagne à être considéré et interprété au sein d'une série et non isolément. On peut ainsi voir comment les trains de pensées sont liés et s'enchaînent. Souvent les parties les plus évidentes et claires apportent des clés pour comprendre les parties les plus obscures. Même s'ils paraissent sauter du coq à l'âne, les rêves constituent une suite cohérente au niveau symbolique et doivent être considérés dans leur continuité.
5) Toute tentative d'interprétation doit reposer sur les associations du rêveur lui-même, et de lui seul. Chacun construit son propre vocabulaire symbolique, au fur et à mesure de ses expériences personnelles.
L'utilisation des clés des songes et autres listes de symboles oniriques universels est donc à manipuler avec la plus extrême circonspection.

Ann Faraday résume les interprétations possibles ainsi :
le rêve dit   - comment je me vois
                - comment je vois les autres
                - comment je vois le monde
                - comment je vois mes désirs et besoins
                - comment je vois mes conflits intérieurs.

Cette conception du rêve et de son sens a permis d'élaborer des techniques de questionnement qui ont pour but une interprétation qui mène à une décision applicable dans la vie du rêveur. Cette interprétation doit servir à améliorer la vie du rêveur à partir de ses propres associations.
Il faut toujours rejeter les interprétations projetées sur les rêves par des figures d'autorité, spécialistes, autoproclamés ou diplômés, gourous ou prêtres. Aussi habiles et convaincantes qu'elles puissent paraître, elles risquent d'être mutilantes en induisant une image de soi faussée chez le rêveur et en encourageant sa soumission.

Les questions à poser et l'interprétation selon Gayle Delanay

Gayle Delaney propose une méthode de questionnement aisément utilisable avec un interlocuteur ou dans le cadre d'un groupe de rêveurs. Si on est seul, comme c'est souvent le cas, on peut jouer tour à tour le rôle du rêveur et de l'interviewer.

Elle insiste sur le fait qu'il faut aborder chaque rêve avec un esprit dépourvu de présupposé, comme si on arrivait d'une autre galaxie et qu'on ignorait tout de la vie sur terre. On doit éviter avec soin toute suggestion et toute projection.

Le journal de rêve peut servir de support.

La démarche s'organise en six étapes.

1) **Le rêveur raconte son rêve au présent**, en s'efforçant de revivre son rêve, d'en retrouver les événements, de rééprouver les sensations et les émotions.

Le partenaire note les éléments essentiels du récit au fur et à mesure (voir la technique des marques qui permettent de repérer les divers composants expliquée à propos du journal de rêves).

On demande ensuite au rêveur de fournir une description précise et aussi objective que possible de chacun des éléments importants du rêve (objets, personnages, décor, action...). Le rêveur doit expliquer les choses comme s'il s'adressait à quelqu'un tombé d'une autre planète, en précisant ses sentiments et ses jugements à propos de chaque élément.

Les questions à poser sont de ce genre :

« A quoi ressemble cet objet (cette personne, cette action, cette sensation, ce sentiment, cette émotions...) ? Comment

est-il construit ? Que ressens-tu à propos de cet objet (…) ? Qu'est-ce que c'est ? A quoi cela sert-il ? Comment l'utilise-t-on ? Dans quelles circonstances ? A quoi ressemble celui de ton rêve ? »

On a souvent la surprise de constater que chacun a sa propre conception du monde et de ce qui le compose. Le questionneur se doit d'insister pour obtenir une réponse précise des caractéristiques et des qualités de chaque élément tels que le rêveur se les représente. On ne peut pas se contenter de réponses superficielles et tautologiques (« *Une voiture, c'est une automobile, évidemment !*»). Il faut insister comme si on n'avait jamais vu d'automobile et le rêveur doit expliquer comme s'il s'adressait vraiment à un Martien sortant de sa soucoupe.

2) **Reformuler et récapituler chaque information** donnée dans ces descriptions avec les mots et l'intonation employés par le rêveur.

Surtout ne pas ajouter de commentaire, d'association ou changer le vocabulaire, si vous êtes l'interviewer.

Seul, il est bon de noter sommairement les réponses lors de ces descriptions et de les relire pour vérifier qu'elles sont complètes.

Les termes employés par le rêveur suffisent souvent à déclencher la découverte du sens de l'image.

Récapituler de manière synthétique les éléments essentiels de chaque description, sans essayer d'interpréter.

3) **Chercher des liens entre les images du rêve et des situations de la vie de veille** du rêveur.

La question peut se formuler ainsi :

« *Est-ce que (reprendre la description) évoque quelque chose ou quelqu'un de ta vie de veille ? Y a-t-il quelque chose, quelqu'un que tu as vu, rencontré, fait hier (ou avant-hier) qui te rappelle cet élément du rêve ? »*

Ou bien « *Est-ce que (reprendre la description) te rappelle une partie de* toi *?* »

On peut choisir de relier ainsi chaque image au fur et à mesure qu'elle est décrite. On peut aussi établir plusieurs descriptions avant de rechercher ce qu'elles évoquent.

Cette étape est déjà une interprétation et ne doit être entreprise qu'après avoir obtenu et restitué des descriptions suffisamment riches.

Les émotions ressenties en rêve sont les indices les plus puissants. Elles permettent presque toujours de relier clairement le rêve à un événement vécu récemment. La question « *Dans quelles circonstances récentes as-tu ressenti la même émotion ?* » déclenche le plus souvent l'illumination que procure la compréhension du rêve.

Il faut cependant s'obliger à continuer le parcours pour parvenir à tirer la leçon délivrée par le rêve.

4) **La validité des liens** entre les éléments oniriques et ceux de la vie de veille doit maintenant être testée. Il faut amener le rêveur à expliquer ce qui justifie chaque lien qu'il a établi.

« *Tu as dit que l'image X de ton rêve t'a fait penser à cet élément Y de ta vie de veille. Peux-tu expliquer pourquoi ? Qu'est-ce qui les rapproche ?* »

Si le lien paraît faible, il va falloir revenir à l'étape de la description pour obtenir plus d'informations. On peut le faire au fur et à mesure ou choisir de passer à la suite des images et les décrire pour rassembler plus d'informations avant de revenir sur l'image insuffisamment décrite.

5) **Reprendre et reformuler** les descriptions et les liens trouvés au fur et à mesure, particulièrement à la fin de chaque scène, puis à la fin du questionnement.

Demander au rêveur de vous corriger si vous avez mal compris, négligé ou donné trop d'importance à certains éléments. En même temps, c'est l'occasion pour le rêveur d'ajouter toutes les idées qui lui passent par la tête à ce moment.

Le plus souvent, si ce n'est pas encore fait, c'est à ce stade que les éléments du rêve s'emboîtent et prennent sens pour le rêveur, que le rêve devient clair.

La validité de l'interprétation générale du rêve se vérifie à l'émotion esthétique qui accompagne la révélation du sens. Le rêveur confronté à cette interprétation ressent une sorte d'enthousiasme, une bouffée d'énergie ; si cette émotion est absente, c'est qu'il faut continuer à creuser.

6) **En tirer une leçon**.

Le rêveur doit maintenant réfléchir aux décisions, actions, changements dans sa vie qui lui paraîtraient appropriés, du fait de ce que le rêve lui a appris. L'interviewer doit se retenir de proposer sa propre vision des choses. Il peut cependant pousser le rêveur à réfléchir à toutes les implications du rêve. Le travail n'est terminé qu'après la formulation claire d'une décision concrète par le rêveur.

Il arrive que la leçon et l'interprétation élaborées par le rêveur paraissent à son partenaire très insuffisante, partielle, voire presque de mauvaise foi.

Le rêveur doit absolument être respecté. Il a le droit de ne pas voir une évidence flagrante pour les autres. Il ne faut pas céder à la tentation de lui expliquer ce qu'on voit dans son rêve, même si on a la certitude d'être dans le vrai. Une partie de l'esprit du rêveur peut empêcher une prise de conscience trop brutale pour le protéger parce qu'il n'est pas prêt à l'accepter. Une confrontation pourrait lui être pénible ou néfaste.

Il faut faire confiance au travail de l'esprit. Le message du rêve est passé et fera son chemin, même sans le concours de la conscience. On a vu d'ailleurs comment des problèmes psychologiques peuvent être résolus par le simple changement de comportement au cours du rêve, voire au cours de la remémoration d'un rêve dont le rêveur choisit de transformer le scénario, sans aucune interprétation,

On demande ensuite au rêveur de relire les notes prises deux ou trois fois dans la semaine suivante afin de garder en mémoire les images principales de son rêve et les informations qu'il en a retirées. L'effet positif d'une interprétation bien menée se développe dans les jours suivants. Son souvenir resurgit et de nouvelles lumières apparaissent spontanément qui viennent l'approfondir. Le travail de l'esprit sur lui-même se poursuit de manière sous-jacente à la pensée consciente.

Rédiger un bref compte-rendu de l'entretien aide à mieux s'en souvenir et à mieux comprendre les éclaircissements qui en ont été tirés.

En abordant une seule image à la fois et en établissant une description à l'aide des questions appropriées à chaque thème et à chaque image, on apprend vite à faire de bonnes interprétations. Il s'agit en fait d'apprendre à utiliser le langage onirique fait d'images, d'émotions et de métaphores.

Préparer une série de fiches recensant les questions à poser à chaque étape et pour chaque type d'élément onirique apporte une aide considérable et permet de s'assurer de progresser méthodiquement.

4) Les groupes de rêveurs

Les groupes de rêveurs ne présentent pas de formes fixes et unifiées. Cependant, ils ont des points communs tant dans leurs buts que dans leur déroulement.

Ils sont nés de la rencontre de la psychologie humaniste, popularisée par Ann Faraday, inspirée des travaux de Fritz Perls, du succès de la méthode dite « des Sénoïs » révélée par Kilton Steward (et connue grâce à Patricia Garfield et son livre *Creative Dreaming*). La redécouverte des méthodes d'incubation des rêves, de leur utilisation à des fins thérapeutiques, créatives ou de développement personnel ou spirituel, la lucidité onirique, son induction et ses applications font partie des intérêts qui poussent certains rêveurs à rejoindre ou créer des groupes.

L'apparition des groupes de rêveurs correspond également à la démarche de réappropriation par chacun de sa vie onirique, trop souvent considérée comme le monopole de spécialistes, psychanalystes, psychiatres ou thérapeutes.

Le groupe de rêveurs répond donc à plusieurs besoins. Il permet de renforcer le travail personnel, quel qu'il soit, sur les rêves, grâce au partage et à la stimulation qu'il apporte. Socialement, il assure aux gens qui s'intéressent à leurs rêves une occasion de ne pas rester isolés et de trouver à échanger sur ce sujet marginal et mal connu.

Ce sont donc certaines règles fondamentales dans le mode de relation entre ses membres qui fondent et définissent les groupes de rêveurs contemporains, même si les buts, les activités, les centres d'intérêt varient.

Montague Ullman a animé un réseau international de groupes de rêveurs, surtout orienté vers l'interprétation des rêves. C'est lui qui a synthétisé le premier les règles qui régissent le fonctionnement de ces groupes. Ann Faraday, déjà citée, a apporté une approche plus large de l'utilisation des rêves, incubés et spontanés, dans de multiples buts. Dans son ouvrage *Living Your Dreams*, vaste compilation sur le sujet et témoignage sur sa propre expérience, surtout centrée sur l'interprétation des rêves, Gayle Delaney propose aussi une méthode assez directive.

Même si l'absence d'un spécialiste armé d'une théorie et d'une autorité dans les groupes rend les rêves aux rêveurs et favorise le progrès personnel et l'autonomie, il est nécessaire que le ou les animateurs aient acquis connaissance et pratique par un travail sur leurs propres rêves et au contact d'autres rêveurs. Animer un groupe de rêveurs demande aussi d'être au fait des principales théories et recherches sur les rêves.

Tous les auteurs insistent sur la nécessité de respecter le rêveur, son autorité sur ses rêves et ses éventuelles résistances.

Montague Ullman recommande une organisation des séances qui respecte cet impératif essentiel.

La méthode Ullman
Elle se déroule en trois temps.

Première étape

Un rêveur du groupe raconte son rêve au présent et à la première personne, de préférence avec l'aide de notes. Il vaut mieux choisir un rêve court, récent (celui du matin est le meilleur car les émotions, les associations, les souvenirs des activités de la veille sont encore présents dans la mémoire).

Les autres membres du groupe écoutent en silence et prennent des notes aussi exhaustives que possible.

Ils sont ensuite invités à poser toutes les questions qu'ils désirent pour s'assurer qu'ils ont bien compris ce que le rêveur a raconté et pour éclaircir les événements, personnages, circonstances du rêve de façon à être capables de se le représenter mentalement. Ils ne lui demandent ni interprétation ni association.

Deuxième étape

Le rêveur se tait, écoute et prend des notes.

Le reste du groupe, mené par son animateur, essaie de comprendre le rêve.

L'avantage de faire travailler le groupe à ce moment est qu'il ignore les associations du rêveur, l'interprétation qu'il a pu déjà trouver. Le groupe peut donc explorer le rêve sans être influencé. Il est possible alors que des aspects du rêve que le rêveur lui-même n'avait pas aperçus se trouvent révélés.

Cette recherche se fait en deux moments :

- le premier consiste à essayer d'exprimer les émotions et sentiments ressentis au cours du récit de rêve sans essayer d'interpréter. Chaque membre est invité à revivre en imagination le rêve raconté comme si c'était le sien, comme s'il était en train de le faire, et exprime quelles sont les émotions que cela provoque en lui. L'animateur intervient surtout pour recentrer les interventions et refuser les interprétations à ce moment.

- le deuxième moment consiste à tenter l'interprétation des images du rêve comme si chacun étudiait ses propres images oniriques.

Le rêveur continue à rester témoin. Chaque membre travaille en fait sur sa propre vision du rêve. Les matériaux apportés sont donc leurs projections personnelles.

L'animateur veille à rappeler sans cesse que chacun travaille sur ses propres images et non sur le rêve du rêveur. Les remarques du genre « Tu dois avoir ressenti ceci ou cela. » sont rejetées.

Quand tout semble avoir été examiné, l'animateur qui a noté les propos du groupe, s'assure que tous les détails du rêve ont été examinés et les remet en ordre.

Souvent, replacées dans l'ordre chronologique, les images s'éclairent d'elles-mêmes à ce stade.

Troisième étape

L'animateur s'adresse ensuite au rêveur pour lui demander de choisir ce qui l'intéresse dans tout ce qui a été dit, ce qui semble correspondre à ce qu'il ressent ou vit et ce qui lui est clairement étranger. Les suggestions qui tombent juste sont évidemment utiles, celles qui sont refusées par le rêveur l'aident aussi à définir ce que son rêve n'est pas.

Les gens du groupe comprennent aussi ce qui était de leur part des projections et découvrent ainsi des choses sur eux-mêmes.

Il est souvent utile d'encourager le rêveur à se rappeler les pensées qu'il a eues juste avant de s'endormir. On peut aussi lui demander de récapituler les événements de la journée précédant le rêve. En général, le sens du rêve surgit clairement dans une telle séance.

Il est difficile d'examiner plus de deux rêves au cours d'un tel travail, qui se révèle long et épuisant pour le groupe.

Créer un groupe de rêveurs.

Un groupe de rêveurs peut compter de deux à quinze personnes.

Chaque membre doit commencer par tenir un journal de rêves, l'amener aux réunions et explorer ses rêves, non seulement dans le groupe, mais individuellement.

L'idéal est que le groupe se réunisse régulièrement, pour deux ou trois heures, d'une à quatre fois par mois.

Trop de réunions légitime les absences et crée des contraintes. Des réunions irrégulières ou trop rares ne permettent pas un travail efficace ; l'habitude de travailler sur ses rêves est une des conditions du progrès.

Un groupe peut être composé d'amis, de collègues, de voisins, de membres d'une même famille.

Il est bon qu'un accord minimum sur l'approche des rêves et les buts recherchés soit partagé par tous, afin d'éviter les pertes de temps de discussion sur l'organisation et le fonctionnement du groupe.

Eviter soigneusement les croyants adeptes d'une théorie, quelle qu'elle soit, qui viendraient dans le groupe afin de convertir les autres et exercer une sorte de magistère. Le travail sur les rêves, du fait des enjeux subjectifs et intimes profonds qu'il implique ne peut s'accommoder de rivalité, de jeux de pouvoir.

Les sorties hors du corps, les souvenirs de vies antérieures, les perceptions extrasensorielles, comme les rêves lucides sont des expériences subjectives extrêmement intenses qui ont souvent, pour ceux qui les ont expérimentés, une importance déterminante dans leur vie personnelle. Il s'agit donc de les respecter en tant qu'expériences et de refuser toujours de débattre de leur statut de faits objectifs ou d'hallucinations pures.

Tous les auteurs s'accordent sur le fait que le groupe de rêveurs doit être un lieu d'épanouissement et de libération où chacun devient plus proche de sa nature, de ses besoins et se libère des conformismes et des images auxquelles il a appris à essayer de s'identifier.

Le contrat moral

Une certaine prédominance doit être accordée à l'animateur, non pour qu'il impose un contenu, mais pour qu'il anime, c'est-à-dire qu'il assure la fluidité dans les relations, qu'il organise le déroulement des séances afin que chaque participant puisse trouver ce qu'il vient chercher, pourvu qu'il s'agisse de progrès personnel et d'épanouissement, et non la satisfaction d'un ego dominateur. Le rôle d'animateur peut être confié tour à tour à chacun.

Le groupe marchera bien si personne ne juge et n'est jugé. Chaque membre doit respecter les sentiments des autres, leur droit à leur vie privée et leurs croyances. « *Les révélations personnelles doivent rester confidentielles.* » écrit Ullman. La décision de raconter un rêve ou non, de révéler son contenu en public doit être toujours laissée à l'appréciation du rêveur et répondre à un désir authentique de partager une expérience et de l'analyser, non à un acte de complaisance extorqué par l'insistance du groupe.

Le rêveur doit pouvoir arrêter le processus de travail sur son rêve quand il le veut et sans justification.

Evidemment, chaque membre doit s'engager au cours de la première séance à garder totalement secret ce qui se déroule et se dit à propos des rêves ou même des affaires de la journée de chacun au cours des réunions. De même, en cas d'absence d'un membre, évoquer ses rêves ou ses expériences est à éviter.

Le rire et l'humour peuvent aider à développer les associations et rend les séances plus agréables, mais toute moquerie doit être absolument bannie.

Le fait d'entendre le groupe rire de situations cocasses dans un rêve que le rêveur a vécu comme sinistre peut l'aider à prendre de la distance vis-à-vis de ses difficultés ; ce qui est le début de leur élimination.

La séance

Dans les groupes organisés par Gayle Delaney, qui visent le développement personnel et spirituel plus que la thérapie, chaque séance peut commencer par le compte-rendu des lectures de chacun des membres sur les rêves, suivi d'une brève discussion à propos de ces lectures, des rêves en général, des diverses expériences oniriques des participants depuis la dernière rencontre.

Lors de la première séance, chacun se présente, résume sa vie et ses intérêts dans la vie et à propos des rêves, et dit ce qu'il compte retirer de sa participation au groupe.

Après cet échange préliminaire, il serait bon que chacun ait l'occasion de raconter un de ses rêves afin de le travailler avec le groupe. Il faut un effectif très limité et un travail rapide ; il est difficile d'examiner plus de deux ou trois rêves par séance.

Le récit de rêve

Le rêveur doit avoir revu ses notes sur le rêve avant la réunion de façon à être capable de raconter le rêve sans hésitation, de manière vive, avec les émotions et les sentiments. Il vaut mieux ne pas interrompre le rêveur au cours de son récit. Des commentaires comme « *J'ai fait un rêve du même genre où je...* » ou bien « *Oh ! J'ai une voiture (une lampe, un chien...) juste comme celui du rêve...* », ou encore « *Il m'est arrivé quelque chose comme cela dans la vie réelle !* » sont très perturbants pour le rêveur et totalement sans intérêt pour le groupe. En outre chacun doit rester concentré pour essayer de « rêver en même temps » que le rêveur raconte.

Une fois le récit terminé, quand le rêveur a expliqué ce qu'il a pensé, ressenti à propos de son rêve depuis qu'il l'a fait, il décrit ses efforts pour interviewer le « producteur de rêve », comme Gayle Delaney nomme les instances de l'esprit à l'origine du contenu des rêves.

A ce stade, le rêveur choisit dans le groupe celui qui va le guider par ses questions.

L'interview

Le dialogue d'élucidation onirique est une source d'enseignement pour tout le groupe. À tout moment, le rêveur est libre de changer d'interviewer. Chacun d'eux peut solliciter l'avis ou le sentiment des autres membres du groupe. Il est mieux que le public n'interrompe pas l'entretien par des commentaires spontanés.

Le déroulement de l'interview suit le processus expliqué dans la partie précédente sur l'interprétation des rêves selon Gayle Delaney. Le questionnement doit être poursuivi jusqu'à ce que le rêveur ait le sentiment que le sens de son rêve est trouvé, qu'il ressente la fameuse émotion esthétique qui accompagne toute révélation, sauf bien sûre si le rêveur ou le groupe sont épuisés ou lassés avant que la lumière surgisse.

Là aussi, le travail est achevé quand est trouvée une leçon en rapport avec la vie réelle et présente du rêveur. Il doit être invité à prendre une décision à appliquer dans sa vie. Le groupe peut l'aider et le soutenir pour clarifier ses idées et agir concrètement.

Après l'interview, les membres du groupe peuvent faire des commentaires sur les idées, les réactions qu'ils ont eues à son propos.

Le rêveur peut alors revivre son rêve, silencieusement, ou mieux, en le racontant à nouveau avec émotion. C'est alors le tour du suivant.

Parfois, certains se plaignent d'avoir tant de rêves à raconter qu'ils ne savent lequel choisir. Les meilleurs rêves sont ceux qui sont le plus émotionnellement chargés ou les plus opaques pour le rêveur. Les rêves les plus récents sont les plus faciles à travailler car le souvenir et les émotions sont plus fraîches.

Les enfants dans les groupes de rêveurs

Dans les groupes familiaux peuvent se mêler adultes et enfants. Il est fondamental que les adultes s'abstiennent totalement de pousser les enfants à raconter leurs rêves et à s'interroger à leur sujet. Les rêves sont des expériences intimes, personnelles dont chacun doit rester maître, quel que soit son âge.

Les pensées et les émotions, dans les rêves comme dans la vie de veille, doivent être totalement acceptées, sans jugement. On ne peut pas s'empêcher de ressentir et de penser ce qu'on pense. Essayer de le faire est la source de la plupart des souffrances et des troubles psychiques.

On ne doit jamais faire la leçon à un enfant pour le convaincre qu'il a tort de penser et de ressentir ce qu'il ressent, et d'essayer de le convaincre ou le persuader de changer de point de vue.

Si un enfant voit sa mère comme une araignée monstrueuse qui tente de le dévorer, ce n'est pas l'enfant qui doit changer, mais sa mère, soit que son attitude ne permette pas à l'enfant de percevoir sa gentillesse parce qu'elle est mal exprimée, soit, ce qui est le plus probable, que les intentions conscientes maternelles ne correspondent pas à ce qu'elle fait vraiment à l'enfant.

Le rêveur, quand il traduit une relation en image, a toujours raison. Il est le seul à savoir ce qu'il ressent et quels sont ses besoins propres. Personne d'autre ne peut être à sa place, quel que soit la supériorité qu'il imagine avoir.

La position d'un enfant dans un groupe de rêveur est fragile. Les adultes ont sur lui un pouvoir réel, dans et à l'extérieur du groupe, surtout si ce sont ses parents. Pour lui, toute vérité n'est pas bonne à dire, car il risque d'en subir les conséquences. L'engagement de garder secret ce qui se dit dans le groupe et de ne pas utiliser au dehors les informations recueillies dans les séances est valable aussi et surtout dans ce cas.

Il faut être certain d'avoir la lucidité et l'honnêteté nécessaire pour changer son comportement si la façon dont l'enfant vous voit ne vous convient pas, et de ne jamais être tenté d'en empêcher l'expression et de punir, de ne jamais être tenté de donner une interprétation de ses rêves à l'enfant s'il ne la trouve pas tout seul.

En cas de doute, il vaut mieux renoncer à accepter un enfant dans un groupe.

« *La façon la plus sûre d'aider un enfant à aimer ses rêves*, écrit Gayle Delaney, *est de lui montrer que vous vous y intéressez.* »

Faites savoir à l'enfant que vous aimez entendre le récit de ses aventures nocturnes et encouragez-le à apprécier ses expériences oniriques. Le mieux pour le travail sur les rêves avec les enfants est de leur enseigner le système sénoï qui consiste à agir en rêve, pour affronter et vaincre ses ennemis, s'en faire des alliés, rechercher le plaisir, partager avec les images amicales, et rapporter des rêves des cadeaux à chanter, peindre, dessiner, raconter, sculpter...

Rappelez au jeune rêveur qu'on ne peut pas être blessé dans l'univers du rêve. Conseillez-lui d'appeler à l'aide ses parents et ses amis, ses héros préférés ou son lion en peluche pour lui prêter main forte et dites-lui d'essayer de ne jamais fuir.

Félicitez-le toujours pour ses efforts et ses progrès, même s'il n'a pas parfaitement réussi et assurez-le qu'il finira par réussir.

Même si un enfant vous demande de l'aide pour comprendre un rêve, soyez prudent et circonspect. Il est parfois difficile d'affronter sa propre agressivité vis-à-vis de ses proches. Il vaut mieux limiter vos encouragements et félicitations aux actions réalisées en rêve, et ne pas aborder leur interprétation.

La susceptibilité des personnes présentes dans les rêves des autres

Souvenez-vous que l'apparence que vous avez dans les rêves des autres peut avoir ou ne pas avoir de rapport avec vous. Une représentation de vous chez un autre rêveur peut vous dire une vérité sur votre relation avec lui, ou bien elle peut refléter les sentiments du rêveur envers vous. Mais le rêveur peut aussi avoir utilisé votre image pour caricaturer une partie de lui-même qui correspond à une des images qu'il a de vous.

Si vous prenez les rêves des autres trop personnellement, il sera difficile pour vous de voir ce que leurs rêves disent. Si vous ne les considérez jamais d'un point de vue personnel, vous passerez à côté de découvertes intéressantes sur la façon dont les autres vous voient.

Les autres activités dans un groupe de rêveurs

Les deux choses les plus courantes dans les groupes de rêveurs sont l'interprétation et le travail de dialogue gestaltiste (Voir partie suivante).

On peut aussi tenter des expériences diverses, partager ses progrès dans l'incubation, la recherche de solutions à des problèmes, l'apprentissage, la créativité, l'aide à la prise de décision, l'apprentissage des règles sénoïs, les tentatives de rêves mutuels, des rendez-vous au cours de sorties hors du corps ou supposées telles, l'induction de la lucidité, selon vos orientations, vos goûts et votre vision du monde, pourvu que ces activités s'accompagnent d'un consensus au sein de votre groupe.

L'étude de la littérature onirique, l'échange de technologies

Le principe du compte-rendu de lecture en début de séance permet à chaque participant de se faire une idée du contenu d'un grand nombre d'ouvrages sans avoir à les lire par lui-même, tout en l'encourageant à faire de son côté des lectures régulières et attentives en vue de son apport au travail commun.

De nombreuses applications apparaissent qui concernent le sommeil, les rythmes biologiques, les phases du sommeil ; certaines prétendent favoriser l'émergence de la lucidité. D'autres devraient pouvoir permettre de susciter certains contenus oniriques par stimulation sensorielles, stimulation électrique transcrânienne... Un groupe est le cadre idéal pour tester ces dispositifs.

Les points essentiels.

Le plus souvent, un des rêveurs reçoit le groupe chez lui. Il faut disposer d'une pièce qui assure une tranquillité complète pendant toute la séance.

Tous les membres doivent s'engager à ne rien divulguer de ce qui se dit dans les séances au dehors, ni d'utiliser ce qu'il apprend de personnel sur les autres participants. Il peut être bon de signer une sorte de contrat à ce sujet.

La séance commence par un bilan de l'activité de chacun dans le domaine du rêve depuis la rencontre précédente. Chacun peut rapidement faire le point sur ses expériences, ses ambitions, ses progrès et ses difficultés. Ensuite vient le moment des comptes rendus de lecture suivis d'une discussion autour des livres lus. Puis l'animateur lance le travail sur les rêves en demandant qui veut commencer à raconter un rêve. Suit le travail d'interprétation avec un interviewer choisi par le rêveur et le soutien du groupe. Les questions posées par le questionneur sont celles expliquées dans le chapitre précédent sur l'interprétation des rêves.

On travaille le plus de rêves possible. La fin de la séance est le bon moment pour suggérer les lectures à faire en fonction des objectifs de travail fixés par le groupe pour les séances à venir.

5) Le dialogue gestaltiste.

"Les gardiens de l'enfer (topdogs et underdogs) nous pourchassent tant que nous n'acceptons pas d'être ce que nous sommes" (Ann Faraday ; 1976).

Pour Friedrich Perls, fondateur de la gestalt-thérapie, l'esprit humain intègre les injonctions extérieures (les ordres et les voix des parents, voisins, amis, éducateurs, maîtres religieux et autres autorités) et se les approprie au point d'oublier leur origine, si bien que nous croyons obéir à des injonctions supérieures, d'origine divine, aux lois du droit et de la justice naturels, innés[121] et négligeons de satisfaire nos besoins.

Fritz Perls baptisa "topdog" (le super-chef, le dominateur) la voix de l'autorité intériorisée et "underdog" (le sous-fifre, le soumis) celle qui exprime les besoins profonds de la personne. Les topdogs tentent sans cesse d'imposer leur

---

[121] Freud vit dans ce conflit celui entre les pulsions agressives, destructrices, sexuelles, instinctuelles et le super égo d'origine culturelle qui les tenait en respect. Sa solution consistait en la sublimation, le détournement dans l'art ou le sport.
"Il aurait mieux valu d'abord vérifier la réalité du caractère destructeur, dangereux, antisocial des besoins individuels (les underdogs) au lieu de croire sur parole ce qu'en disait précisément les autorités morales (les topdogs) qui les combattent", commente Ann Faraday (1976).

volonté au reste de la personnalité qui s'exprime en tant qu'underdogs. Le topdog est autoritaire, exigeant et toujours insatisfait. Ses expressions favorites sont : "*il faut..., tu dois..., on ne doit pas...* " Il prédit toujours des catastrophes si on ne l'écoute pas. L'underdog recherche l'approbation du topdog et s'arrange, en même temps, pour avoir ce qu'il veut.

Un underdog trop rejeté peut parvenir à ses fins par des moyens détournés et radicaux ; très proche des énergies du corps, il s'arrange souvent pour déclencher des maladies ou créer des accidents.

Le topdog, lui, agit plutôt en nous gâchant la vie par des sentiments de culpabilité ou en nous contraignant à ne pas faire par manque d'intérêt ce qui est contraire à ses principes.

Les topdogs et les underdogs peuvent prendre des formes multiples et changeantes et chacun de nous a affaire à de nombreux couples de "*ces tristes clowns de la psyché*", selon l'expression d'Ann Faraday. Jouer ses personnages oniriques à l'état de veille permet très souvent de faire émerger un conflit entre un de ces couples et offre une occasion de le résoudre.

La gestalt-thérapie et les rêves.

Le travail du rêve en gestalt-thérapie ne se fait pas par l'interprétation, mais par un dialogue entre le rêveur et une partie de son rêve.

La technique de la chaise vide.

Ann Faraday explique comment, dans ses groupes de rêveurs, elle organise le travail sur les rêves. Elle recommande au sujet de s'identifier à chacun des personnages et objets du rêve, à décrire ce qu'il vit à travers eux, à quoi celui-ci sert, ce qu'il fait, dit et ressent. Le sujet joue aussi le rôle d'observateur du rêve. Il joue tour à tour chaque rôle en changeant de siège, en donnant à chaque personnage une voix et des attitudes particulières. Le changement de chaise facilite ce passage d'une personnalité à l'autre.

Par exemple, si le rêve a pour cadre une maison, le rêveur s'identifie à la maison, lui donne une voix et la fait parler, au présent et à la première personne : « *Je suis une vieille maison délabrée qui demande réparation...* »
Après la description, la maison exprime les sentiments qu'elle éprouve à l'égard d'elle-même et du contenu du rêve. Quand les images oniriques ont un caractère menaçant ou effrayant, l'identification à cette image peut amener le rêveur à prendre conscience d'aspects refoulés de sa personnalité qu'il répugne à faire siens.

Il existe une variante à la technique de la chaise vide qui consiste à faire jouer les rôles par des membres du groupe tandis que le rêveur lui-même se conduit comme un metteur en scène et les dirige. L'expérience peut être extrêmement intense et troublante pour les participants parfois emportés au-delà d'eux-mêmes par une empathie puissante.

Comment traiter topdogs et underdogs des rêves ?

Les topdogs doivent être remis à leur place, celle de serviteurs soumis et bien tranquilles. Les underdogs qui expriment les besoins incontournables doivent être satisfaits d'une manière ou d'une autre. Un underdog satisfait apporte un bien-être et un enthousiasme extraordinaires.

Si un topdog doit toujours être surveillé et risque toujours de remontrer son nez sous une autre forme, un underdog, dès qu'on lui accorde attention et satisfaction, se montre reconnaissant et coopératif, quelle que soit la durée pendant laquelle il a été maltraité et combattu.

C'est pourquoi, s'il est toujours nécessaire de faire face et lutter en rêve contre ses agresseurs, selon qu'il s'agit d'un underdog ou d'un topdog, l'attitude peut changer :

- face à un topdog, seul un combat jusqu'au-boutiste qui le terrasse et l'asservisse est nécessaire ;

- un underdog auquel on accorde attention en lui faisant face peut immédiatement se montrer amical et coopératif.

Le travail au cours du rêve lui-même.

La technique de Perls peut être utilisée de manière traditionnelle sous la forme d'un dialogue à l'état de veille, au cours d'un travail en groupe par exemple.

Mais, elle gagne en efficacité si c'est au cours du rêve lui-même que le travail se fait.

Ce travail débouche sur plusieurs acquis importants :

- Le rêveur fait souvent l'expérience qu'il joue dans ses rêves à la fois le rôle de la victime et du bourreau, du créateur et du destructeur, qu'il est à la fois le topdog et l'underdog...

- Le rêveur apprend aussi à assumer l'intégralité du rêve comme un reflet de lui-même, une création personnelle. Il lui devient possible de transformer sa vision du monde, d'en voir les aspects positifs, et les moyens d'y agir efficacement, au lieu de se trouver des raisons de désespérer ou de justifier ses échecs et ses rancunes ("*C'est la faute des autres, de la fatalité, des injustices sociales...*").

Dans le domaine de la vie onirique, ce travail mène à une manière plus active de rêver.

Le rêveur devient plus apte à modeler le rêve selon ses désirs, à changer les rôles pénibles qu'il avait l'habitude d'assumer: nul besoin de jouer les serveuses soumises quand on est psychologue diplômé, comme se le dit Ann Faraday, au cours d'un rêve récurrent où elle avait coutume de servir dans un bar sordide avec désespoir; ce qui l'amena à rendre immédiatement son tablier et partir, en rêve, et correspondit, dans sa vie, à l'adoption d'une attitude active et entreprenante et au refus d'être une femme au foyer (Faraday, 1976).

L'exploration onirique consiste aussi à prolonger le rêve nocturne sous forme de rêve éveillé ; le dialogue établi entre topdog et underdog permet de débloquer et résoudre en imagination une situation en impasse.

L'éradication des topdogs libère une énergie très grande et renforce la conscience en rêve. La lucidité onirique émerge très souvent au cours d'un travail régulier, souvent accompagnée d'expériences "d'illumination spirituelle", "d'extase". Et le dialogue en direct avec les images oniriques devient possible.

Dialogue gestaltiste à partir d'un rêve.
Voici les moments principaux d'un dialogue-type dans un groupe de rêveurs entre topdog et underdog à partir d'un rêve (Faraday, 1976).

Sam, homme d'affaire d'âge moyen, a rêvé qu'il était en train de pêcher quand une voiture noire sur la route au-dessus de lui se mit à klaxonner. Il en fut si irrité qu'il finit par rentrer chez lui.

Le rêve semblait lié au fait qu'il avait pris des dispositions pour aller pêcher en secret tout un week-end, pour se reposer, en échappant à ses obligations professionnelles et familiales.

Voici le dialogue (Sam change chaque fois de chaise en changeant de rôle) :

Sam : *Pourquoi klaxonner comme cela ? Tu as gâché ma partie de pêche !*

La voiture : *Et c'est bien ce que je voulais. Tu ne devrais pas être en train de pêcher quand il y a tout ce travail qui t'attend à la maison.*

Sam : *Mais j'ai besoin de cette pause ; je me suis vraiment surmené au travail...*

Voiture : *Foutaises. Seules les chiffes molles ont besoin de pause ! Reprends-toi... Tu n'es pas sur terre pour prendre du bon temps. Et tu as les contrats de la semaine prochaine à préparer.*

Sam (plaidant) : *Oui, je sais, mais je le ferai demain. Tiens, tais-toi maintenant et laisse-moi pêcher tranquillement aujourd'hui, et je promets de travailler d'arrache-pied demain.*

Voiture : *Certainement pas ! Si tu te défiles aujourd'hui, cela va devenir une habitude. Et n'oublie jamais ceci : « Ne remets jamais au lendemain ce que tu peux faire le jour même"...*

Sam (gémissant) : *Oui, mais...bon, tu sais, travailler sans jamais se distraire finit par abrutir un garçon.*

Voiture (sévèrement) : *C'est bien la question, Sam, quand vas-tu te rendre compte que tu n'es plus un enfant... Tu ne peux pas vivre comme si tu étais seul ! Ta pauvre femme mourrait de déception si tu n'avais pas cette promotion. Elle perdra tout respect pour toi... (Soupir)...J'espère que tu peux comprendre que je suis en train d'essayer de t'aider parce que je sais ce qui est bon pour toi.*

Sam : *J'en suis malade et j'en ai marre de t'avoir sans arrêt sur le dos comme ça.*

Voiture : *Sam, tu sais que je ne te persécuterais pas si ce n'était pas pour ton bien... Il faut bien que nous ayons quelque discipline dans la vie sinon nous ne serions bons à rien.*

Sam : *Ecoute, je te l'ai déjà dit, je suis assez grand pour prendre soin de moi et savoir ce que j'ai à faire...* (Se tournant vers le groupe) *...mais il a raison, nous avons besoin de discipline. J'aurais été si bien à rester assis là un moment, juste occupé à pêcher et à prendre du bon temps, et laisser tomber mon travail...et c'est irresponsable et négligent... Dans la vie, il faut de la discipline."*

Sam est dans une impasse. Il aimerait bien pêcher mais il est convaincu que son topdog a raison.

Un membre du groupe : *Oui, Sam, je suis d'accord avec toi, il nous faut de la discipline. On ne peut pas se laisser aller à faire tout ce qui nous plairait.*

Un autre : *Il a raison. On ne peut pas pêcher tout le temps.*

Sam (l'air secoué) : *Mais, je ne veux pas pêcher tout le temps, seulement de temps en temps quand j'en ai envie. J'aime aussi mon travail, vous savez.*

La groupe rit et applaudit, puis se tait : une lueur de compréhension éclaire le visage de Sam :

"Oui, bien sûr, dit-il en s'adressant à la chaise paternelle, *tu es un tricheur, toute ma vie tu m'as bassiné que je serais un raté si je n'étais pas comme toi. Je ne veux pas pêcher tout le temps, vieux salaud. Je ne l'ai jamais fait et je ne le voudrai jamais. Aucun risque que je devienne une lavette. Je vois maintenant ce que tu m'as fait. Tu ne m'as pas fait admettre un peu de discipline et de contrôle, tu as voulu me dominer totalement et contrôler toute ma vie. Bon, ça ne marche pas. Je ne suis pas d'accord. Va au diable, sors de ma vie, va-t'en, fiche-moi la paix !"*

Sam a brisé le dilemme et décelé le mensonge exorbitant de son père. Il est courant que s'exprime alors sous forme de crise émotionnelle toute la rage, la colère et la frustration accumulées jusque-là à cause du topdog.

Le dialogue de Sam se termine ainsi, positivement.

Sam : *Bon, vieux tricheur, mettons les choses au point. Il y a un tas de choses que j'apprécie en toi, ton sens des responsabilités, ton désir de progresser dans la vie, ta persévérance, mais tu t'y es pris tout de travers... Je serais bien plus comme tu voudrais que je sois si tu arrêtais de me faire la leçon et si tu me laissais me débrouiller tout seul...*

Le père : *O.K., Sam, tu as raison et, honnêtement, je dois dire que je t'admire pour cela. J'ai toujours espéré que tu te prendrais en main un jour complètement. Et j'admire ta capacité à te reposer et à prendre les choses sans t'en faire... Tu sais, c'est bien agréable de n'avoir plus à s'inquiéter sans arrêt pour toi. Je crois que la première chose que je vais faire est de me reposer un peu."*

Il ne s'agit pas d'un compromis dans lequel tout le monde perd un peu mais une solution qui permet aux deux parties de gagner quelque chose qu'elle désire. Sam va devenir plus efficace et travaillera plus vite et mieux, ce qui lui laissera plus de temps pour aller à la pêche. Et son travail sera mieux fait. Il pourra aussi développer ses autres capacités.

Bibliographie.

La consultation des ouvrages et articles suivants m'a été utile pour rédiger ce chapitre.

FARADAY, Ann, *"The dream game"*, Harper & Row, New York, 1976.

PETIT, Marie, *"La gestalt, thérapie de l'ici et maintenant"*, E.S.F., Paris 1984.

Principaux ouvrages de Fritz Perls:

- *"Rêves et existence en gestalt-thérapie"* (*Gestalt-therapy verbatim*), Epi, Paris, 1972 (épuisé).

- *"In and out the garbage pail"*, Bantam books, New York, 1972.

- "*Ma gestalt-thérapie*", Tchou, Paris, 1976.
- "*Le moi, la faim et l'agressivité*", Tchou, Paris, 1978.
(Premier livre de Perls paru aux Etats Unis, en 1947).
-    "*Gestalt-thérapie, technique de l'épanouissement personnel*" (*Gestalt-therapy: excitement and growth in the human personnality*), Stanke, Paris, 1977, 1979 (épuisé).

6) La technique des rêveurs sénoïs.

G. W. Domhoff (1980) a montré que toutes ces pratiques shamaniques autour du rêve attribuées aux Sénoïs relèvent du mythe et de la légende, et doute de la compétence, voire de la bonne foi des trois auteurs qui l'ont fait connaître, Noone, Steward[122] et Garfield (voir plus haut).

Les Sénoïs, petit peuple pacifique vivant dans les montagnes malaises, doivent leur célébrité onirologique aux anthropologues Kilton Stewart et Herbert Noone, qui, les premiers, les étudièrent et les firent connaître. Les Sénoïs sont isolés dans la jungle et en partie protégés des influences extérieures par les moustiques et les maladies qu'ils transmettent –contre lesquelles les indigènes sont relativement immunisés
Une mythologie s'est développée autour des techniques oniriques de ce peuple, en qui les rêveurs des années soixante ont cru trouver, enfin, l'incarnation du "bon sauvage".
Patricia Garfield, grande prêtresse du mythe sénoï, qui dit avoir interviewé quelques-uns de ces êtres merveilleux au cours d'un voyage en Malaisie, écrit à leur sujet dans *Creative Dreaming*: "...*La caractéristique la plus étonnante des Sénoïs est sans doute leur extraordinaire équilibre psychologique... Probablement à cause de leur remarquable*

---

[122] Richard Noone & Dennis Holman, In search of the dream people, Morrow, New York, 1972.
Kilton Stewart, Dream theory in Malaya, in Charles Tart, Altered states of consciousness, Doubleday, New York, 1972.

maturité affective, leur désir de possession envers les choses et les personnes paraît étonnamment faible...

Aucune recherche scientifique sérieuse n'a encore prouvé que le pacifisme, la solidarité, la maturité affective, la santé mentale et la créativité des Sénoïs résultent uniquement de leur utilisation des rêves. Néanmoins, il est fort probable qu'une telle pratique joue un rôle fondamental..."

Le principe de la vie onirique sénoï est la recherche du plaisir et de la réussite en rêve. S'y ajoute une utilisation de la lucidité onirique destinée à infléchir le déroulement des rêves vers des issues désirables et maîtriser les émotions négatives.

Voici les grandes lignes de la technique sénoï, selon Patricia Garfield :

- Si un danger ou une agression surgit, y faire face par tous les moyens, ne pas s'enfuir ou se laisser vaincre, faire appel à ses amis de rêves, utiliser des objets magiques, lutter jusqu'à la victoire. Si on ne réussit pas la première fois, on peut espérer faire des progrès petit à petit.

- Toujours chercher l'issue la plus agréable au rêve : transformer une chute en vol agréable, une noyade en exploration sous-marine... (On voit que ces conseils doivent plus à la rêveuse américaine qu'à ses informateurs autochtones de la jungle de Malaisie.)

Pour y parvenir, se convaincre qu'on ne risque rien en rêve.

- Apprivoiser les animaux de rêve et se faire des alliés des ennemis vaincus ; en obtenir des présents.

- Echanger des cadeaux, partager la nourriture avec les autres personnages oniriques...

- Rechercher les expériences sensuelles et sexuelles, les mener jusqu'à l'orgasme, quels que soit le ou les partenaires (en rêve, on ne peut jamais que s'aimer soi-même et les tabous n'ont pas cours).

318

Se souvenir qu'on ne peut jamais avoir trop de plaisir en rêve. - Utiliser les événements oniriques comme source de création artistique, partager ses rêves avec ses proches, surtout s'ils y sont apparus.

Annexes

1) Le bouddhisme tibétain et le rêve lucide.

La lucidité onirique permet de mieux saisir la valeur et le sens des enseignements bouddhistes. Je me suis inspiré pour ce chapitre des travaux de W. Y. Evans-Wentz[123] qui est le spécialiste des doctrines occultes du Yoga.

Plus proches de nous dans le temps et dans l'espace, des moines tibétains en exil sont venus enseigner leur philosophie et leurs techniques en Europe, tel Tarab Tkulku qui a assuré un cours universitaire de littérature tibétaine aux Pays-Bas[124].

Les langues européennes sont peu destinées à rendre compte des subtiles distinctions des états de conscience.

----

[123]) W. Y. Evans-Wentz, *Tibetan Yoga and Secret Doctrines: Seven Books of Wisdom of the Great Path, According to the Late Lama Kazi Dawa-Samdup's English rendering*, Oxford University Press, 3ème édition (28 septembre 2000).

[124]) Pour induire la lucidité, outre des exercices de méditations et de visualisations, assez classiques, il recommande au cours des visualisations d'apprendre à varier les points de vue et de devenir conscient de celui qu'on utilise : se situer dans son propre corps, se percevoir du dehors..., de façon à rompre l'habitude qu'on a de se représenter les événements spontanément.

Il s'agit d'une forme d'exercice destiné à renforcer la distance par rapport au vécu imaginaire, à faire adopter un point de vue extérieur par rapport à l'expérience subjective en cours, facteur déterminant de la lucidité onirique.

L'approche scientifique des rêves, de leur utilisation et de la lucidité peut permettre de mieux comprendre cet enseignement.

Le caractère rigoureux et systématique de l'entraînement psychique et de l'exploration des phénomènes subjectifs dans le bouddhisme tibétain a permis des résultats plus achevés que les recherches scientifiques encore en cours faites avec des sujets occidentaux préoccupés par de multiples intérêts annexes. La philosophie de la vie des tibétains, en plaçant au sommet de toute hiérarchie des valeurs le développement de l'esprit et en dénigrant méthodiquement toute autre activité extérieure, a offert les conditions les plus parfaites pour la pratique du yoga de la "conscience" et des rêves[125]. Il y a donc sans doute des phénomènes peu explorés par la science et déjà bien balisés dans la culture tibétaine.

Nous nous sommes limités à ce qui concerne notre sujet, la pratique du rêve lucide. La vision du monde et la philosophie tibétaine sont évidemment inséparables du travail sur les rêves. Fidèles au parti-pris concret et pratique adopté dans ce livre, nous n'en parlerons presque pas : il nous semble que le sens de notre expérience de la vie ne peut pas être appris de l'extérieur ; c'est une découverte progressive qui ne peut qu'être personnelle et fondée sur des expériences vécues. Même si, là aussi, de grandes convergences semblent se dessiner entre les tibétains et les rêveurs lucides un peu réguliers, elles sont secondaires et

---

[125]) Il nous semble aussi que pour saisir l'essence du bouddhisme tibétain, il faut avoir fait les expériences spirituelles qui le fondent.

consécutives au travail sur les rêves et à l'expérience de l'onironautique. Dans la vie, l'important n'est pas ce que nous pensons et croyons, mais ce que nous faisons et vivons.

Dès le VIIIème siècle de notre ère, les bouddhistes tibétains pratiquaient une forme de yoga destiné à maintenir toute la conscience éveillée pendant l'état de rêve. Ces yogis rêveurs sont les premiers à avoir compris clairement à partir de l'observation et de l'expérience pratique que les rêves sont uniquement la création mentale du rêveur ; ce qui les rend très proches des onironautes contemporains.

Pour les yogis tibétains, le rêve lucide est une occasion de comprendre par l'expérience la nature subjective de l'état de rêve et, par extension, de l'expérience de veille. A travers la pratique du rêve lucide, le yogi apprend en pratique que tout personnage de rêve peut être changé ou transformé par la volonté. A l'étape suivante, il découvre que tout le contenu des rêves est une création de l'esprit et est donc aussi instable que des mirages ; "quelles que soient les visions effrayantes ou terribles qui te viendront, reconnais-les pour tes propres pensées", conseille le Bardo-Thödol, le livre des morts tibétains[126].

Un niveau ultérieur permet de savoir que la nature essentielle de la forme et de toutes les choses perçues par les sens à l'état éveillé est tout aussi irréelle que leurs reflets à l'état de rêve.

Le niveau ultime conduit à la "Grande Révélation" que rien n'est ou ne peut être autrement qu'irréel comme les rêves.

---

[126] *Bardo Thödol*, Dervy Livres, Paris, 1980-82-85

Les étapes de l'apprentissage.

L'apprentissage comprend plusieurs étapes que le yogi parcourt une à une.

La première concerne la maîtrise du corps (la chaleur psychique) et des sensations physiques. Cette technique ne nous est pas tout à fait inconnue ; les sportifs occidentaux, par exemple, sont capables de supporter des souffrances extrêmes pour vaincre un record ou réaliser un exploit. Les yogis ont sans doute des préoccupations différentes, mais le mécanisme est le même.

D'une certaine façon, il s'agit de comprendre que nous n'avons pas accès à la réalité de notre corps, mais à son image, représentation construite par notre esprit/cerveau, ce que les Tibétains nomment donc une "illusion". En contrôlant le mécanisme de cette élaboration psychique, on peut donc s'affranchir relativement des contraintes physiques.

Le yogi est alors prêt à contrôler ses rêves (2ème étape), à reconnaître tout le contenu des rêves pour des illusions (3ème étape) et à atteindre la « claire lumière » (4ème étape), puis, en étendant cette connaissance à l'univers entier et à lui-même, infime partie du grand rêve de bouddha, il atteint « l'illumination », et ne fait plus qu'un avec le monde ; c'est le « nirvana » (5ème étape).

---

[127] Les recherches popularisées par Raymond Moody sur les expériences vécues aux portes de la mort, notamment par les patients tirés du coma par les techniques modernes de réanimation, semblent confirmer qu'il y a bien, à l'approche de la mort, au moins dans certains cas, un vécu subjectif hallucinatoire, semble-t-il, assez identique chez la plupart des hommes (MOODY Jr, Raymond A., *La vie après la vie*, Robert Laffont, Paris, 1976)

L'état intermédiaire.

Dans le système bouddhiste, la mort elle-même est considérée comme une sorte particulière d'état onirique, le "bardo", où les croyances du mort se manifestent sous la forme de visions terrifiantes. Le bardo peut durer plus ou moins longtemps selon le contrôle spirituel atteint par le mort, de quarante-neuf jours à des siècles[127].

Ce que propose le Bardo Thödol, c'est une marche à suivre pour vivre le passage de manière spirituellement positive[128].

Le yogi doit apprendre à se libérer de ses croyances qui engendrent d'horribles visions torturantes et le mènent dans la ronde sans fin de la souffrance des cycles de réincarnation.

Ces deux doctrines, celle de la maîtrise de l'état de rêve et celle de l'état de mort, sont riches d'enseignements pour qui intéresse au rêve lucide et à ses applications.

Dans la doctrine de l'état de rêve elle-même, après avoir acquis la maîtrise de son corps, le yogi doit franchir quatre étapes : comprendre la nature de l'état de rêve ; transformer le contenu du rêve ; prendre conscience du caractère illusoire de toute chose en rêve ; étendre cette

---

[128] Il n'est pas nécessaire pour cela d'adhérer aux croyances réincarnationnistes. On peut les considérer aussi, selon l'approche générale de la réalité enseignée par les Tibétains eux-mêmes, comme des illusions générées par l'esprit au cours de l'agonie. Certains veulent voir dans ces phénomènes des preuves de telles croyances, mais la simple logique ne permet pas de tirer la moindre certitude à ce sujet ; croire en l'existence d'une âme immortelle reste un acte de foi.

compréhension de l'état de rêve aux autres états de l'esprit afin de se libérer des illusions.

Les techniques préconisées à chaque étape

1. Comprendre la nature de l'état de rêve.

La première condition est de maintenir la conscience de veille jusque dans les rêves.

Comme le rêveur lucide occidental s'habitue à imaginer au cours de sa vie de veille qu'il est en train de rêver et vérifie la nature de la réalité (Méthode P. Tholey), au cours de la

---

[129] Cette affirmation peut être comprise, dans notre civilisation, comme cette découverte des neurosciences que nous n'avons jamais accès à la réalité mais seulement à la représentation que notre cerveau/esprit en construit, pour partie à l'aide des informations perçues par les sens et réinterprétées à de multiples niveaux des structures nerveuses, pour partie à l'aide de schémas d'interprétation, soit appris, soit innés (la construction d'un espace en trois dimensions semble de cette nature par exemple).

Nous ne sommes jamais dans la réalité, mais dans une illusion élaborée par notre esprit dans notre esprit. C'est le piège de la conscience de soi qui mène à se percevoir comme extérieur au monde et à soi-même (le corps); il est impossible de percevoir sans se scinder en objet/sujet.

Le travail qui mène à l'illumination consiste d'ailleurs à retrouver l'unité dans la suspension des activités de perception-représentation. LaBerge ou Bouchet recommandent de tels exercices de manière très terre à terre. C'est le fameux « stopper le monde » de Castaneda.

journée, le yogi garde constamment à l'esprit que toute chose est de la nature des rêves[129].

Le premier soir, le yogi pratique des techniques de respiration et de visualisation jusqu'à l'endormissement. La visualisation consiste à observer les images qui surgissent, à tenter de les retenir et de les transformer[130]. Il pratique aussi l'incubation de rêve en suscitant des images conformes au sujet du rêve désiré.

Au réveil, avant de faire quoi que ce soit d'autre, le yogi pratique sept fois "la respiration en forme de cuve" [131].

Puis, il s'efforce onze fois de comprendre l'état de rêve. Le yogi doit donc repasser en esprit ses rêves et ses expériences de veille, les comparer afin d'en percevoir le caractère illusoire ; c'est plus ou moins ce que nous faisons quand nous nous remémorons nos rêves et les scrutons pour en percevoir le sens éventuel ou la leçon à en tirer, puis, comme le conseille S. LaBerge, nous les revivons comme si nous étions lucides ; mais le yogi a sans doute des buts un peu différents.

---

[130] C'est à peu près la technique recommandée par Nathan Rapport, *"Pleasant dreams!"*, *Psychiatric Quaterly* 22; 1948 (voir chapitre 2, *Le rêve lucide à travers le temps*).

[131] Elle consiste à expirer l'air en trois temps, puis à "pousser l'inhalation (jusqu'au bas des poumons) et ensuite élever le diaphragme afin que la poitrine détendue prenne la forme d'un vase (tel qu'un pot de terre), maintenir cela aussi longtemps que possible" (sic) (EVANS WETZ, W. Y., *Le yoga tibétain et les doctrines secrètes*, J. Maisonneuve, Paris, 1980 ; Oxford universitary press, London, 1935)).

Répéter onze fois la même opération a pour effet d'induire une grande imprégnation psychique par l'effort prolongé que cela demande; c'est aussi une façon de renforcer l'attention et la lucidité sur ce qu'on fait: le yogi ne se contente pas de faire l'effort de réfléchir au rêve, il tient mentalement le compte de ses tentatives et conserve donc un point de vue global, extérieur par rapport à l'exercice lui-même, qui préfigure le point de vue extérieur caractéristique de la lucidité et de la "conscience de la conscience", ce que Christian Bouchet nomme « la conscience au carré » (voir infra).

Il convient ensuite de fixer son attention et sa "conscience" "sur un point semblable à de l'os, situé entre les sourcils", de couleur blanche en règle générale, rouge si le sujet est enclin à l'obésité et la paresse, verte s'il est nerveux.

Le soir, il recommence cet exercice de méditation qui rappelle ce que Paul Tholey recommande dans ses techniques d'induction (réduire la conscience en un point et la placer à divers endroit).

Le matin du deuxième jour, c'est vingt-et-une fois qu'il faut tenter de comprendre la nature de l'état onirique. Cette fois, la méditation qui suit se fait sur un point noir situé à la base du sexe. Cette effort de fixation de l'attention sur une question (la nature de l'état de rêve), effort soutenu et assez complexe pour mobiliser toutes les facultés du sujet, a toutes les chances de faire resurgir la question au cours des rêves ; c'est le fondement même des techniques contemporaines d'induction de la lucidité (l'habitude de s'interroger se poursuit au cours du sommeil ; méthodes P. Tholey et S. LaBerge).

Les difficultés.

- Le yogi doit se préserver de "l'éparpillement " du contenu du rêve. Le rêve peut en effet reprendre son caractère automatique (c'est la perte de la lucidité) et devenir aussi erratique que les pensées désordonnées dont il est l'écho.

- Le risque est grand aussi de se réveiller au moment où l'on est sur le point de comprendre que l'on rêve ; pour prévenir cet inconvénient, l'enseignement tibétain recommande de manger de manière équilibrée et suffisante et de se fatiguer dans la journée par des travaux physiques intenses afin d'approfondir le sommeil.

- Si un rêve est récurrent, il convient de le méditer avec les techniques respiratoires et de visualisation déjà présentées (respiration "en forme de cuve" et fixation d'un point entre les sourcils).

- Si le souvenir des rêves est très superficiel, c'est que le yogi n'a pas la sérénité et la "pureté" nécessaire ; c'est-à-dire qu'au lieu de se concentrer sur sa vie onirique, il est préoccupé par d'autres choses qui ont pour lui une plus grande importance que sa croissance spirituelle (ce point rappelle l'observation courante qu'il vaut mieux profiter des vacances où l'on est moins sollicité par des activités extérieures pour travailler de manière approfondie sur ses rêves).

- Si le yogi ne se souvient même pas d'avoir rêvé, le remède proposé est de faire des offrandes propitiatoires aux divinités (les "viras", les héros et les "dakinis", les fées). Il est bon de se concilier les bonnes grâces des entités du pays des rêves ; voilà qui est proche de la technique gestaltiste décrites par Ann Faraday qui consiste à dialoguer avec les personnages du rêve ou les rêves eux-mêmes afin de savoir pourquoi ils nous fuient.

2. Le deuxième niveau : le contrôle du rêve.

Une fois l'étape de la compréhension que l'on rêve franchie, le yogi rêveur lucide peut acquérir de nouvelles aptitudes de contrôle du contenu du rêve lui-même.

Reconnaître le caractère illusoire des rêves.

Changer le contenu du rêve.
Par diverses expériences réalisées en rêve lucide, le yogi apprend à reconnaître que les rêves sont pure illusion.

Il est invité à changer le contenu du rêve en son contraire : le feu en eau, ce qui est grand en chose très petite, ce qui est innombrable en chose unique... Les onironautes font spontanément ce genre d'expériences aussi. Hervey de Saint-Denys, Yves Delage, P. Ouspensky, entre autres, rapportent avoir pratiqué de telles manipulations.

Renoncer à la peur.
"*Si le rêve est de feu, pense : "Comment pourrait-on craindre le feu dans un rêve ?" Et, piétine le feu*", conseille un des textes de Evans-Wentz.
Il s'agit donc d'abord de vaincre ses peurs et d'apprendre à se convaincre de la différence entre la réalité et le rêve où rien n'est dangereux (puisqu'illusoire). Mary Arnold-Forster raconte avoir fait la même découverte toute seule en rêve lucide et la plupart des rêveurs, même non-lucides, finissent par faire ce genre de remarque dans leurs cauchemars.

Exercices d'induction et d'incubation.

Ces pratiques s'accompagnent d'exercices d'induction qui visent à permettre d'atteindre "les royaumes de Bouddha"[132] au moyen de la visualisation d'un point rouge, cette fois localisé dans le centre psychique de la gorge, associée à la pensée du royaume choisi. Hervey de Saint-Denys utilisait une technique de ce genre en se représentant une image aussi fixement que possible au moment de l'endormissement afin de choisir le lieu imaginaire de ses aventures oniriques. L'utilisation de la visualisation fixe d'un point du corps associée à une idée favorise l'imprégnation de cette idée dans l'esprit (Cf. Les conseils de S. LaBerge pour la méthode MILD).

Le yogi, à ce stade, ne craint plus les images oniriques, aussi effrayantes puissent-elles paraître, car il sait qu'elles sont illusoires.

3. L'état de non-pensée.

Le moment est alors venu pour le yogi d'éliminer toutes les images du rêve, d'atteindre l'état de non-pensée. Comme les images du rêve sont les formes des pensées, elles disparaissent en même temps et le rêve devient une claire lumière ("l'esprit du bouddha").

---

[132] Selon la conception bouddhiste tibétaine, il existerait plusieurs "paradis" de niveau différents dits "de bouddha". Il s'agit sans doute de quelque chose qui ressemble à la psycho géographie de l'imaginaire orientée autour d'un axe vertical mise en évidence dans les travaux de Robert Desoille. Voir aussi les « niveaux de rêves » de Christian Bouchet.

Mais cette conquête ne peut se faire que si les découvertes sur la nature illusoire du contenu des rêves ont été étendues à l'ensemble du monde perçu[133].

Là encore, les rêveurs lucides assez réguliers rapportent des expériences d'extase, des sentiments d'infini et de vacuité qui sont sans doute liés à un arrêt du flux des pensées habituelles.

4. La Grande Libération par l'Ecoute.

L'apprentissage du yoga des rêves prépare une autre expérience où les illusions doivent être reconnues et dépassées : la mort, "état intermédiaire" entre la vie et la réincarnation. Le livre des morts, le Bardo Thödol, ou grande

---

[133] Il ne nous semble pas qu'il faille faire dire aux bouddhistes tibétains que la réalité dans laquelle nous évoluons à l'état de veille est une illusion et n'existe que dans la mesure où notre esprit la crée. Ce qui est en cause n'est sans doute pas cette réalité extérieure sur laquelle la démarche scientifique tente de recueillir des informations sûres au moyen de protocoles cognitifs rigoureux d'une grande technicité.

Ce dont parlent les textes tibétains, c'est du monde tel que nous le vivons, le percevons et le créons pour nous-mêmes à chaque instant, image en effet illusoire, pure représentation mentale qui n'a d'autre réalité que celle des activités biochimiques de notre cerveau qui la construit, presque de la même façon en rêve et à l'état de veille.

Voir à ce sujet les travaux du groupe de Palo Alto et aussi, le constructivisme de Von Forster. Le livre de Lynn Segal *Le rêve de la réalité* (Seuil, Paris, 1990) fait le point de manière claire sur la question.

libération par l'écoute[134] contient tous les conseils à donner au mort pour le guider dans ce moment particulier[135]. Il doit être lu, en général, pendant quarante-neuf jours après le trépas, au chevet du défunt, afin de lui permettre d'atteindre la bouddhéité et de rompre le cycle des réincarnations.

Le Bardo Thödol dans sa deuxième partie, le Chönyid Bardo traite des visions semblables au rêve qui se produisent après la mort[136].

---

[134] Ses trois parties ont pour titres :

I) Faire connaître la luminosité inhérente à l'esprit dans l'état intermédiaire du moment de la mort.

II) Aide-mémoire pour reconnaître l'état intermédiaire où apparaît la Vérité en Soi.

III) Instruction pour fermer la porte d'entrée à une matrice dans l'état intermédiaire du Devenir.

[135] Les enseignements du Bardo Thödol sont attribués au grand apôtre bouddhiste Padmasambhava qui, au milieu du VIIIème siècle, sur l'invitation du roi Ti-Song-De-Tsen, aurait apporté le bouddhisme au Tibet. Mais ce livre est imparfaitement dit "des morts" car s'il traite du processus de la mort, c'est pour permettre de la dépasser, de la métamorphoser en un acte de libération.

Auparavant, il ne s'agit nullement de repousser l'intérêt pour la vie, mais au contraire de se consacrer à elle aussi longtemps que la vie le permet, tout en ayant la connaissance présente de la présence de la mort. Le moment venu, le yogi profitera de l'isolement de l'esprit vis-à-vis de toutes les préoccupations qui pouvaient le perturber au cours de la vie pour atteindre la claire lumière. Le Bardo Thödol lui explique comment et le prépare à cette étape inéluctable.

Durant cette période, le défunt est confronté à deux types de divinités, les paisibles d'abord, puis les terrifiantes dont le livre dresse un tableau apocalyptique, monstres protéiformes, buveurs de sang, hurlants et menaçants. Le yogi se doit alors d'y reconnaître ses propres "formes pensées » ; ce qui dissipe la peur et permet de les faire disparaître. Il lui faut atteindre la vacuité de la claire lumière d'où toutes les formes-pensées ont disparues afin de se libérer et de se fondre en "bouddha"[137].

---

[136] La première partie, le Chikhai Bardo concerne la façon dont le yogi doit vivre les événements psychiques qui surviennent au moment de la mort ; la troisième, le Sidpa Bardo traite de la renaissance et du choix d'une matrice où se réincarner.

[137] La notion de "bouddha" ne renvoie évidemment pas ici à un personnage historique qui porta ce nom mais à un type d'expérience psychique qui se caractérise par l'extinction des pensées et la concentration. Il est vraisemblable que cette expérience est proche de celle de ravissement et d'extase rapportée parfois par les rêveurs lucides. Ce type d'expérience se caractérise, semble-t-il, par une situation élevée et la présence d'une lumière blanche.
Robert Desoille (*Théorie et pratique du Rêve Eveillé Dirigé*, Edition Mont Blanc, 1978) affirme que le mouvement vers le haut dans le monde imaginaire s'accompagne d'un détachement, d'une plus grande paix, d'un grand calme et d'émotions de type religieux. Ceux qui croient à la mythologie chrétienne, par exemple, y rencontre anges et saints.
Il semble que cette concomitance du mouvement vers le haut, de la luminosité blanche et des émotions mystiques

On le voit, les techniques à mettre en œuvre sont bien proches de celles recommandées au cours des rêves.

---

soit universelle.

2) Quelques rêveurs lucides importants.

Hervey de Saint-Denys. (1822-1892)

Le premier rêveur lucide connu de notre époque est Marie-Jean-Léon Lecoq, baron d'Hervey, marquis de Saint-Denys, sinologue, professeur au collège de France et expérimentateur onirique. Son livre *Les rêves et les moyens de les diriger* est le texte fondateur de l'approche moderne des rêves[138].

Rêveur lucide régulier et exceptionnel, il orienta surtout ses recherches sur les relations entre le contenu subjectif du rêve et les sensations perçues au cours du sommeil.
Il constata qu'un parfum, une musique, un bruit qu'il avait appris à associer à une certaine personne ou à certaines circonstances, pouvaient induire dans les rêves l'apparition de cette personne ou de ces circonstances quand parfum, musique ou bruit étaient présents près de lui pendant son sommeil.

Il remarqua la correspondance entre ses rêves et ses préoccupations du moment et conclut que le rêve prolonge la pensée de veille sous une autre forme, que "*penser à une chose, c'est la rêver*".
Ce qui va à l'encontre des affirmations psychanalytiques qui voudraient que les rêves fussent des messages qui proclament des secrets interdits en les cachant pour mieux

les montrer et qu'il existât une entité inconsciente autonome agissant pour son propre compte. Hervey de Saint-Denys, au contraire démontre l'unicité et la cohérence de l'esprit humain, en tout cas en ce qui le concerne. Certains de ses rêves sont, par exemple, des rêves d'illusion de sortie hors du corps. Homme de culture distingué, il ne cède pas à la tentation de les prendre pour des faits objectifs (cf. *le rêve de Bruxelles* cité infra).

Les recherches expérimentales.
Par une série d'observations très fines, Hervey de Saint-Denys a montré que le rêveur, lucide ou non, est doté dans le domaine des sens d'une hyperacuité perceptive, sauf bien sûr pour la vue.
a)   L'ouïe : Hervey rapporte que s'étant endormi, il rêvait d'une musique précise et agréable ; il s'éveilla pour en connaître l'origine et constata, qu'à l'état de veille, il ne percevait que des échos étouffés et lointains à peu près inaudibles et tout à fait inidentifiables. Suivirent plusieurs endormissements et réveils. Chaque fois qu'il dormait, il percevait parfaitement la musique, chaque fois qu'il était éveillé, il constatait qu'elle était presque imperceptible.

b)   L'odorat : c'est surtout dans ce domaine que ses recherches s'orientèrent. En faisant répandre un parfum qu'il s'était habitué à associer à une personne, il parvint à induire des rêves où celle-ci apparaissait.

Enfin, s'interrogeant sur la magnificence des décors, jardins, édifices, paysages, sur l'invention artistique si multiple, d'une valeur si exceptionnelle de ses rêves, alors qu'éveillé, il n'avait aucun talent remarquable, il montra que ces créations oniriques étaient des réaménagements de tableaux, dessins, paysages, constructions, perspectives rencontrées au cours de sa vie et dont il n'avait conservé le plus souvent aucun souvenir conscient. Il montra que l'esprit endormi a accès à des souvenirs, stockés dans la mémoire sous forme de ce qu'il nomme des "clichés-souvenirs", que nous n'imaginerions même pas avoir.

Enfin, entre autres techniques, il est l'inventeur de celle qui consiste à mettre les mains de rêves sur ses yeux de rêve en rêve lucide pour changer le décor du rêve. Au bout d'un court instant, le rêve reprend sous une autre forme.

Sa démarche est fondée sur une réflexion épistémologique et méthodologique rigoureuse. Il rejette tout surnaturel et dénonce tout ce qui est du domaine des superstitions. Il s'en tient aux faits observables et à eux seuls, même si c'est par introspection ; il cherche à convaincre son lecteur de vérifier ses affirmations et de reproduire ses expériences oniriques. C'est pourquoi son livre est aussi un guide pratique remarquable.
Mais Hervey de Saint-Denys, quoique animé d'un esprit scientifique expérimental proche de celui de son contemporain Claude Bernard, le grand théoricien et praticien de la médecine expérimentale de la première moitié du dix-neuvième siècle, refuse les généralisations scientistes abusives qui tentent de réduire les phénomènes de l'esprit à des mécanismes simplistes absolument déterministes ; il affirme que l'esprit est trop complexe pour être expliqué ainsi. Il avait raison et, pour qu'on commence à comprendre ce qui se passe dans l'esprit/cerveau, il faudra attendre les progrès récents réalisés grâce à l'introduction des concepts issus des mathématiques des systèmes complexes dans les sciences et l'utilisation de techniques d'imagerie cérébrale.

Bref, il contribua à faire sortir le rêve des obscurantismes qui voulaient voir en lui un message venu de l'extérieur ou d'un inconscient mystérieux et divinisé, ou pire qui le prenaient pour une expérience objective dans un monde invisible. Il jeta les bases des recherches expérimentales en onirologie et est une référence incontournable.

van Eeden.

Frederick Willems van Eeden, comme Hervey de Saint-Denys, qu'il cite, eut une approche expérimentale de ses rêves, comme l'illustre le passage suivant :

"*Le 9 Septembre 1904, je rêvai que j'étais assis à une table devant une fenêtre. Sur la table se trouvaient différents objets. J'étais parfaitement bien conscient d'être en train de rêver et je me demandai quelles sortes d'expérimentation je pourrais faire. Je commençai par essayer de casser un verre, en le frappant avec une pierre. Je mis un petit gobelet de verre sur deux cailloux et lui donnai un coup avec un troisième. Pourtant il ne voulait pas se briser. Puis je pris un fin verre à vin de sur la table et lui donnai un coup de poing, de toute ma force, réfléchissant en même temps au danger que cela représenterait de le faire dans la vie éveillée ; et pourtant le verre resta entier. Mais, surprise ! Quand je le regardai à nouveau quelque temps après, il était cassé.*

Il se cassa donc bien, mais un petit peu trop tard, comme un acteur qui rate sa réplique. Cela me donna la très curieuse impression d'être dans un faux monde, habilement imité mais avec quelques petits défauts. Je pris le verre cassé et le jetai à travers la fenêtre, pour observer si je pourrais en entendre le tintement. J'entendis très bien le bruit et je vis même deux chiens s'enfuir tout naturellement. Je pensai en moi-même que ce monde de comédie était vraiment une bonne imitation."

Freud et le rêve lucide.

La première édition de *L'Interprétation des Rêves* (datée de 1900) de Freud ne faisait aucune allusion claire au rêve lucide. Toutefois Freud ajouta une note à la seconde édition de 1909, à savoir qu'"*il y a quelques personnes qui se rendent clairement compte pendant la nuit qu'elles sont endormies et en train de rêver et qui, ainsi, semblent posséder la faculté de diriger consciemment leurs rêves. Si, par exemple, un rêveur de ce type n'est pas satisfait du tour pris par le rêve, il peut le faire cesser sans s'éveiller et recommencer dans une autre direction -tout comme un dramaturge populaire peut, sous la pression, donner à sa pièce une fin plus heureuse.*"

Freud fait une autre mention du rêve lucide, qui nous en dit plus sur lui-même que sur les rêves lucides :
« *...si son rêve l'a conduit à une situation sexuellement excitante, celui-ci (le rêveur) peut penser : 'Je ne vais pas continuer ce rêve et me fatiguer avec une éjaculation ; à la place, je vais me retenir pour une situation réelle.'* »

Divers auteurs, dont Stephen LaBerge, supposent que le rêveur anonyme de l'édition de 1909 pourrait être Freud lui-même. Les attitudes que révèle ce passage pourraient être interprétées pour expliquer pourquoi sa vision du monde du rêve fut relativement stérile.
Dans la quatrième édition de son livre sur les rêves de 1914, Freud ajoute : "*Le Marquis d'Hervey de Saint-Denys... prétend avoir acquis le pouvoir d'accélérer le cours de ses rêves comme il lui sied, et de leur donner n'importe qu'elle direction choisie par lui. Il semblerait que dans son cas, le souhait de dormir ait été remplacé par un autre souhait préconscient, celui d'observer ses rêves et d'y prendre plaisir. Le sommeil est tout aussi compatible avec un souhait*

de cette sorte qu'il l'est avec la restriction mentale de se réveiller lorsqu'une condition particulière se produit (comme celle d'une mère ou une nourrice par exemple)."

Oliver Fox.
Pendant l'été 1902, il fit un rêve lucide qui, dit-il, marqua "*le réel début*" de sa recherche. "*Je rêvai*, écrivit-il, *que j'étais debout sur le trottoir devant chez moi. Le soleil se levait derrière le mur romain, et l'eau de la baie Bletchingden étincelait dans la lumière du matin. Je pouvais voir les grands arbres au coin de la route et le sommet de la vieille tour grise derrière les Quarante Marches. Dans la magie du premier rayon de soleil, la scène était tout de même assez belle.*

A présent le trottoir n'était plus du genre ordinaire, mais était constitué de pierres rectangulaires gris-bleuâtre, leurs longs côtés faisant angle droit avec la bordure blanche. J'étais sur le point de rentrer dans la maison, quand, regardant par hasard ces pierres, je fus stupéfait du phénomène qui était en train de se passer, si extraordinaire que je n'en crus pas mes yeux -ils avaient apparemment tous changé de position pendant la nuit, et les longs côtés étaient maintenant parallèles à la bordure !

Puis l'explication me vint en un éclair : bien que ce glorieux matin d'été fût aussi réel que possible, j'étais en train de rêver!

M'être rendu compte de cela fit changer la qualité de ce rêve de manière très difficile à exprimer à quiconque n'a pas eu cette expérience.

Instantanément, l'apparence vivide de l'existence s'accrût cent fois. Jamais la mer et le ciel n'avaient brillé d'une beauté si resplendissante ; même les maisons ordinaires semblaient animées et d'une beauté mystique. Jamais je ne m'étais senti si bien, l'esprit si clair, si indiciblement libre ! La sensation était exquise au-delà des mots ; mais cela dura seulement quelques minutes et je m'éveillai." (*Astral projection*, New Hyde Park, New York, University books, 1962).

Piotr D. Ouspensky.
Cité dans presque tous les ouvrages sur le rêve lucide, ce philosophe russe n'a pas exploité toutes les ressources de la lucidité onirique. Il écrit que "*la plupart de nos rêves sont totalement imprévus, confus, décousus et dénués de sens et dépendent d'associations fortuites, dénuées de logique et sans idée directrice*".
Il explique la récurrence de certains rêves par les sensations liées à une position corporelle habituelle.
Il semble à l'origine du mythe de la difficulté de prononcer son nom en rêve, qu'il justifie par des arguments de type philosophico-mystique assez confus.

Il est surtout connu pour son utilisation de l'induction de la lucidité par le maintien de la conscience de veille au cours de l'endormissement jusque dans le sommeil. Pour y parvenir, il s'efforçait de fixer son attention sur une image ou une pensée. Cette technique difficile à appliquer au moment du premier endormissement le soir, se révèle beaucoup plus aisée vers le matin après le premier éveil.
Il explique :
"*Je refermais les yeux et commençais à m'endormir tout en me concentrant sur une pensée ou une image précise. L'état étrange que j'appelle "état de demi-rêve" apparaissait alors quelquefois...*"
Voici la description de l'un des états de demi-rêves d'Ouspensky:
"*Je me rappelle m'être vu une fois dans une grande pièce sans fenêtre. A part moi, il y avait seulement dans la pièce*

un petit chaton noir. 'C'est un rêve', me dis-je. 'Comment savoir si je suis réellement endormi ou non ? Supposons que j'essaie de cette manière : transformons ce chaton noir en un grand chien blanc. A l'état de veille, c'est impossible, et s'il disparaît cela signifie que je suis endormi, me dis-je, et, aussitôt, le chaton noir se transforma en un grand chien blanc. Au même moment le mur opposé disparut, révélant un paysage de montagne, avec une rivière qui s'éloignait comme un ruban dans le lointain...
'C'est curieux,' me dis-je ; 'je n'ai pas demandé ce paysage. D'où vient-il ?' Un souvenir ténu s'empara de moi, le souvenir que j'avais vu ce paysage quelque part et qu'il était lié de quelque manière avec le chien blanc. Mais je sentis que si je continuais dans ce sens, j'oublierai la chose la plus importante dont j'avais à me souvenir, à savoir que j'étais endormi et conscient."

"*On the study of dreams and on hypnotism*" in A new model of the universe, Vintage, New York, 1971).

Carlos Castaneda.

On consultera avec bénéfice l'article que lui concerne Wikipedia.

A mi-chemin de la fiction romanesque et du reportage vécu, c'est le récit de l'initiation aux pratiques shamaniques des indiens d'Amérique centrale (dites "toltèques") d'un étudiant en anthropologie californien par un sorcier Yaqui, Don Juan Matus; le *rêve*, c'est-à-dire une forme particulière de rêve qui semble bien être ce que nous appelons "rêve lucide", y joue un rôle important.[139]

"En "rêvant", tu as le pouvoir ; tu peux changer les choses ; tu peux trouver des faits secrets sans nombre ; tu peux contrôler tout ce que tu veux." dit Don Juan.
Pour renforcer son pouvoir, le sorcier conseille à son élève de regarder ses mains dans ses rêves ; cette technique éveille la conscience dans le rêve.
" *Quand elles commencent à changer de forme,*" explique Don Juan : " *porte ton regard sur autre chose, puis regarde à nouveau tes mains.*"

Ken keltzer propose une variante qui marche assez bien ; en autohypnose, il associe la contemplation de ses mains à des suggestions sur le fait de devenir lucide au cours des rêves de la nuit ("Je *me rends compte que je rêve*"), plusieurs fois par jour, plusieurs jours de suite et obtient de bons résultats quand, en rêve, son regard se porte sur ses mains.

L'œuvre de Castaneda vaut surtout par la philosophie de la vie et de l'attitude de « l'homme de connaissance » face aux événements, toujours intransigeant, réaliste, pragmatique, conscient de la présence de la mort et de la brièveté de la vie, toujours curieux et avide d'expériences et de connaissances -ce que Castaneda appelle "la voie du guerrier".

3) Quelques techniques pas à pas

L'endormissement directement en rêve lucide pas à pas

Les explications de T. Yuschak à propos de l'entrée en rêve lucide à partir de l'endormissement fonctionnent vraiment très bien pour moi. Et, au pire, en les appliquant, même si je plonge dans un sommeil banal, j'ai eu une longue période proche de la méditation dite "de pleine conscience" avec un maintien de l'attention sur les sensations.

L'essentiel vient de l'immobilité absolue et continue qu'on maintient tout au long du processus. Elle finit par engendrer des hallucinations kinesthésiques qui servent de support au passage dans le rêve à partir de l'état de veille. Cette technique est très proche de celle développée par Christian Bouchet qui entre dans le rêve lucide à partir d'un rêve éveillé prolongé.

Voici donc un compte rendu de la partie du chapitre 21 du livre de T. Yuschak, consacré aux exercices techniques destinés à induire la lucidité et à la renforcer.

Il reprend les deux techniques définies par S. Laberge, DILD et WILD, d'induction de la lucidité par un entraînement au cours de la journée et au moment de l'endormissement.

Pour le WILD, après les conseils banals sur le calme, la relaxation et le rappel des intentions -entrer en rêve lucide et quoi faire une fois lucide-, voici les conseils qu'il donne :

a) Maintenir l'éveil au cours de l'endormissement aussi longtemps que possible (10 minutes) en entrouvrant les yeux brièvement quand on se sent partir.

b) Pour tenir le discours intérieur sous contrôle, ne pas lui accorder d'importance, ni d'attention, l'interrompre chaque fois qu'il reprend. Se dire que chaque interruption rapproche de la réussite.

Rester concentré sur des activités non verbales : observer les sensations corporelles et les perceptions endogènes : phosphènes, sensations de positions du corps, battements du cœur, respiration, sons associés et acouphènes.

c) Imaginer et porter une attention continue sur les membres relâchés et immobiles.

Puis imaginer percevoir des mouvements lents des jambes et des bras.

Amplifier cette image cinesthésique avec chaque respiration : les mouvements deviennent de plus en plus amples à chaque inspiration.

d) Jeter des graines de visualisation, c'est-à-dire susciter brièvement une image mentale préalablement choisie comme début de rêve sans insister ni la maintenir, à de multiples reprises jusqu'à ce qu'elles deviennent finalement stables et autonomes.

Au début, on entre et on sort de ces hallucinations oniriques qui se mettent à s'animer spontanément au fil des répétitions.

Se contenter d'observer et de prendre plaisir à l'expérience sans vouloir forcer le passage.

Il suffit d'attendre avec confiance : le rêve va venir à son heure.

7) Le passage : le but est de ne pas perdre la continuité de la conscience de son identité. On va vivre une expérience qui peut être interprétée selon ce à quoi l'on croit comme une O.B.E., une sortie du corps astral, une visite dans un monde mystique quelconque, ou un rêve lucide.

a- Les indices précurseurs: les images deviennent consistantes et stables, et s'animent, par bouffées, puis on revient à l'état de veille brièvement. Rester observateur, calme et passif devant ce spectacle.

b- Se relaxer et ne pas se parler pour commenter l'expérience en cours, ne pas se concentrer sur sa respiration. Au contraire se concentrer sur les sensations hallucinatoires (flottement du corps, images, sons) et y prendre plaisir.

c- A ce stade, on sent le corps ou une partie du corps (bras ou jambe le plus souvent) qui se met à flotter et à se détacher du corps réel.

Il faut renforcer cette sensation en accentuant l'attention à l'illusion et la passivité du corps physique (surtout ne pas essayer de bouger).

d- Avec les respirations, renforcer et augmenter ce flottement et utiliser la partie détachée pour entraîner progressivement le reste du corps hallucinatoire, puis se lever et se mettre en mouvement avec celui-ci.

e- Rester en mouvement. Au début on n'a surtout une sensation de mouvement du corps sans vision claire de l'environnement.

Il convient de renforcer l'image.

Regarder avec attention un objet particulier à la fois jusqu'à ce qu'il devienne stable. Se concentrer sur la vision de chaque détail jusqu'à une précision satisfaisante. C'est l'effort d'attention qui crée cette amélioration des images.

Pour rester mobile dans le rêve tout en regardant un objet, sauter sur place.

En général on se trouve alors dans ce que C. Bouchet nomme un rêve de niveau 1 : le décor est très semblable à la chambre réelle où l'on vient de s'endormir.

Pour passer en niveau 2 puis 3, sortir de la maison. Le monde devient alors de plus en plus onirique et inhabituel.

Pour favoriser ces changements de niveaux et approfondir ou prolonger la lucidité, faire tourner son corps flottant sur lui-même, horizontalement, ou, comme le conseille Laberge, en tournoyant, lentement ou non.

Induction par la vision stéréoscopique

Selon Jürgen Stock (*Die Verzauberung des AugenBlicks. Mit 3- D- Bildern zu erweiterter Wahrnehmung*), le travail avec des images en 3D permet d'élargir la perception visuelle et extrasensorielle. Cette méthode peut aussi induire des rêves lucides.

Elle se pratique avec des images spécifiques nommée parfois « stéréogrammes ». On en trouve dans les magasins de jeux. De nombreux sites internet en proposent une gamme variée et il est même possible d'en faire soi-même à l'aide de logiciels assez simples à utiliser.

Techniques de la « vision magique »

Il s'agit de jouer sur le fait que nos deux yeux séparés d'environ 7 cm perçoivent des images différentes à l'aide desquelles nos centres visuels calculent les distances des objets perçus, c'est-à-dire le relief. Le jeu consiste à prendre conscience du travail habituellement automatique des réglages de convergence des globes oculaires selon la distance des objets et de la perception de ces deux images.

Quand on regarde un objet proche puis un objet plus éloigné, on sent le travail d'adaptation des yeux à la distance. Lorsqu'on fixe un objet très proche, tout objet plus éloigné apparaît en double.

La vision stéréoscopique utilise ce phénomène en inversant le mécanisme de perception habituel : elle crée une illusion de relief en présentant au cerveau deux images distinctes proches avec des yeux orientés pour voir de loin.

L'image destinée à créer cette illusion, le stéréogramme, est construite de manière à permettre de provoquer cet effet.

Il faut évidemment avoir une vision des deux yeux et être capable de voir en relief pour réussir.

Le secret paradoxal est qu'il ne faut faire aucun effort et laisser ses yeux diverger comme pour regarder à l'infini.

On peut aussi, à l'inverse, faire converger fortement les yeux (loucher) alors que l'image est à une quinzaine de centimètres des yeux.

La vision divergente

Les regards des deux yeux sont parallèles. On peut procéder de deux façons.

Fixer un objet situé à deux mètres et placer l'image stéréoscopique entre le visage et le point visé sans rien changer au réglage de la vision.

La distance « magique » entre la feuille et les yeux varie pour chacun et est approximativement entre 30 et 40 cm. Chercher lentement la bonne distance jusqu'à ce que l'effet tridimensionnel se produise naturellement.

On peut aussi tenir l'image contre le nez. Faute de pouvoir accommoder à cette distance, les yeux se mettent au repos comme pour regarder l'infini. Eloigner lentement le stéréogramme en conservant la focalisation du regard sur le lointain. Les couleurs acquièrent d'abord une qualité lumineuse particulière et bientôt surgit le relief.

La vision convergente

Il s'agit cette fois de faire se croiser les regards en louchant. Cette fois encore, deux techniques sont possibles.

On peut placer un doigt à mi-distance entre les yeux et l'image, juste devant la racine du nez. On fixe le regard sur la pointe du doigt tout en faisant porter l'attention sur l'image. Il reste à trouver par tâtonnement les bonnes distances yeux/doigt/image.

L'autre technique consiste à loucher vers la pointe du nez tout en tenant l'image à 30 cm du visage. Relâcher ensuite doucement l'effort pour loucher et les yeux s'écartent doucement. Au cours de ce mouvement, l'image tridimensionnelle va se révéler.

Induction de la lucidité dans les rêves

Ces exercices permettent avec la pratique d'obtenir des images en relief variées et contrôlées très précisément. On pratique avec des stéréogrammes particuliers qui offrent cette possibilité de moduler les effets.

La maîtrise de cette création d'illusion visuelle volontaire est nommée « hyper vision » par ses pratiquants. Elle s'accompagne de l'émergence d'états de conscience proches de l'expérience de rêve ou de transe. Ces passerelles entre saturation sensorielle, concentration sur la perception et rêve de veille ou de sommeil sont bien connues (voir Christian Bouchet par exemple). On peut donc utiliser cet état pour induire la lucidité. On peut utiliser les suggestions habituelles du type « *Je vais prendre conscience que je rêve.* » pendant cette période de réceptivité accrue de contemplation des images.

Les mouvements oculaires inhabituels de cet entraînement évoquent ceux qui se produisent pendant le sommeil paradoxal et cette ressemblance semble favoriser aussi la lucidité en préparant le rêveur à porter attention à ses activités visuelles en rêve.

On peut encore utiliser les mouvements oculaires divergents et convergents au moment de l'endormissement, yeux fermés, pour amener le surgissement des images oniriques.

La méthode d'induction de la lucidité onirique de Daryll Hewitt :

Elle se décompose en trois parties :
a) Un entraînement pendant la journée

1) tester la réalité :
Par exemple contrôler la stabilité de ce qu'on voit, essayer de faire apparaître ou disparaître un objet...
2) Puis, imaginer de manière aussi présente que possible qu'on rêve.
3) Se dire très sérieusement : "*Je décide que la prochaine fois que je rêve vraiment, je veux me souvenir que je suis en train de rêver.*"
Daryll Hewitt conseille de se créer l'habitude de se poser la question "*Suis-je en train de rêver ?*" en certaines circonstances de la vie quotidienne (quand vous vous servez de votre clé, par exemple). Se visualiser en train de faire l'action permet de mieux se souvenir de ce qu'on a décidé.

b) Un entraînement juste avant l'endormissement :

1) Se relaxer quelques minutes au moment de se coucher, (training autogène, une relaxation progressive ...)

2) Oublier les préoccupations de la journée et se concentrer sur ses sensations présentes. Respirer profondément et s'apaiser, se calmer de plus en plus à chaque expiration.

3) Se souvenir d'un rêve récent.
- appliquer la méthode MILD. Se répéter la formule d'induction (« *La prochaine fois que je rêve...* »)

C) Un entraînement nocturne (au cours d'un éveil à la suite d'un rêve) :

Il est important de faire ces exercices à chaque éveil au cours de la nuit.

1) Ne pas bouger un muscle pendant une minute ou deux pour mieux se remémorer ses rêves.

2) S'éveiller totalement (par exemple en s'aspergeant le visage d'eau fraîche ; Daryl Hewitt dit avoir toujours un bol d'eau au chevet de son lit et semble beaucoup tenir à cet aspect de sa technique).

3) Se souvenir avec soin de ce que vous pouvez retrouver de vos rêves, les détails et les sentiments avec autant de précision et de clarté que possible.

4) Recommencer MILD.

5) Répétez encore la formule d'induction.
Il vaut mieux créer une habitude en pratiquant cette technique complète deux ou trois jours de suite. Mais, la pratique de la sieste expliquée au chapitre V, associée à cette technique donne de bien meilleurs résultats que tous les efforts nocturnes qui risquent de troubler le sommeil.

Les différents "niveaux de conscience" en rêve:

Echelle de réflexion sur soi de Sheila Purcell.
(S. Purcell et al.,"*Dream psychology: operating in the dark*",
in *ASD Newsletter*, vol.1, n°4).

Cette échelle peut servir à évaluer la qualité de conscience
des rêves. On l'utilise surtout pour mesurer l'efficacité
comparée des techniques. Elle se présente comme suit :

Rêves ordinaires de type A : absence de conscience de soi.

1- Le rêveur est apparemment absent du rêve ; les objets
sont inconnus ; il n'y a pas de personnage.
2- Le rêveur est apparemment absent du rêve mais il y a des
personnages ou des objets connus.
3- Le rêveur est totalement impliqué dans l'action du rêve ; il
n'y a aucun autre point de vue.

Rêves ordinaires de type B : éveil de la conscience de soi.

4- Le rêveur est surtout présent dans le rêve en tant
qu'observateur.
5- Le rêveur réfléchit sur une question ou il a un échange
verbal précis avec quelqu'un.
6- Le rêveur a conscience d'un changement (d'une
anomalie) qui concerne son corps, son âge, son
comportement, ses émotions...

Rêves de type C : prise de conscience de soi.

7- Rêves prélucides ou rêves de faux-éveil.

Le rêveur a plusieurs niveaux de conscience, comme acteur et observateur en même temps ; il fait un rêve dans le rêve, un rêve prélucide ou un rêve de faux éveil.

8- Rêves semi-lucides.

Le rêveur contrôle en grande partie le déroulement du rêve ou son comportement au cours du rêve, sans avoir pour autant conscience d'être en train de rêver.

9- Rêves lucides.

Le rêveur peut consciemment se dire qu'il est en train de rêver et il a conscience de la nature onirique de son vécu.

Bon à savoir

Vocabulaire utile
Fantasme (ou phantasme)

Hors des références psychanalytiques, le mot désigne les événements produits par l'imagination à l'état de veille. Le fantasme est le plus souvent une création volontaire, active de l'imagination. La distinction entre rêverie et fantasme porte sur le caractère plutôt actif, volontaire du jeu de l'imagination dans le fantasme, ou sur sa récurrence remarquable, alors que la "rêverie" est plus passive, spontanée et instable.

Hallucination

Terme médical qui sert à désigner les perceptions de faits, d'objets, qui n'existent pas, de sensations en l'absence de stimulation des sens. Le rêve ordinaire au moment où le rêveur le fait est une hallucination.

L'expression « **hallucinations hypnagogiques** », c'est-à-dire « qui mènent au sommeil » désigne traditionnellement les rêveries de l'endormissement, transitoires entre la rêverie de l'état de veille et le sommeil.

Vividité (anglicisme, de l'anglais "vividity")

C'est le caractère de perceptions qui paraissent particulièrement vivantes et vraies. La lucidité onirique s'accompagne généralement d'une grande vividité.

Sigles, acronymes, abréviations et autres facilités : comment passer pour un aficionado du RL
J'ai pris soin d'en utiliser le moins possible. Cependant, la communauté des rêveurs du net a tendance à développer un

code grâce auquel les initiés se reconnaissent et se distinguent des néophytes.

Beaucoup de ces compressions lexicales proviennent de l'anglais et de l'anglo-américain, LaBerge oblige.

DILD: Dream-Initiated Lucid Dream. Rêve lucide né au cours d'un   rêve   ordinaire.

MILD : Mnemonic Induction of Lucid Dreams. Induction de Rêves Lucides grâce au souvenir. C'est la méthode d'induction mise au point par Stephen Laberge. Elle associe l'autosuggestion   et   la   mémoire   prospective.

WBTB : Wake-Back-To-Bed. Le principe est de s'éveiller dans le courant de la nuit et de retourner se coucher après une période pouvant durer de quelques minutes à une heure.

REM : Rapid Eye Movement. On trouve aussi MOR (Mouvements Oculaires Rapides) chez les auteurs francophones. Les autres phases sont appelées NREM (non-REM).

WILD : Wake-Initiated Lucid Dream. On rencontre parfois EC (Endormissement Conscient) en français. C'est la méthode d'induction dans laquelle on conserve la conscience depuis l'état de veille au cours de l'endormissement.

SOREM : Sleep Onset REM. Il s'agit de phases de sommeil paradoxal (ou sommeil REM) intervenant moins d'un quart d'heure après l'endormissement, soit à cause d'un trouble du sommeil, soit lors de siestes, soit à cause de manque de sommeil   accumulé.

IRL : In Real Life, c'est-à-dire "dans la vraie vie". Sur les forums (Oui, je sais, mais on dirait que je suis le seul à m'en souvenir, le pluriel pourrait se faire élégamment en « fora ») tout ce qui se passe dans la vie de veille, par opposition aux événements   du   monde   du   rêve.

Chez les francophones, se sont forgées quelques commodités.

AS :   Autosuggestion.

EC :   Endormissement   conscient.

FE :   Faux   éveil.

FR :   Faux   réveil.

HH : Hallucinations Hypnagogiques. Auditives, tactiles ou visuelles, ce sont les expériences qui surgissent au cours de l'endormissement. (Une hallucination est une perception qui n'a pas sa source dans une stimulation des sens. L'illusion, par contre, est une erreur dans l'interprétation de ces stimulations).

IH : Image hypnagogique. Visions qui apparaissent entre la veille   et   le   sommeil,   durant   l'endormissement.

JR :   Journal   de   Rêve.

MUO : Maintien dans l'Univers Onirique. On trouve aussi la locution « rêves en chaîne », directement traduite de l'américain « dream chaining » et « replongée dans le rêve » pour « dream reentry ».

PR :   Personnage   de   Rêve   -

PS :   Paralysie   du   sommeil.

RL : Rêve lucide.

RN : Rêve normal. Je préfère utiliser « rêve ordinaire » ou « courant » car le rêve lucide n'a rien d'anormal. Il résulte d'un autre type d'état de conscience onirique. Il répond donc à une autre forme de normalité, plus rare. L'intégrer à une courbe de Gauss est donc une erreur épistémologique, à mon   sens.

TR :   Test   de   Réalité.

OBE : Out of Body Experience. On trouve aussi en français « EHC » pour « Expérience Hors du Corps ».

NDE : Near Death Experience. Les francophones peuvent utiliser « EMI » pour « Expérience de mort imminente »).

Bibliographie

Bibliographie commentée

Vous trouverez ici quelques références commentées qui peuvent servir d'entrée dans l'exploration du domaine que nous venons de parcourir.

Les références des ouvrages cités sont en fin d'ouvrage.

Rêve lucide

A propos des rêves lucides, la littérature est pléthorique, et la plupart du temps redondante, ou délirante. Il vaut mieux s'adresser aux auteurs de référence et reconnus, cités plus haut, qu'à des plagiaires plus ou moins maladroits ou illuminés.

Le premier rêveur lucide à avoir mené au milieu du XIXème siècle, une étude méthodique et éclairée des rêves grâce à la lucidité est le français Hervey de Saint-Denys, par ailleurs professeur de chinois au Collège de France. A consulter pour le plaisir de fréquenter un homme cultivé, intelligent et rigoureux.

HERVEY DE SAINT-DENYS, *Les rêves et les moyens de les diriger*, Oniros

En pratique, lire Stephen LaBerge suffit largement pour faire le tour de la question du rêve lucide, des connaissances théoriques aux méthodes d'induction, d'utilisation et de prolongation.

LABERGE, Stephen, RHEINGOLD, Howard, *Exploring the World of Lucid Dreaming*, Ballantine Books, New York

Lucid Dreaming Ballantine Books New York

(Ce livre est également disponible en français aux Editions Oniros (Merci Roger Ripert !)

LABERGE, Stephen, *S'éveiller en rêvant*, Almora, (2008)

Pour la curiosité, on peut regarder Thomas Yuschak et son programme de prise de produits psycho actifs afin de faciliter la lucidité (ce qui me semble assez compliqué et, sans doute, contreproductif, sinon malsain).
YUSCHAK, Thomas, *Advanced Lucid Dreaming, the power of supplements*, Lulu enterprises, (2006)

Sur l'ensemble de la question, des rêves et de la lucidité, je me dois de citer Patricia Garfield à qui toute la génération française d'après mai 68 doit d'avoir découvert les Sénoïs et les ressources libératrices, voire révolutionnaires du rêve (et encore une fois, merci à Roger Ripert qui dirigeait la collection Champ Psi et choisit de la traduire).
GARFIELD, Patricia, *La Créativité Onirique,* La Table Ronde, (1982)

Le petit livre un peu flou d'Olivier Clerc a longtemps été une des rares sources francophones, aussi me dois-je de le citer aussi. Il reprend, à partir de la théorie réfutée des deux cerveaux (le droit créatif, féminin et artiste et le gauche rationnel, masculin et dominant), dans une perspective ésotérique (OBE…) dépassée, la plupart des sujets évoqués par Patricia Garfield. Il apporte quand même une petite initiation rapide pour faire le tour des questions autour du rêve lucide et des sujets connexes.

CLERC, Olivier, *Vivre ses rêves*, Helios (janvier 1984)

Des ouvrages, qui n'apportent rien de nouveau, se sont multipliés, généralement parce que leurs auteurs cherchaient une certaine visibilité pour promouvoir leurs offres de formations, séminaires et autres thérapies. J'en cite deux venus du Canada qui ont le mérite d'être clairs et pratiques :

MARCHAND, Louise, *Le Rêve Lucide*, Le Dauphin Blanc, (2012)
MACELROY, Marck, *Le rêve lucide pour débutants*, AdA Inc. (2007)

Rêve lucide niveau avancé

A propos des travaux de Christian Bouchet, qui me semblent marquer une avancée vers une sorte de deuxième niveau pour pratiquants avertis :

Du rêve éveillé au rêve lucide, Le Mercure Dauphinois, (2013)

Il existe aussi une thèse partiellement disponible sur le blog de Florence Ghibellini, blog qui mérite aussi la visite d'ailleurs :

florence.ghibellini.free.fr/revelucidea/thesemn4.html

En complément, on peut lire aussi Catherine Dalançon, pour la transcription des conseils d'exercices donnés par Christian Bouchet lors de son travail de recherche de thèse à Sainte-Anne.

DALENCON, Catherine, *Journal d'une rêveuse. Pratique du rêve lucide*, Le Mercure Dauphinois, (2013)

Sur la pratique du Rêve Eveillé Dirigé, on lira, outre les textes un peu datés et difficiles à trouver, de son créateur, Robert Desoille, le livre clair et très complet de David Guerdon :
GUERDON, David, *Le Rêve Eveillé*, Oniros, 1993.
DESOILLE, Robert, *Théorie et Pratique du rêve éveillé dirigé*, MontBlanc, (1978)

Développement personnel grâce au rêve

A propos de l'utilisation de la vie onirique dans une perspective de développement personnel, Ann Faraday qui commença par des travaux de recherches en laboratoire avant de coupler gestalt et rêve lucide est incontournable.

FARADY, Ann, *Dream Power*, Berkley Books, New York
            The Dream Game, Harper, 1990

Interprétation des rêves et groupes de rêveurs

Ann Faraday donne aussi une image précise de ce qu'est la vie d'un groupe de rêveurs et des conseils pour en créer un et l'animer.

Sur ce point et sur l'interprétation des rêves dans le respect du rêveur, il faut aussi consulter les livres de Gayle Delanay.

DELANEY, Gayle, *In your Dreams, A New Kind of Dream Dictionary*, Harper One, (1997)
Living Your Dreams, Harper San Francisco, (1988)
Break Through Dreaming, Bantam Books, (1993)
& al. New Directions in Dream Interpretation, State University of New York Press

Le dernier ouvrage, collectif, porte sur les diverses approches d'interprétation dans le cadre d'une thérapie.

Cauchemars

Le petit texte de Roger Ripert, éditeur et président fondateur de l'Association Oniros, apporte un éclairage bref et clair sur la question des cauchemars.

RIPERT, Roger, *La Résolution des Cauchemars*, Oniros, 2012

Bibliographie générale

Liste des ouvrages cités.

Thomas d'Aquin, *Somme théologique*, 4 tomes, Edition du Cerf, Paris, (1984-1986)

Aristote, *Psychologie, opuscules, parva naturalia,* Dumont

BADER, Jean-Michel, *Lueurs sur la vie après la vie*, in *Sciences et Vie*, n°882, Mars (1891).
Bardo Thödol, Dervy Livres, Paris (1980-82-85)

BECK, A. T., *Cognitive Therapy and the Emotional Desorders*, International Universities, New York, (1979)

BLACKMORE, Susan J., Beyond *the Body: an Investigation of Out-of-Body*

"A theory of lucid dreams and OBEs" (In GACKENBACH, J. and LABERGE, S., (Eds.), *Conscious Mind, Sleeping Brain*, p. 373-387, Plenum, New-York, (1988)

Experiences, Heinemann, Londres, (1982)

BOUCHET, Christian, *Rêve lucide et moulin à prière*, in *Bulletin Oniros* n°29

Du rêve éveillé au rêve lucide, Le Mercure Dauphinois, (2013)

DALENCON, Catherine, Journal *d'une rêveuse Pratique du rêve lucide* Le Mercure Dauphinois, (2013)

DEBECKER, Raymond, *La compréhension des rêves*, (1965)

DELAGE, Yves,   *Le Rêve*, PUF, Paris (1920)

DELANEY, Gayle *Living Your Dreams*, Harper San Francisco, (1988)

Break Through Dreaming, How to Tap the Power of Your 24-Hour Mind. Bantam Book (1993)

In Your Dreams, Falling, Flying & Others Dream Themes, Harper One (1997)

DELANEY, Gayle & al. *New Directions in Dream Interpretation*, State University of New York

Press

DEMENT, William C., *Some Must Watch While Some Must Sleep*, Norton (1978)

DESOILLE, Robert, *Théorie et Pratique du Rêve Eveillé Dirigé*, MontBlanc, (1978)

DOMHOFF, William, *The Mystique of Dreams. A Search for Utopia Through Senoï Dream*

Theory, Paperback (octobre 1990)

DONAHUE, James, Dream *Reality: The Conscious Creation of Dream and Paranormal*

Experience, Bench Press; 1st edition (1974)

ETEVENON, Pierre, *Du rêve à l'éveil : bases physiologiques du sommeil.* Albin Michel.

Collection: Sciences d'aujourd'hui (Mars 1987)

EVANS-WENTZ, W. Y., *Tibetan Yoga and Secret Doctrines: Seven Books of Wisdom of the*

Great Path, According to the Late Lama Kazi Dawa-Samdup's English

rendering, Oxford University Press (1935), 3ème édition (28 septembre 2000)

Traduction française : *Le yoga tibétain et les doctrines secrètes,* J. Maisonneuve, Paris, 1980

FARADAY, Ann, *Dream Power,* Berkley Books, New York

The dream game, Harper & Row, New York (1976), HarperPaperbacks, reprint (31 mai 1990)

FOSTER, Marie-Arnold & PRINCE, Morton, *Studies in Dreams,* Kessinger publishing, LLC (April

1, 2005)

FOX, Oliver, *Astral projection,* New Hyde Park, New York, University books, 1962); Citadel, Edition Reissues (1 janvier 1976)

FREUD, Sigmund, *De l'interprétation des rêves*, Presses Universitaires de France – PUF ; 2ème édition (3 novembre 2012)

GACKENBACH, Jayne et al., *Conscious Mind, Sleeping Brain,* Plenum Press, New York (1988)

GACKENBACH, Jayne & BOSVELD, Jane, *Control your Dreams*, HarperPerennial, 1rst edition

(October 1990)

GARFIELD, Patricia, *Pathway to Ecstasy, the Way of the Human Mandala*, Holt, Rinehart and Winston, 1st edition (1979).

En français *La créativité onirique*, La Table ronde (1983)

GREEN, Celia, *Lucid Dreams*, Hamish Hamilton, reissued by Institute of Psychophysical Research, Oxford (1968)

ELLIS, Havelock, *Le Monde des Rêves*, Mercure de France (1912)

GUERDON, David, *Le Rêve Eveillé* Oniros, 1993
HARDY, A. C., *"Was man more aquatic in the past?" New Scientist*, 7, 642-645 (1960).
HERVEY DE SAINT-DENYS, *Les rêves et les moyens de les diriger* (Amyot, Paris, 1867).

Réédité chez Tchou en 1964, Paris. Editions Oniros (1995)

JOUVET, Michel, *Neurophysiologie du sommeil* CNRS (1965).

Le Sommeil et le Rêve, Odile Jacob, Paris (1992)

HUGO, Adèle, *Journal, volume 1, 1852*, Collection : Bibliothèque introuvable, Editeur : Lettres modernes Minard (20 février 1995)

KELTZER, Kenneth, *The Sun and the Shadow, my experiment with lucid dreaming,* A.R.E. Press (1987)

LABERGE, S., *Lucid dreaming*, chapitre 9. J.P. Tarcher, LA, (1984).
LABERGE, Stephen, RHEINGOLD, Howard, Exploring the World of Lucid Dreaming,
Ballantine Books, New York
Lucid Dreaming Ballantine Books New York
En français : *Le Rêve lucide*, Editions Oniros (1985)
LABERGE, Stephen, *S'éveiller en rêvant*, Almora, (2008)
LEFEBURE, F., *Du moulin à prière à la dynamo spirituelle.* Edition d'auteur disponible au CRDPH, 3 rue de la Chapelle, 75018, Paris

LEONARD, George, *Your Silent Pulse,* (Bantam books, New York (1981)

MACELROY, Marck *Le rêve lucide pour débutants*, AdA Inc. (2007)

MACH, Ernst,   *The Analysis of the Sensation*, Jena: Fisher (1900)

MARCHAND, Louise, *Le Rêve Lucide*, Le Dauphin Blanc, (2012)

MAURY, Alfred,   *Le sommeil et les rêves*, Didier, Paris (1862)

                 Le sommeil et les rêves, eBox éditeur

MOODY, Raymond A., *La vie après la vie*, Robert Laffont, Paris (1976)

MORIN, Edgar   *Pour sortir du vingtième siècle*, Paris, Fernand Nathan (1981)

                 Le paradigme perdu, Paris, Seuil (1973)

                 La Méthode (coffret en deux volumes regroupant les six tomes) collection Opus, Editions du Seuil (2008)

MORGAN, Elaine, *The Aquatic Ape*, 1982, Stein & Day Pub

                 Traduction française : *Des origines aquatiques de l'homme*, Sand, (1988)

NIETZSCHE, F.   *Aphorismes*, in *Humain trop humain*, Le Livre de poche (1995)

OSIS, K., *Perspectives for out-of-body research, Parapsychology Research*, 3 (1973).

OUSPENSKY, Piotr D., *On the study of dreams and on hypnotism*" in A new model of the

universe, Vintage, New York (1971)

Fragment d'un enseignement inconnu (1947), Stock (2003)

PETIT, Marie, "*La Gestalt, thérapie de l'ici et maintenant*", E.S.F., Paris (1984)

PERLS, Fritz *Manuel de gestalt-thérapie - La Gestalt : un nouveau regard sur*

l'homme, Collection l'Art de la psychothérapie, ESF édition (23 avril 2003) -

Rêves et existence en gestalt-thérapie, (*Gestalt-therapy verbatim*), Epi, Paris, 1972 (épuisé).

In and out the garbage pail, Bantam books, New York, 1972.

Ma gestalt-thérapie, Tchou, Paris, 1976.

Le moi, la faim et l'agressivité, Tchou, Paris, 1978.

Premier livre de Perls paru aux Etats Unis, en 1947).

Gestalt-thérapie, technique de l'épanouissement personnel,

(*Gestalt-therapy: excitement and growth in the human personnality*), Stanke, Paris, (1977), (1979) (épuisé)

PIAGET, Jean, *La formation du symbole chez l'enfant : imitation, jeu et rêve, image et*

representation, Actualités pédagogiques et psychologiques, Delachaux

et Niestlé (1945)

PURCELL, S. et al.,"*Dream psychology: operating in the dark*", in *ASD Newsletter*, vol.1, n°4.

RAPPORT, Nathan, "*Pleasant dreams!*", *Psychiatric Quaterly* 22 (1948)

RIPERT, Roger, *La Résolution des Cauchemars*, Oniros, 2012

SEGALL, Lynn *Le rêve de la réalité*, Collection : La couleur des idées, Seuil (janvier 1990)

SELIGMAN, Martin E. P., *The Optimistic Child: A Proven Program to Safeguard Children*

Against Depression ans Built Lifelong Resilience, Paperback (2007)

SHEILS, R., *A cross-cultural study of beliefs in the out-of-the-body experiences, waking and sleeping, Journal of the*

society for psychical research, 49 (1978) (p.697-741).

TART, C. T., *"Out-of-the-Body Experiences"* (in Mitchell, E. ed. Psychic Exploration, New York: G. P. Putnams Sons, 1974, pp. 349-373) (7)

SCOTT SPARROW, Gregory, *Lucid Dreaming: the Dawning of the Clear Light. A.R.E. Press,*

Revised edition (Octobre 1982)

THOLEY, Paul, *Schöpferisch träumen. Wie Sie im Schlaf das Leben meistern: Der Klartraum als Lebenshilfe Broschiert* (1. Oktober 2000)

VAN DE CASTLE, Robert L., *Our Dreaming Mind: A Sweeping Exploration of the Role That*

Dreams Have Played in Politics, Art, Religion, and Psychology, from Ancient Civilizations (1-Jun-1994**)**

YUSCHAK, Thomas, *Advanced Lucid Dreaming, the power of supplements*, Lulu enterprises, (2006)

http://florence.ghibellini.free.fr/

Inception (2010) de Christopher Nolan, avec Leonardo DiCaprio et Marion Cotillard

Bibliographie

www.ingramcontent.com/pod-product-compliance
Lightning Source LLC
Chambersburg PA
CBHW051812090426
42736CB00011B/1445